THE NETTI-PAKARAṆA

경전 이해의 길

네띠빠까라나 下

이 책은 (재)한국연구재단의 지원으로 학고방출판사에서 출간, 유통합니다.

경전 이해의 길

THE NETTI-PAKARAṆA

네띠빠까라나 下

E. Hardy 엮음

임승택·서갑선·이춘옥 옮김

學古房

옮긴이 말

최근 10년 남짓한 기간 동안 국내 불교학계의 초기불교에 대한 연구와 논의 수준은 상당한 진척을 보이고 있다. 4부 니까야가 완역되었고 『법구경』이라든가 『숫따니빠따』 등의 주요 소부니까야(*Khuddaka-Nikāya*)가 지속적으로 번역·출간되고 있다. 또한 이들 니까야에 근거한 학술논문들도 급속히 세분화되는 추세이다. 엄밀한 문헌학적 연구에서부터 다양한 방면에 걸친 학제간 융합 연구에 이르기까지 예전에는 미처 생각하지 못했던 분야에서 수많은 결과물이 산출되고 있다. 이러한 최근의 양상은 초기불교에 대한 연구 역량이 그만큼 축적되었음을 의미한다.

그럼에도 국내의 초기불교에 대한 연구는 일본이나 서구권에 비해 많이 뒤떨어진 형편이다. 우선 빨리(Pāli) 삼장(三藏)의 번역이 완비되지 못한 상태이다. 일부 연구자들 사이에 치열한 논의가 있었지만 아직도 주요 용어들에 대한 우리말 번역 작업이 본격적인 궤도에 오르지 못하고 있다. 경장(經藏)과 논장(論藏) 그리고 주석 문헌들 사이에 존재하는 간극에 대한 해명도 적절히 이루어지지 않고 있다. 무엇보다도 이러한 문제를 해결하기 위한 논의구조마저 형성되어 있지 않다. 몇몇 개별 연구자에 의해 대부분의 번역 작업이 주도되고 있으며, 그 결과물에서 나타나는 편차가 적지 않다.

네띠빠까라나(*Nettippakaraṇa*)의 번역은 이러한 문제점을 고민하던 와중에 기획되었다. 무엇보다도 경장에 대한 안내서로 저술된 문헌이라는 점이 마음을 끌었다. 이것에 대해 다수의 연구자들이 오랜 시간과 논의의 과정을 통해 함께 번역을 진행해 나간다면 기존의 작업에서 노출되었던 문제점들이 개선될 수 있을 것이라는 생각이 들었다. 그러나 실제로 번역을 진행해 나가다 보니 원래의 바람과 희망은 차츰 시들어 갔고, 오히려 그간의 결과물들이 얼마나 많은 땀과 노고로 이루어진 것이었는가를 절감하게 되었다. 작업이 진행되는 내내 스스로의 부족함을 되짚어보지 않을 수 없었다.

그렇지만 책을 내면서 이 작업을 진행했던 방식만큼은 분명히 밝히고 싶다. 초벌번역은 스리랑카(Sri Lanka) 켈라니야대학(University of Kelaniya)의 빠알리 · 불교학 대학원에서 석박사과정을 수학한 이춘옥 선생과 현재 페라데니야대학(University of Peradeniya)에서 박사학위논문을 쓰고 있는 서갑선 선생이 맡았다. 두 선생은 5년여에 걸쳐 우 빤디따 사야도(U Pandita Sayadaw)로부터 미얀마(Myanmar) 목갈라나(Moggallāna) 전통의 관계문법(Relational Grammar)을 사사 하였다. 두 선생의 노고가 없었더라면 이 작업은 시작되지도 못했을 것이고 완성을 보지도 못했을 것이다.

매주 한 번씩 모여 초벌번역을 낭독하면서 이를 보완하거나 수정하는 방식을 취했다. 또한 방학 중에는 합숙을 통해 집중적으로 교정과 윤문 작업을 진행했다. 이 과정에서 경북대학 철학과의 임승택(필자)과 강의숙 선생은 초벌번역을 검토하고 보완하는 역할을 맡았다. 박마리아 선생은 번역된 원고의 낭송을 도맡았고, 황현권 선생은 정보 수집과 분위기 메이커 역할을 하였다. 또한 간헐적으로 최제용 교수, 이우철 교수, 강정실 선생, 강동오 선생 등이 참여하여 작업을 도왔다. 이렇게 3년여에 걸쳐 모임을 유지한 끝에 작업이 마무리되었다. 초기에는 구성원들 간의 견해 차이로 적지 않은 갈등도 있었다. 특히 초벌번역을 맡은 이춘옥 선생은 매번 인욕바라밀을 실천하는 마음으로 어려움을 넘겼을 것이다.

번역을 진행하면서 견지했던 원칙이 있다. 기존의 한자어가 이미 정착되어 있거나 친숙하게 사용되는 경우에는 굳이 새로운 번역어를 쓰지 않았다. 그러나 원어의 의미를 명확하게 전달하지 못하거나 친숙하지 않은 경우에는 과감하게 우리말 번역을 시도하였다. 또한 동일한 맥락으로 사용되는 용어들에 대해서는 가급적 하나의 번역어를 고수하였고, 동일한 패턴으로 반복되는 구문들에 대해서도 일관된 번역 스타일을 유지하고자 하였다. 그렇게 하다 보니 간혹 생소하거나 어색한 번역이 초래되는 문제점이 발생하였다. 첨부된 빨리어 원문은 이러한 취약점을 보완하는 장치가 될 수 있지 않을까 생각한다.

3년여에 걸친 시간을 이 작업과 더불어 알뜰하게 보냈다는 생각이 든다. 자주 있었던 일은 아니지만 텍스트 내용에 희열감이 북받쳐 서로의 들뜬 얼굴을 번갈아 쳐다보던 때가 있었다. 아마 그때의 감동은 결코 뇌리에서 사라지지 않을 것이다. 부족한 역량이지만 많은 정성을 기울였다. 텍스트 전체를 몇 등분으로 분할하여 윤독을 진행하였고, 분할된 각각에 대해서는 많게는 7번에서부터 적게는 4번 정도에 걸쳐 반복적으로 함께 낭송하였다. 그럼에도 불구하고 난해한 대목에 이르러서는 여전히 자신이 없다는 사실을 솔직히 고백한다. 이제 이 부분에 대한 평가와 질책은 독자의 몫으로 넘긴다. 담담한 마음으로 귀 기울인다.

2014년 4월

임 승 택

해 제

1. 성립 시기

네띠빠까라나(Nettippakaraṇa, 이하 네띠)는 경장(Sutta-Piṭaka)이나 논장(Abhidhamma-Piṭaka)에 속하지 않으면서도 그들에 못지않은 권위를 인정받아 온 독특한 성격의 문헌이다. 이러한 부류의 문헌들로는 네띠 이외에도 뻬따꼬빠데사(Peṭakopadesa,이하 뻬따), 밀린다팡하(Milindapañha) 등이 있다. 미얀마(Myanmar) 전통에서는 이들 셋 모두를 소부(小部)의 꿋다까니까야(Kuddakanikāya)에 포함시킨다. 또한 스리랑카(Sri Lanka)에서 작성된 일부의 목록집에서도 네띠를 꿋다까니까야에 포함시키는 경우가 있다. 그러나 일반적으로 인정되는 꿋다까니까야의 목록은 법구경(Dhammapada), 숫따니빠따(Suttanipāta), 장로게(Theragāthā) 등의 열다섯으로 제한되며 네띠 등의 셋은 배제된다.

네띠와 뻬따는 붓다의 가까운 제자들 중 한명이었던 마하깟짜나(Mahākaccāna) 존자가 지은 것으로 전해진다. 두 문헌이 과연 경으로서의 지위를 지니는가의 문제에 관해서는 주요 전통들 간에 의견이 일치하지 않는다. 그렇지만 상좌부에서 오랜 동안 경장에 준하는 권위를 누려왔던 것은 사실이다. 두 문헌에는 붓다의 가르침을 해석하는 고유한 방법론이 담겨있다. 현대 학자들은 마하깟짜나에 의해 고안된 방법론이 그를 따르던 제자들에게 계승되었고, 그 후 이 두 문헌으로 남게 되었을 것으로 본다.

붓다의 가르침에 대한 정확한 해설의 필요성은 붓다가 살아있을 당시부터 존재했다. 앙굿따라니까야(Aṅguttara Nikāya)의 에따닥가 왁가(Etadagga-vagga)에서는 붓다가 설한 짧은 교설을 상세하게 풀어 설명할 수 있는 최고의 제자로 마하깟짜나를 언급한다. 마하깟자나의 해설 능력은 마두삔디까숫따(Madhupiṇḍika-Sutta) 등의 경에서 확인할 수 있다. 그는 간략하게 설해진 붓다의 가르침을 탁월한 방식으로 해설하여 붓다로부터 인정을 받는다. 마두삔디까숫따는 경장에 공식적으로 포함되어 있으며 마하깟짜나에 귀속되는 다수의 교설 가운데 하나이다.

붓다의 주요 활동 무대는 인도 중부의 라자가하(Rājagaha) 혹은 사밧티(Sāvatthī)였다. 그러나 마하깟짜나는 서부의 아반띠(Avanti) 지방에서 살았다. 닛데사(Niddesa)에 따르면 붓다 당시부터 주요 제자들은 독자적으로 자신들의 제자 무리를 이끌었다. 또한 그들에 의해 운영되는 빠리웨나(Parivena)라고 부르는 교육 장소가 있었다. 마하깟짜나는 아반띠에서 붓다의 육성을 직접 들을 수 없는 사람들을 위해 빠리웨나를 운영하였다. 거기에서 그는 붓다의 말씀을 해석하는 고유의 방법론을 가르쳤던 것으로 보인다. 네띠의 끝부분에는 이

문헌의 성립에 관련하여 "마하깟짜나 존자가 말씀하시고 세존께서 인가하시고 근본결집에서 합송되었다(āyasmatā mahākaccānena bhāsitā bhagavatā anumoditā mūlasaṅgītiyaṃ saṅgītāti)."라는 기술이 있다. 이것이 사실이라면 마하깟짜나의 방법론은 아반띠에서 그의 제자들에게 전승되다가 붓다의 입멸 후 네띠라는 명칭으로 합송되어 남겨지게 되었을 것이다.

네띠는 주석서와 복주서가 함께 전해지는데, 이들 세 문헌 모두 네띠의 저자를 마하깟짜나로 밝히고 있다. 그러나 네띠의 저자로 언급되는 마하깟짜나가 아반띠의 마하깟짜나와 동일한 인물인지 확인할 만한 증거는 존재하지 않는다. 상좌부 전통에는 특정 문헌을 붓다의 직제자에게 귀속시키는 관행이 있다. 예컨대 쿳다까니까야에 공식적으로 포함되는 닛데사(Niddesa)와 빠띠삼비다막가(Paṭisambhidāmagga)가 그러하다. 이들은 네띠보다 더 늦은 시기에 성립되었지만 사리뿟따(Sariputta)의 저술로 간주되고 있다. 이 두 문헌은 사리뿟따의 제자들에 의해 전승된 것이 분명하지만 사리뿟다 자신의 저술로 인정받고 있다. 네띠 또한 마하깟짜나의 전통에 속한 인물에 의해 편찬되었을 가능성이 크다.

네띠의 성립 연대를 추측하게 하는 중요한 근거의 하나는 아비담마(Abhidhamma)와의 관계이다. 사리뿟따에게 귀속되는 닛데사와 빠띠삼비다막가는 아비담마와 직접적으로 연관되어 있다. 예컨대 논의의 주제를 일괄 제시하고서 본론에 들어가는 논모(mātikā)에 의거한 서술 방식이라든가 아비담마 고유의 전문화된 술어의 사용이 그것이다. 그러나 네띠에는 그와 같은 논모라든가 새롭게 고안된 술어들이 등장하지 않는다. 네띠에서는 논장(Abhidhamma-Piṭaka) 혹은 아비담마의 법 분류 방식이 철저하게 무시된다. 네띠에서 강조되는 것은 오로지 경에 나타나는 교설들뿐이다. 이 문헌은 경장으로부터는 수많은 구절들을 인용하지만 논장에 귀속될 수 있는 인용문은 단 하나도 포함하지 않는다. 이점은 네띠의 출현을 아비담마 이전의 시기로 추정하게 하는 강력한 근거가 된다.

다음으로는 네띠의 주석서에 나타나는 언급이다. 네띠앗타까타(Nettiaṭṭhakathā, 이하 앗타까타)를 저술한 담마빨라(Dhammapāla)는 네띠의 기본 구성에 관해 일차적으로는 교설의 이해(pariyatti)에 주력하고, 다음으로는 실천(paṭipatti)에 초점을 모으며, 최종적으로는 꿰뚫음(paṭivedha) 즉 깨달음의 문제를 다룬다고 기술한다. 그에 따르면 네띠의 주요 내용은 이들 셋의 상관성을 다루는 데 할애된다. 그런데 이러한 구성은 율장이나 논장에서는 찾아볼 수 없으며 오로지 네띠 자체에 국한된다. 바로 이것은 이 문헌이 율장이나 논장을 의식하지 않았다는 것을 의미한다. 또한 담마빨라는 네띠에 관해 아홉 갈래의 가르침(navaṅgabuddhasāsana, 九分敎)으로 나타나는 붓다의 교설에 대한 주석서라고 규정한다. 아홉 갈래의 가르침이란 경장(Sutta-Piṭaka)이 완성되기 이전의 교법 분류 방식으로, 이것에 대한 주석은 아비담마 시기에 행해진 법의 분석 및 체계화 작업과는 구분되어야 한다. 이점 또한 네띠의 저술 시기를 아비담마의 성립 이전으로 보게 한다.

이러한 사실에 비추어 네띠의 성립 시기를 아비담마의 등장 이전으로 추정할 수 있다. 제1차 결집 당시에는 아비담마가 존재하지 않았으며 제2차 결집 이후로는 아비담마로의 분화가 빠르게 진척되었다. 따라서 네띠의 성립은 아비담마적 움직임이 본격화되지 않았던 제2차 결집 이전으로 소급되어야 한다. 제2차 결집의 시기와 실제 발생 여부에 관해서는 의견이 분분하지만 대략 불멸 후 100년 무렵으로 의견이 모아진다. 바로 이 시기를 네띠 성립의 하한 연대로 상정할 수 있다.

2. 문헌의 구성 및 목차

네띠는 크게 총론(saṃgahavāra)과 각론(vibhāgavāra)의 두 부분으로 나뉜다. 총론과 함께 각론의 제1부와 제2부에서는 네띠를 구성하는 핵심 용어와 주제를 나열한다. 이들은 텍스트에서 다루어지는 주요 내용을 소개하기 위한 용도를 지닌다. 한편 이 책의 대부분을 할애하는 제3부에서는 제1부와 제2부에서 언급된 내용을 개별적으로 상술한다. 바로 여기가 이 책의 본론에 해당한다. 제3부는 다시 제1장부터 제4장으로 나누어진다. 이상이 네띠의 기본 구성이다.

제1부 요약의 장(uddesavāra)은 이 책에서 다루는 주요 내용을 간략하게 제시한다. 즉 16가지 전달(soḷasahāra), 5가지 방식(pañcanaya), 18가지 뿌리가 되는 구문(aṭṭhārasamūlapada)이라는 세 범주를 사용하여 네띠의 전체 내용을 분류한다. 16가지 전달이란 법

(dhamma)을 전달하는 데 사용되는 언설의 유형을 16가지로 구분하여 나눈 것이다. 5가지 방식이란 법을 전하는 방식을 기쁨으로부터의 전환(nandiyāvaṭṭa), 세 갈래 잎(tipukkhala), 사자의 놀이(sīhavikkīḷita), 방향별로 갈래지음(disālocana), 갈고리(aṅkusa) 따위의 독특한 명칭들로 분류한 것이다. 18가지 뿌리가 되는 구문이란 무명, 갈애, 사마타, 위빠사나 등의 주요 키워드를 옳음(kusala)과 옳지 않음(akusala)이라는 구분법에 적용하여 쌍으로 나열하고, 다시 이들을 앞서의 5가지 방식과 결부시켜 재분류한 것이다. 이들 전달과 방식과 뿌리가 되는 구문이라는 세 범주는 네띠와 뻬따에만 나타나는 것으로 경(Sutta)을 이해하기 위한 고유의 방법론에 해당한다.

제2부 설명의 장(niddesavāra)은 제1부에서 간략하게 제시된 개념들을 설명한다. 특히 16가지 전달과 5가지 방식을 게송의 형태로 풀이한다. 또한 여기에서는 경이 지닌 형태적 측면으로서의 언설과 목적적 측면으로서의 의미를 12가지 경우로 분류하여 열거한다. 이들 중 언설(byañjana)을 나타내는 여섯 경우인 음절(akkhara), 용어(pada), 문장(byañjana), 어원분석(nirutti), 상술(niddesa), 서법(敍法, ākāra) 등은 경의 언설 구조에 대한 올바른 이해를 위해 고려되어야 한다. 또한 의미(attha)를 나타내는 여섯 경우인 요약(saṅkāsanā), 소개(pakāsanā), 해명(vivaraṇā), 분석(vibhajana), 해석(uttānīkamma), 묘사(paññatti) 등은 경이 설해진 최종 목적인 열반의 실현으로 이끌기 위한 것이다.

이 책의 대부분을 차지하는 제3부 개별적 설명의 장(Paṭiniddesavāra)은 제1장 전달의 분석(hāravibhaṅga), 제2장 전달의 적용(hārasampāta), 제3장 방식의 형성(nayasamuṭṭhāna), 제4장 가르침의 유형(sāsanapaṭṭhāna)이라는 네 장으로 세분화 된다.

제1장 전달의 분석은 붓다의 가르침을 전달하는 16가지 언설 방식을 경의 사례로써 설명하고 예시한다. 그 가운데 첫째인 '교설을 통한 전달'은 하나의 언설 방식에 해당하지만 제3부 전체를 요약하는 역할을 병행한다. 즉 붓다가 설하는 법의 특성, 언설과 의미의 구성, 5가지 방식의 적용, 개인의 성향과 유형, 벗어남을 위한 실천 방법 등 본서 전체에 나타나는 주요 내용을 함축한다. 이하 '분석을 통한 전달', '타당성을 통한 전달' 등 나머지 열다섯은 각각의 기준에 따라 한정된 범위 안에서 붓다의 언설 방식을 경의 사례로써 예시하고 분류한다.

제2장 전달의 적용은 특정한 하나의 게송을 예로 들어 이것을 제1장에서 언급했던 16가지 전달에 적용시킨다. 즉 "마음을 수호하고서 바른 의향의 고유영역(行境, gocara)을 지닌 자, 바른 견해를 앞에 둔 자, 나태와 졸음을 이겨낸 그 비구는 생겨남과 사라짐을 알았으므로 모든 나쁜 곳을 뒤로 하고 떠난다."라는 우다나(Udāna)의 게송을 '교설을 통한 전달', '분석을 통한 전달', '타당성을 통한 전달' 등의 16가지에 일관되게 적용함으로써 전달 방식에 대한 구체적인 이해를 돕는다.

제3장 방식의 형성에서는 제1부와 제2부에서부터 언급된 5가지 방식과 18가지 뿌리가 되는 구문을 자세히 다룬다. 5가지 방식이란

법을 전달하는 5가지 패턴을 가리키며, 이들의 구체적인 적용 대상이 곧 18가지 뿌리가 되는 구문들이다. 사마타, 위빠사나, 탐욕 없음, 성냄 없음, 어리석음 없음, 추함의 지각, 괴로움의 지각, 무상의 지각, 무아의 지각 따위는 18가지 뿌리가 되는 구문들 중에서 옳음에 해당하는 9가지에 속한다. 한편 갈애, 무명, 탐욕, 성냄, 어리석음, 아름다움의 지각, 즐거움의 지각, 항상함의 지각, 자아의 지각 따위는 옳지 않음에 해당하는 9가지 구문을 구성한다. 붓다의 교설은 어떤 것이라도 전자의 9가지에 연관되거나 후자의 9가지에 반드시 연관된다. 여기에서는 이들 18가지 뿌리가 되는 구문을 5가지 방식이라는 일정한 패턴에 적용하여 분석한다.

5가지 방식 중 첫 번째에 해당하는 기쁨으로부터 전환의 방식은 18가지 뿌리가 되는 구문들 가운데 갈애와 무명, 사마타와 위빠사나라는 4가지 구문에 적용된다. 즉 갈애와 무명은 사마타와 위빠사나에 의해 제거되며, 이 과정에서 사성제가 드러나는 것을 경의 사례를 통해 보여준다. 이 방식이 기쁨으로부터 전환의 방식으로 불리는 이유는 열반이라는 궁극의 목표를 위해 갈애와 기쁨과 즐거움이라는 것으로부터 전환하여 돌아서는 것을 보여주기 때문이다.

세 갈래 잎의 방식에서는 탐욕과 성냄과 어리석음이라는 3가지 옳지 않음의 뿌리에 대해 탐욕 없음과 성냄 없음과 어리석음 없음이라는 벗어남의 길이 제시된다. 이 방식에서는 탐욕과 성냄과 어리석음이 어떻게 영향을 미치며 또한 어떻게 그것들로부터 벗어날 것인가를 다룬다. 그들 셋이 존재하는 한 사성제는 깨달을 수 없으며 그 셋이 제거되지 않는 한 열반이라는 목표는 이룰 수 없다.

사자의 놀이의 방식에서 '사자'는 붓다, 홀로 깨달은 붓다, 붓다의 거룩한 제자들을 일컫는다. 그들은 열반이라는 목표를 실현하고 설명하는 데서 자신들만의 독특한 방식을 지닌다. 여기에서는 바로 그것을 놀이라는 용어로 표현한다. 그들의 놀이는 닦음, 실현, 끝냄이며, 그것은 방향별로 갈래지음의 방식에서 언급되었던 두 방향 중 업과 오염의 방향이 아닌 세간을 벗어남의 방향을 통해 이루어진다. 이 방식은 추함의 지각, 괴로움의 지각, 무상의 지각, 무아의 지각, 아름다움의 지각, 즐거움의 지각, 항상함의 지각, 자아의 지각이라는 8가지 뿌리가 되는 구문을 중심으로 전개된다.

이상의 3가지 방식은 궁극의 목표인 열반으로 이끌기 위한 것이다. 이들 셋을 앞에서 언급했던 경이 지닌 2가지 측면으로서의 12가지 경우에 적용하면 요약, 소개, 해명, 분석, 해석, 묘사 따위의 의미(attha)를 보여주는 여섯에 연관된다. 한편 후술하는 나머지 2가지 방식으로서 방향별로 갈래지음의 방식과 갈고리의 방식은 언설(byañjana)을 보여주는 여섯 경우인 음절, 용어, 문장, 어원분석, 상술, 서법에 관련된다. 즉 이 둘은 목표를 가리키는데 사용되는 언어를 다룬다.

방향별로 갈래지음의 방식은 수많은 용어들을 특정한 기준에 따라 분류하고 정리하여 그들이 지향하는 방향이 있음을 알게 해준다. 의사소통의 와중에 하나의 단어는 여러 가지 맥락에서 표현될 수 있다. 따라서 그 의미를 온전히 이해하기 위해서는 그것이 가리키는 방향을 잘 파악해야 한다. 붓다는 법을 드러내기 위해 여러 가지 표현을 사용하지만 그들이 내포한 의미는 같다. 따라서 법을 알고자 할 때는 언어의 작용과 쓰임을 알아야 한다. 방향별로 갈래지음의 방식에서는 이러한 언어의 기능에 초점을 모은다. 이 방식에 의해 18가지 뿌리가 되는 구문이 그것이 드러내고자 하는 방향에 따라 분류된다.

마지막은 갈고리의 방식이다. 갈고리란 과실을 따는 막대기의 끝에 달려있는 고리를 말한다. 갈고리를 사용하면 잘 익은 과실만을 선택적으로 따낼 수 있다. 그와 같이 갈고리의 방식은 18가지 뿌리가 되는 구문들을 옳음과 옳지 않음이라는 기준으로 나누고서 각각에 해당하는 사례를 선택적으로 예시한다.

제4장은 16가지 가르침의 유형과 18가지 가르침의 유형이라는 두 부분으로 구성된다. 전자는 오염(kilesa)과 이 오염을 정화하는 훈습(vāsanā)과 통찰(nibbedha)과 배울 것이 없는 이(asekha)라는 세 경지에 관련된 10가지, 오염의 종류로서 갈애에 의한 오염과 견해에 의한 오염과 나쁜 행동에 의한 오염 및 이들의 정화에 관련된 6가지로 분류된다. 이 16가지 가르침의 유형이 업과 윤회의 원인, 그것으로부터 벗어남을 설명하는 의미적 측면을 중심으로 경을 분류한 것이라고 본다면, 18가지 가르침의 유형은 경의 형태적 분류에 속한다고 볼 수 있다. 즉 세간에 속한 것(lokiya), 세간을 넘어선 것(lokuttara), 자신의 말(sakavacana), 다른 자의 말(paravacana) 등 9쌍의 분류로서, 거기에 찬탄이 포함됨으로써 실제는 19가지가 설명된다. 두 부류의 유형들 모두 특정 경문의 예시를 통해 제시되며

서로 연결되는 특징을 지닌다. 예컨대 세간에 속한 것에 관련된 경은 오염에 관련된 경과 훈습에 관련된 경이라는 두 부류의 경으로 거론된다. 세간을 넘어선 것에 관련된 경은 봄에 관련된 경, 닦음에 관련된 경, 배울 것이 없는 이에 관련된 경이라는 세 부류의 경으로 언급된다.

이상과 같은 네띠의 내용을 목차로 나누면 다음과 같다.

* 총론(Saṅgahavāra)
* 각론(Vibhāgavāra)

제1부. 요약의 장(Uddesavāra)

제2부. 설명의 장(Niddesavāra)

1. 전달의 요약
2. 방식의 요약
3. 언설과 의미의 열두 가지 경우

제3부. 개별적 설명의 장(Paṭiniddesavāra)

제1장. 전달의 분석(Hāravibhaṅga)

1. 교설을 통한 전달(Desanā-hāra)
2. 분석을 통한 전달(Vicaya-hāra)
3. 타당성을 통한 전달(Yutti-hāra)
4. 근접요인을 통한 전달(Padaṭṭhāna-hāra)
5. 특징을 통한 전달(Lakkhaṇa-hāra)
6. 네 가지 정리를 통한 전달(Catubyūha-hāra)
7. 전환을 통한 전달(Āvatta-hāra)

8. 구분을 통한 전달(Vibhatti-hāra)
9. 반전을 통한 전달(Parivattana-hāra)
10. 유의어를 통한 전달(Vevacana-hāra)
11. 묘사를 통한 전달(Paññatti-hāra)
12. 하강을 통한 전달(Otaraṇa-hāra)
13. 해결을 통한 전달(Sodhana-hāra)
14. 관점을 통한 전달(Adhiṭṭhāna-hāra)
15. 요건을 통한 전달(Parikkhāra-hāra)
16. 상승을 통한 전달(Samāropana-hāra)
제2장. 전달의 적용(Hārasampāta)
1. '교설을 통한 전달'의 적용
2. '분석을 통한 전달'의 적용
3. '타당성을 통한 전달'의 적용
4. '근접요인을 통한 전달'의 적용
5. '특징을 통한 전달'의 적용
6. '네 가지 정리를 통한 전달'의 적용
7. '전환을 통한 전달'의 적용
8. '구분을 통한 전달'의 적용
9. '반전을 통한 전달'의 적용
10. '유의어를 통한 전달'의 적용
11. '묘사를 통한 전달'의 적용
12. '하강을 통한 전달'의 적용

13. '해결을 통한 전달'의 적용

14. '관점을 통한 전달'의 적용

15. '요건을 통한 전달'의 적용

16. '상승을 통한 전달'의 적용

제3장. 방식의 구성(Nayasamuṭṭhāna)

1. 기쁨으로부터 전환의 방식

2. 방향별로 갈래지음의 방식

3. 사자의 놀이의 방식

4. 세 갈래 잎의 방식과 갈고리의 방식

제4장. 가르침의 유형(Sāsanapaṭṭhāna)

1. 열여섯 가지 가르침의 유형

2. 열여덟 가지 가르침의 유형

3. 내용적 특징과 구조

이상과 같은 네띠의 목차는 서술된 순서에 따른 것이다. 이것은 텍스트 전체의 형식적 구성을 개관하는 데 도움을 준다. 그러나 네띠의 구조는 목차로 나타나는 내용들이 중층적으로 복잡하게 얽혀 있는 특징을 지닌다. 따라서 네띠의 흐름을 바르게 이해하기 위해서는 목차와는 별도로 전체의 내용을 다시 분류하고 재구성해보는 작업이 요구된다.

네띠의 내용적 특징은 16가지 전달, 5가지 방식, 18가지 뿌리가 되는 구문 등을 서로 연결시켜 독특한 해석의 틀로 엮어 낸다는 점에 있다. 또한 네띠는 풍부한 경(Sutta)의 예시를 통해 이러한 해석의 틀을 구체적으로 적용한다. 고유의 방법론을 경문의 예시를 통해 다각적으로 보여주려는 시도는 붓다의 가르침에 대한 폭넓은 이해의 계기를 제공한다. 그러나 그 과정의 복잡성은 네띠 자체를 이해하기 어렵게 만드는 측면이 없지 않다.

네띠는 그 제목처럼 붓다가 설한 교법을 이해하는 방법론을 제공하는 데 목적을 둔다. 붓다가 짧게 설한 것을 마하깟짜나가 자세히 설명한 후 많은 제자들이 알아들었듯이, 붓다 당시에도 붓다의 법을 이해하는 것은 쉽지 않았다. 네띠는 붓다가 법을 설하기 위해 다양하게 드러낸 것, 즉 경 전체를 대상으로 언설과 의미를 해석하는 방식을 제시한다. 일반적으로 주석서의 해석에서는 경에 묘사된 용어나 구문 하나하나를 설명하는 방식을 취한다. 그러나 네띠는 경 전체를 구조적으로 이해해 들어가는 방법을 다룬다는 점에 특징이 있다.

법을 설하는 매개는 언어이다. 네띠는 이 둘의 관계, 즉 법과 언어의 관계에 주목한다. 붓다 스스로 언급했듯 법이란 잴 수 없는 것임에도 잴 수 있는 언어를 통해 전달된다. 이 때 잴 수 없는 법을 잴 수 있는 언어로 어떻게 전달할 것인가가 관건이 된다. 또한 전달에 따른 이해의 정도는 듣는 사람의 역량에 따라 달라진다. 붓다는 이 모든 상황을 고려하여 적절한 방식으로 법을 설하지만 듣는 사람에게는 자기 수준에 맞는 내용만이 얻어질 뿐이다.

네띠는 법이 언어로 전달되는 상황에서 발생하는 문제를 깊이

인식하고 있으며, 법과 언어의 간격을 극복하려고 시도한다. 네띠는 붓다의 제자들이 이들의 차이를 인식하고서 스스로가 제시하는 해석의 틀에 따라 법에 접근하기를 권한다. 그렇게 하면 붓다가 말하는 언설과 의미를 제대로 이해할 수 있을 것으로 본다. 이러한 취지에서 네띠는 언설의 전달 형식과 의미를 다양한 기준에 따라 탐구하고 분류한다.

붓다가 설한 법은 의미(attha)와 언설(byañjana)을 갖추었다. 이것은 다음의 경문을 통해 분명히 제시된다. "비구들이여, 그대들에게 처음도 좋고 중간도 좋고 마지막도 좋은, 의미(attha)와 언설(byañjana)을 갖춘, 온전하고 원만하며 청정한 법을 설하겠다." 법은 말의 형식인 언설과 그 말에 내포된 의미를 통해 전달된다. 언설과 의미라는 두 갈래는 네띠의 전체 내용에 두루 걸쳐 있으며, 언설을 전달하는 방식(atthanaya)과 의미를 전달하는 방식(byañjananaya)에 대한 분석은 네띠의 전개에서 기본 틀이 된다.

언설과 의미가 어떻게 나타나는가를 보여주는 것이 제2부와 제3부 제1장의 첫 부분인 교설을 통한 전달에 나타나는 12가지 경우이다. 이들은 언설에 관련된 6가지와 의미에 관련된 6가지로 구성된다. 전자의 언설은 제3부 제1장과 제2장에 해당하는 16가지 전달과 제3부 제3장에 포함된 방향별로 갈래지음의 방식, 갈고리의 방식 등과 상관성을 지닌다. 이들은 경이 설해진 형태적 측면으로서의 언설의 이해에 해당한다. 한편 후자의 의미는 제3부 제3장의 나머지 부분인 기쁨으로부터 전환의 방식, 세 갈래 잎의 방식, 사자의 놀이의 방식이라는 셋에 연결된다. 이들은 열반이라는 최종의 목적으로 이끄는 실천적 측면과 관련되며 모든 의미는 이 목적으로 귀결된다.

따라서 5가지 방식은 제3부 제3장에 배속되어 있지만 실제로는 텍스트 전체의 내용과 유기적으로 연결되어 있다. 이러한 방식으로 경에 대한 이해는 관련 경문의 언설적 측면과 의미적 측면에 대한 검토가 병행된다. 또한 5가지 방식은 언설과 의미의 12가지 경우만이 아니라, 제4장에 속한 18가지 뿌리가 되는 구문과도 깊숙이 연관되어 있다. 갈고리의 방식은 18가지로 예시되는 뿌리가 되는 구문들 전체를 옳음과 옳지 않음이라는 기준의 갈고리로 나누어 9가지 쌍으로 대별한다. 방향별로 갈래지음의 방식 또한 18가지 뿌리가 되는 구문들 전체에 적용된다. 즉 갈애와 무명이라는 오염의 뿌리와 사마타와 위빠사나라는 정화의 뿌리로 이루어진 두 겹의 한 쌍(2×2), 탐욕, 성냄, 어리석음이라는 옳지 않음의 뿌리와 탐욕 없음, 성냄 없음, 어리석음 없음이라는 옳음의 뿌리를 이루는 세 겹의 한 쌍(3×2), 아름다움의 지각 등의 4가지 거꾸로 봄(四顚倒)과 그들 각각을 대치하기 위한 추함의 지각 등의 사념처(四念處)라는 네 겹의 한 쌍(4×2)으로 이루어져 2×2+3×2+4×2=18이라는 형식으로 18가지 뿌리가 되는 구문들 전체에 연결된다.

한편 나머지 세 방식은 18가지 뿌리가 되는 구문들 가운데 일부에만 한정적으로 적용된다. 예컨대 기쁨으로부터 물러남의 방식은 갈애와 무명이라는 오염의 뿌리와 사마타와 위빠사나라는 정화의 뿌리로 이루어진 두 쌍에, 세 갈래 잎의 방식은 탐욕, 성냄, 어리석음이라는 옳지 않음의 뿌리와 탐욕 없음, 성냄 없음, 어리석음 없음이라는 옳음의 뿌리를 이루는 두 쌍에, 사자의 놀이의 방식은 아름다움의 지각 등의 4가지 거꾸로 봄(四顚倒)과 그들 각각을 대치하기 위한 추함의 지각 등의 사념처(四念處)라는 두 쌍에 연관된다. 이렇게 해서 5가지 방식은 형태적 측면으로서의 언설과 교설의 목적으로서의 의미에 관련되는 동시에 18가지 뿌리가 되는 구문들 전체에 포괄적으로 적용된다. 나아가 이러한 언설과 의미를 담은 경은 또한 16가지와 18가지로 제시되는데 이는 세존 가르침의 의미와 형태에 따라 경의 유형을 분류한 것으로 볼 수 있다.

이상에서 거론한 언설(byañjana), 의미(attha), 전달(hāra), 방식(naya), 뿌리가 되는 구문(mulapada) 등은 결국 다양한 측면에서 붓다의 가르침에 접근해 들어가기 위한 것이다. 네띠에서는 이러한 분류의 틀을 바탕으로 수많은 경의 사례를 부류별로 개관한다. 이들은 다양하게 제시된 붓다의 가르침을 그 성격과 특징에 따라 용이하게 파악할 수 있도록 해준다. 또한 네띠는 이렇게 분류된 내용들이 서로 중층적으로 연관되어 있다는 사실을 보여준다. 이것은 개별적으로 제시된 교설들이 서로 어떠한 관련성을 지니는가를 드러내 그들 모두에 대한 이해의 폭을 확장시킨다고 할 수 있다.

냐나몰리(Ñāṇamoli)가 제시한 도식을 바탕으로 이상의 내용을 정리하면 다음과 같다.

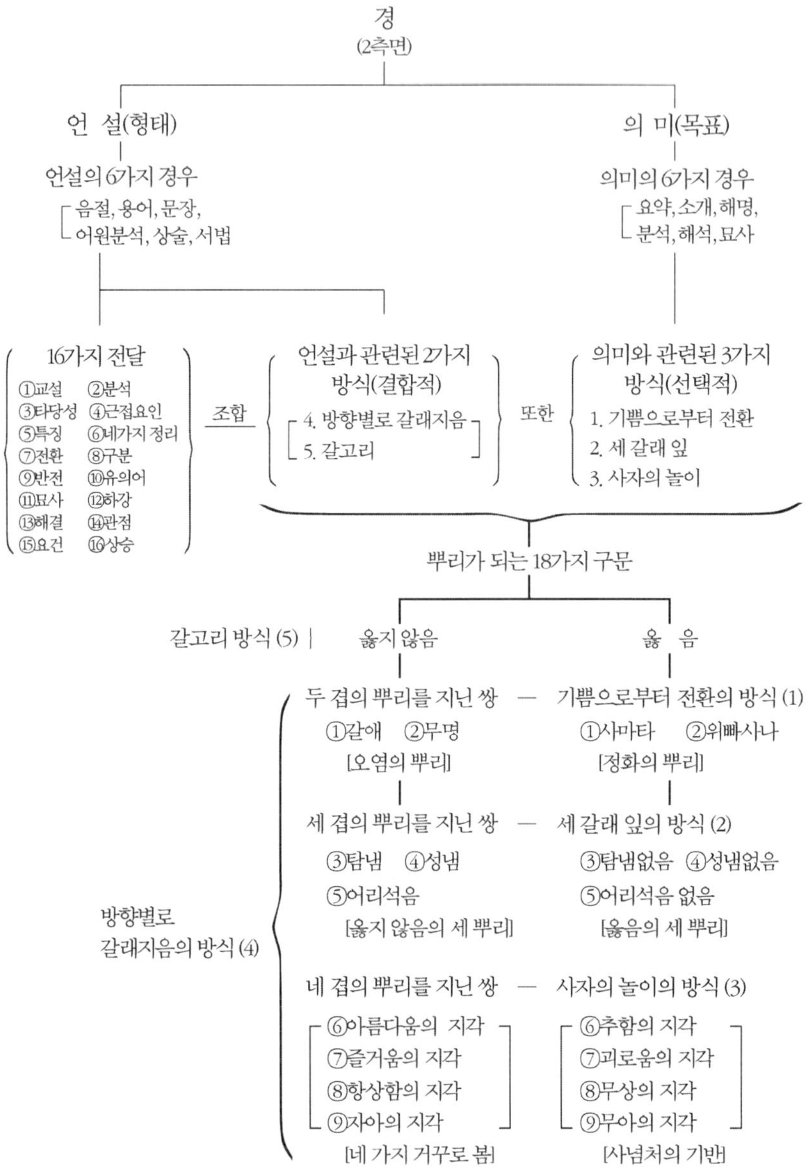
경
(2측면)
언 설(형태)
의 미(목표)
언설의 6가지 경우
음절, 용어, 문장,
어원분석, 상술, 서법
의미의 6가지 경우
요약, 소개, 해명,
분석, 해석, 묘사
16가지 전달
①교설 ②분석
③타당성 ④근접요인
⑤특징 ⑥네가지 정리
⑦전환 ⑧구분
⑨반전 ⑩유의어
⑪묘사 ⑫하강
⑬해결 ⑭관점
⑮요건 ⑯상승
조합
언설과 관련된 2가지 방식(결합적)
4. 방향별로 갈래지음
5. 갈고리
또한
의미와 관련된 3가지 방식(선택적)
1. 기쁨으로부터 전환
2. 세 갈래 잎
3. 사자의 놀이
뿌리가 되는 18가지 구문
갈고리 방식 (5)
옳지 않음
옳 음
두 겹의 뿌리를 지닌 쌍 — 기쁨으로부터 전환의 방식 (1)
①갈애 ②무명
[오염의 뿌리]
①사마타 ②위빠사나
[정화의 뿌리]
세 겹의 뿌리를 지닌 쌍 — 세 갈래 잎의 방식 (2)
③탐냄 ④성냄
⑤어리석음
[옳지 않음의 세 뿌리]
③탐냄없음 ④성냄없음
⑤어리석음 없음
[옳음의 세 뿌리]
방향별로
갈래지음의 방식 (4)
네 겹의 뿌리를 지닌 쌍 — 사자의 놀이의 방식 (3)
⑥아름다움의 지각
⑦즐거움의 지각
⑧항상함의 지각
⑨자아의 지각
[네 가지 거꾸로 봄]
⑥추함의 지각
⑦괴로움의 지각
⑧무상의 지각
⑨무아의 지각
[사념처의 기반]

〈그림. 네띠빠까라나의 구조〉

약어표

CHS	Chaṭṭha Saṅgāyana(미얀마 6차결집)
DOP	A Dictionary of Pāli
DPPN	Dictionary of Pāli Proper Names
PED	Pali English Dictionary
PTS	Pali Text Society

목 차 上

옮긴이 말 / iv

해 제 / vii

약어표 / xxv

총 론Saṅgahavāra / 1

각 론Vibhāgavāra / 7

제1부 요약의 장(Uddesavāra) / 9

제2부 설명의 장(Niddesavāra) / 15

I. '전달'의 요약 / 17

II. '방식'의 요약 / 23

III. 언설과 의미의 열두 경우 / 26

제3부 개별적 설명의 장(Paṭiniddesavāra) / 29

제1장 전달의분석(Hāravibhaṅga) / 31

1. 교설을 통한 전달(Desanā-hāra) / 31
2. 분석을 통한 전달(Vicaya-hāra) / 51
3. 타당성을 통한 전달(Yutti-hāra) / 93
4. 근접요인을 통한 전달(Padaṭṭhāna-hāra) / 113
5. 특징을 통한 전달(Lakkhaṇa-hāra) / 129
6. 네 가지 정리를 통한 전달(Catubyūha-hāra) / 141
7. 전환을 통한 전달(Āvatta-hāra) / 169

8. 구분을 통한 전달(Vibhatti-hāra) / 195

9. 반전을 통한 전달(Parivattana-hāra) / 206

10. 유의어를 통한 전달(Vevacana-hāra) / 213

11. 묘사를 통한 전달(Paññatti-hāra) / 227

12. 하강을 통한 전달(Otaraṇa-hāra) / 248

13. 해결을 통한 전달(Sodhana-hāra) / 272

14. 관점을 통한 전달(Adhiṭṭhāna-hāra) / 279

15. 요건을 통한 전달(Parikkhāra-hāra) / 300

16. 상승을 통한 전달(Samāropana-hāra) / 309

제2장 전달의 적용(Hārasampāta) / 323

1. '교설을 통한 전달'의 적용 / 323

2. '분석을 통한 전달'의 적용 / 330

3. '타당성을 통한 전달'의 적용 / 386

4. '근접요인을 통한 전달'의 적용 / 388

5. '특징을 통한 전달'의 적용 / 389

6. '네 가지 정리를 통한 전달'의 적용 / 391

7. '전환을 통한 전달'의 적용 / 393

8. '구분을 통한 전달'의 적용 / 394

9. '반전을 통한 전달'의 적용 / 395

10. '유의어를 통한 전달'의 적용 / 396
11. '묘사를 통한 전달'의 적용 / 398
12. '하강을 통한 전달'의 적용 / 399
13. '해결을 통한 전달'의 적용 / 401
14. '관점을 통한 전달'의 적용 / 402
15. '요건을 통한 전달'의 적용 / 406
16. '상승을 통한 전달'의 적용 / 407

목 차 下

제3장 방식의 형성(Nayasamuṭṭhāna) / 411

1. 기쁨으로부터의 전환의 방식 / 412
2. 방향별로 갈래지음의 방식 / 425
3. 사자의 놀이의 방식 / 467
4. 세 갈래 잎의 방식과 갈고리의 방식 / 469

제4장 가르침의 유형(Sāsanapaṭṭhāna) / 483

1. 열여섯 가지 가르침의 유형 / 483
   1) 오염에 관련된 경 / 486
   2) 훈습에 관련된 경 / 500
   3) 통찰에 관련된 경 / 529
   4) 배울 것이 없는 이에 관련된 경 / 548
   5) 오염과 훈습의 둘 다에 관련된 경 / 558
   6) 오염과 통찰의 둘 다에 관련된 경 / 561
   7) 오염과 배울 것이 없는 이의 둘 다에 관련된 경 / 565
   8) 오염과 통찰과 배울 것이 없는 이의 셋 다에 관련된 경 / 571
   9) 오염과 훈습과 통찰의 셋 다에 관련된 경 / 577
   10) 훈습과 통찰의 둘 다에 관련된 경 / 580

11) 갈애에 의한 오염에 관련된 경 / 583
12) 견해에 의한 오염에 관련된 경 / 584
13) 나쁜 행동에 의한 오염에 관련된 경 / 584
14) 갈애의 정화에 관련된 경 / 585
15) 견해의 정화에 관련된 경 / 585
16) 나쁜 행동의 정화에 관련된 경 / 585

2. 열여덟 가지 가르침의 유형 / 588
1) 세간에 속한 것 / 590
2) 세간을 넘어선 것 / 591
3) 중생이라는 관점 / 597
4) 법이라는 관점 / 600
5) 앎 / 604
6) 알아야 할 것 / 605
7) 봄 / 614
8) 닦음 / 618
9) 자신의 말 / 623
10) 다른 자의 말 / 625
11) 대답되어야 하는 것 / 635
12) 대답되지 않아야 하는 것 / 637

13) 업 / 646
14) 과보 / 652
15) 옳음 / 659
16) 옳지 않음 / 661
17) 받아들여진 것 / 665
18) 받아들여지지 않은 것 / 668
19) 찬탄 / 675

참고문헌 / 691
주요번역어 및 색인 / 696

03

방식의 형성
(Nayasamuṭṭhāna)

Tattha katamaṃ nayasamuṭṭhānaṃ?

여기에서 방식의 형성이란 무엇인가?

Pubbā koṭi na paññāyati avijjāya ca bhavataṇhāya ca. Tattha avijjānīvaraṇaṃ taṇhāsaṃyojanaṃ.

Avijjānīvaraṇā sattā avijjāya saṃyuttā avijjāpakkhena vicaranti. Te vuccanti diṭṭhicaritā ti. Taṇhāsaṃyojanā sattā taṇhāya saṃyuttā taṇhāpakkhena vicaranti, te vuccanti taṇhācaritā ti. [p.110]

무명과 존재에 대한 갈애(有愛)의 최초 시작은 알려지지 않는다.[1] 거기에서 무명은 덮개이고 갈애는 결박이다.

1) Aṅguttara Nikāya, 5권, 113-119쪽에 나타난 무명과 존재에 대한 갈애의 내용을 요약하면 다음과 같다. '이것 이전에는 무명이 없었고 이후에 생겼다'라고 하는 무명의 최초 시작점은 알려지지 않는다. 다만 '조건이 있으므로 무명이 있다'라고 알

무명으로 묶여 무명에 덮인 중생들은 무명의 주변에서 맴돈다. 그들은 '견해에 따라 행동하는 자'로 불린다. 갈애로 묶여 갈애에 결박당한 중생들은 갈애의 주변에서 맴돈다. 그들은 '갈애에 따라 행동하는 자'로 불린다. [110쪽]

1. 기쁨으로부터 전환의 방식

Diṭṭhicaritā ito bahiddhā pabbajitā attakilamathānuyogam anuyuttā viharanti, taṇhācaritā ito bahiddhā pabbajitā kāmesu kāmasukhallikānuyogam anuyuttā viharanti.

여기 [붓다의 제자와] 다르게 외도 출가자로서 '견해에 따라 행동하는 자'는 자신에게 고통을 주는 수행(苦行)[2]에 매달려 산다. 여기 [붓다의 제자와] 다르게 외도 출가자로서 '갈애에 따라 행동하는 자'는 감각적 욕망의 즐거움에 대한 탐닉[3]에 매달려

려진다. … '이것 이전에는 존재에 대한 갈애가 없었고 이후에 생겼다.'라고 하는 존재에 대한 갈애의 최초 시작점은 알려지지 않는다. 다만 '조건이 있으므로 존재에 대한 갈애가 있다.'라고 알려진다. 존재에 대한 갈애의 자양분(āhārā)은 무명이다. 무명의 자양분은 다섯 가지 덮개이다. 다섯 가지 덮개의 자양분은 세 가지 나쁜 행동, 세 가지 나쁜 행동의 자양분은 감각기능을 제어하지 못함, 감각기능을 제어하지 못함의 자양분은 사띠와 알아차림이 없음, 사띠와 알아차림이 없음의 자양분은 합당하지 않은 정신기울임, 합당하지 않은 정신기울임의 자양분은 믿음 없음, 믿음 없음의 자양분은 바른 법을 배우지 않음, 바른 법을 배우지 않음의 자양분은 훌륭한 이와 가까이 지내지 않음이다. 이와 같이 무명의 자양분이 있고 이와 같이 무명이 이루어진다. 무명이 이루어짐으로써 존재에 대한 갈애가 이루어진다.

2) 주석서(192쪽)에 따르면, 자신의 몸을 오염시키는 활동(attano kāyassa kilissanapayoga), 자신을 괴롭힘의 실천(attaparitāpanapaṭipatti)을 가리킨다.

산다.

Tattha kiṃ kāraṇaṃ yaṃ diṭṭhicaritā ito bahiddhā pabbajitā attakilamathānuyogam anuyuttā viharanti, taṇhācaritā ito bahiddhā pabbajitā kāmesu kāmasukhallikānuyogam anuyuttā viharanti?

그 [두 유형] 중에서 여기 [붓다의 제자와] 다르게 외도 출가자로서 '견해에 따라 행동하는 자'가 자신에게 고통을 주는 수행에 매달려 사는 것은 무슨 이유인가? 여기 [붓다의 제자와] 다르게 외부의 출가자로서 '갈애에 따라 행동하는 자'가 감각적 욕망의 즐거움에 대한 탐닉에 매달려 사는 것은 무슨 이유인가?

Ito bahiddhā n'atthi saccavavatthānaṃ, kuto catusaccappakāsanā samathavipassanā kosallaṃ vā upasamasukhappatti vā.

여기와 다르게 외도 [수행에는] 진리의 확고함이 없다. 어떻게 사성제를 보거나 사마타와 위빠사나에 능숙해지거나 평온의 즐거움에 도달하겠는가?

Te upasamasukhassa anabhiññā viparītacetā evam āhaṃsu: N'atthi sukhena sukhaṃ, dukkhena nāma sukhaṃ adhigantabbaṃ, yo kāme paṭisevati, so lokaṃ vaḍḍhayati, yo lokaṃ vaḍḍhayati,

3) 주석서(192쪽)에 따르면, 감각적 욕망의 즐거움에 집착하는 활동(kāmasukhassa allīyanapayoga), 감각적 욕망에 빠진 상태(kāmesu pātabyata)를 가리킨다.

so bahuṃ puññaṃ pasavatī ti

평온의 즐거움에 대한 뛰어난 앎이 없는 자들, 왜곡된 마음을 지닌 자들, 그들은 이와 같이 말한다. "즐거움을 통한 즐거움은 없다. 즐거움이란 괴로움을 통해 얻는 것이다." "감각적 욕망을 따르는 자는 세간을 발달시킨다. 세간을 발달시키는 자는 많은 복덕을 짓는다."

Te evaṃsaññī evaṃdiṭṭhī dukkhena sukhaṃ patthayamānā kāmesu puññasaññī attakilamathānuyogamanuyuttā ca viharanti kāmasukhallikānuyogamanuyuttā ca.

그러한 지각을 지니고 그러한 견해를 지닌 자들은 괴로움을 통한 즐거움을 갈망하면서 자신에게 고통을 주는 수행에 매달려 산다. 또는 감각적 욕망에서 복덕을 지각하는 자로서 감각적 욕망의 즐거움을 탐닉하며 산다.

Te tadabhiññā santā rogam eva vaḍḍhayanti, gaṇḍam eva vaḍḍhayanti, sallam eva vaḍḍhayanti.

그들은 그것에 관한 뛰어난 앎은 있지만 병을 자라게 하고 종기를 자라게 하고 화살을 증가시킨다.

Te rogābhitunnā gaṇḍapaṭipīḷitā sallānuviddhā niraya-tiracchānayoni-petāsuresu ummujjanimujjāni karonto ugghātanigghātaṃ paccanubhonto rogagaṇḍasallabhesajjaṃ na vindanti.

병에 시달리고 종기로 괴롭고 화살이 꽂힌 그들은 지옥과 동물의 모태와 아귀와 아수라에 나타나기도 하고 사라지기도 하면서 부침을 계속 겪지만, 그들은 병과 종기와 화살에 쓰일 약을 얻지 못한다.

Tattha attakilamathānuyogo kāmasukhallikānuyogo ca saṃkileso, samathavipassanā vodānaṃ. Attakilamathānuyogo kāmasukhallikānuyogo ca rogo, samathavipassanā roganigghātakabhesajjaṃ. Attakilamathānuyogo kāmasukhallikānuyogo ca gaṇḍo, samathavipassanā gaṇḍanigghātakabhesajjaṃ. Attakilamathānuyogo kāmasukhallikānuyogo ca sallo, samathavipassanā salluddharaṇabhesajjaṃ.

거기에서 자신에게 고통을 주는 수행과 감각적 욕망의 즐거움에 대한 탐닉은 오염이고 사마타와 위빠사나는 정화이다. 자신에게 고통을 주는 수행과 감각적 욕망의 즐거움에 대한 탐닉은 병이고 사마타와 위빠사나는 병을 없애는 약이다. 자신에게 고통을 주는 수행과 감각적 욕망의 즐거움에 대한 탐닉은 종기이고 사마타와 위빠사나는 종기를 없애는 약이다. 자신에게 고통을 주는 수행과 감각적 욕망의 즐거움에 대한 탐닉은 화살이고 사마타와 위빠사나는 화살을 뽑아내는 약이다.

Tattha saṃkileso dukkhaṃ, tadabhisaṅgo taṇhā samudayo, taṇhānirodho dukkhanirodho, samathavipassanā dukkhanirodhagāminī paṭipadā. [p.111] Imāni cattāri saccāni. Dukkhaṃ pariññeyyaṃ, samudayo pahātabbo, maggo bhāvetabbo, nirodho sacchikātabbo.

그 중에서 오염은 괴로움이며, 그것에 대한 끄달림(染着)인 갈애는 [괴로움의] 일어남이다. 갈애의 소멸이 괴로움의 소멸이고, 사마타와 위빠사나는 괴로움의 소멸로 가는 방법이다. [111쪽] 이것은 사성제이다. 괴로움은 두루 알려져야 하고 일어남은 제거되어야 하고 길은 닦여져야 하고 소멸은 실현되어야 한다.

Tattha diṭṭhicaritā rūpaṃ attato upagacchanti… vedanaṃ /pe/ saññaṃ… saṃkhāre… viññāṇaṃ attato upagacchanti,

그 [두 유형 중에서] '견해에 따라 행동하는 자'는 물질현상을 자아로 본다. 느낌을…[중략]… 지각을…[중략]… 지음을…[중략]… 의식을 자아로 본다.

taṇhācaritā rūpavantaṃ attānaṃ upagacchanti… attani vā rūpaṃ, rūpasmiṃ vā attānaṃ… vedanāvantaṃ /pe/ saññāvantaṃ… saṃkhāravantaṃ… viññāṇavantaṃ attānaṃ upagacchanti… attani vā viññāṇaṃ, viññāṇasmiṃ vā attānaṃ.

'갈애에 따라 행동하는 자'는 물질현상을 지닌 것을 자아로 본다. 또는 자아에서 물질현상을 또는 물질현상에서 자아를 [본다.] 느낌을 지닌 것을…[중략]… 지각을 지닌 것을…[중략]… 지음을 지닌 것을…[중략]… 의식을 지닌 것을 자아로 본다. 또는 자아에서 의식을 또는 의식에서 자아를 [본다.]

Ayaṃ vuccati vīsativatthukā sakkāyadiṭṭhi.

이것을 스무 가지에 바탕을 둔 '현재의 몸에 대한 견해(有身見)'라고 부른다.

Tassā paṭipakkho: lokuttarā sammādiṭṭhi, anvāyikā sammāsaṃkappo sammāvācā sammākammanto sammā-ājīvo sammāvāyāmo sammāsati sammāsamādhi, ayaṃ ariyo aṭṭhaṅgiko maggo. Te tayo khandhā sīlakkhandho samādhikkhandho paññākkhandho, sīlakkhandho samādhikkhandho ca samatho, paññākkhandho vipassanā.

그 [현재의 몸에 대한 견해의] 반대는 세간을 넘어선 바른 견해와,[4] [이를] 뒤따르는[5] 바른 의향, 바른 언어, 바른 행위, 바른 삶, 바른 정진, 바른 사띠, 바른 삼매로서 팔정도이다. 또한 이것

4) 주석서(195쪽)에 따르면, 세간을 넘어선 바른 견해란 [팔정도의] 첫번째 길인 바른 견해(paṭhama-magga-sammā-diṭṭhi)를 뜻한다.
5) 주석서(195쪽)에 따르면, 바른 의향부터 바른 삼매의 일곱 가지는 현재의 몸에 대한 견해를 버리고서 바른 견해가 굴러갈 때 그 바른 견해와 질적으로 일치하기 때문에 뒤따른다.

은 계의 다발(戒蘊), 삼매의 다발(定蘊), 반야의 다발(慧蘊)인 세 가지 다발이다. 계의 다발과 삼매의 다발은 사마타이고 반야의 다발은 위빠사나이다.

Tattha sakkāyo dukkhaṃ, sakkāyasamudayo dukkhasamudayo, sakkāyanirodho dukkhanirodho, ariyo aṭṭhaṅgiko maggo dukkhanirodhagāminipaṭipadā. Imāni cattāri saccāni. Dukkhaṃ pariññeyyaṃ, samudayo pahātabbo, maggo bhāvetabbo, nirodho sacchikātabbo.

여기에서 현재의 몸은 괴로움이며, 현재의 몸의 일어남은 괴로움의 일어남이다. 현재의 몸의 소멸이 괴로움의 소멸이고, 팔정도는 괴로움의 소멸로 가는 방법이다. 이것은 사성제이다. 괴로움은 두루 알려져야 하고 일어남은 제거되어야 하고 길은 닦여져야 하고 소멸은 실현되어야 한다.

Tattha ye rūpaṃ attato upagacchanti··· vedanaṃ /pe/ saññaṃ··· saṅkhāre··· viññāṇaṃ attato upagacchanti. Ime vuccanti ucchedavādino ti.

그 [스무 가지 근거 중에서] 어떤 이들은 물질현상을 자아로 본다. 느낌을 ···[중략]··· 지각을 ···[중략]··· 지음을 ···[중략]··· 의식을 자아로 본다. 이들은 '단절을 주장하는 자(斷滅論者)'로 일컬어진다.6)

Ye rūpavantaṃ attānaṃ upagacchanti attani vā rūpaṃ, rūpasmiṃ vā attānaṃ··· ye vedanāvantaṃ /pe/ ye saññāvantaṃ··· ye saṃkhāravantaṃ··· ye viññāṇavantaṃ attānaṃ upagacchanti, attani vā viññāṇaṃ, viññāṇasmiṃ vā attānaṃ. Ime vuccanti sassatavādino ti.

어떤 이들은 물질현상을 지닌 것을 자아로 본다. 또는 자아에서 물질현상을 또는 물질현상에서 자아를 [본다.] 느낌을 지닌 것을 ···[중략]··· 지각을 지닌 것을 ···[중략]··· 지음을 지닌 것을 ···[중략]··· 의식을 지닌 것을 자아로 본다. 또는 자아에서 의식을 또는 의식에서 자아를 [본다.] 이들은 '영원함을 주장하는 자(常住論者)'로 일컬어진다.7)

Tattha uccheda-sassatavādā ubho antā, ayaṃ saṃsārapavatti. [p.112] Tassā paṭipakkho; majjhimā paṭipadā ariyo aṭṭhaṅgiko maggo, ayaṃ saṃsāranivatti.

여기에서 단절의 주장과 영원함의 주장은 둘 다 극단으로서, 이것은 윤회의 굴러감이다. [112쪽] 그것의 반대는 중도로서 팔정

······································

6) 주석서(195쪽)에 따르면, 이들은 물질현상 등의 다섯 다발을 자아로 본다. 그러나 다섯 다발은 무상한 상태를 지녔으므로, 이 때문에 '자아는 파괴된다, 사라진다, 사후에는 없다.'와 같은 고집을 갖게 된다. 따라서 이들을 '단절을 주장하는 자(ucchedavādin)'라고 부른다.

7) 주석서(195쪽)에 따르면, 이들은 '물질현상을 지닌 것을 자아로 본다··· 등의 15가지 견해 때문에, 다섯 다발로부터 자유로운 어떤 다른 것에서 자아를 보고, '자아는 항상하고 견고하고 영원하다.'와 같은 고집을 갖게 된다. 따라서 이들을 '영원함을 주장하는 자(sassatavādin)'라고 부른다.

도이고, 이것은 윤회의 멈춤이다.

Tattha pavatti dukkhaṃ, tadabhisaṅgo-taṇhā samudayo, taṇhānirodho dukkhanirodho, ariyo aṭṭhaṅgiko maggo dukkhanirodhagāminipaṭipadā. Imāni cattāri saccāni. Dukkhaṃ pariññeyyaṃ, samudayo pahātabbo, maggo bhāvetabbo, nirodho sacchikātabbo.

그 중에서 굴러감은 괴로움이며, 그것에 대한 끄달림(染着)인 갈애는 [괴로움의] 일어남이다. 갈애의 소멸이 괴로움의 소멸이고, 팔정도는 괴로움의 소멸로 가는 방법이다. 이것은 사성제이다. 괴로움은 두루 알려져야 하고 일어남은 제거되어야 하고 길은 닦여져야 하고 소멸은 실현되어야 한다.

Tattha uccheda-sassataṃ samāsato vīsativatthukā sakkāyadiṭṭhi, vitthārato dvāsaṭṭhi diṭṭhigatāni. Tesaṃ paṭipakkho tecattālīsaṃ bodhipakkhiyā dhammā, aṭṭha vimokkhā, dasa kasiṇāyatanāni.

그 중에서 단절과 영원함의 [주장은], 간략하게는 스무 가지에 근거를 둔 '현재의 몸에 대한 견해'로,[8] 상세하게는 예순 두 가지 견해로 언급되었다.[9] 그것의 반대는 마흔 세 가지 깨달음을

8) Majjhima Nikāya, 1권, 300쪽; 3권, 17쪽; 이 책 417쪽.
9) Dīgha Nikāya, 1권, 12쪽; Saṃyutta Nikāya, 3권, 262쪽.

구성하는 법(菩提分法),[10] 여덟 가지 해탈(八解脫), 열 가지 까시나의 영역(十遍處)이다.

Dvāsaṭṭhi diṭṭhigatāni mohajālaṃ anādianidhanappavattaṃ. Tecattālīsa bodhipakkhiyā dhammā ñāṇavajiraṃ mohajālappadālanaṃ.

예순 두 가지 견해는 시작도 없이 끊어짐도 없이 굴러가는[11] 어리석음의 그물이다. 마흔 세 가지 깨달음을 구성하는 법은 어리석음의 그물을 부수는 앎의 금강이다.

Tattha moho avijjājālaṃ bhavataṇhā. Tena vuccati: pubbā koṭi na paññāyati avijjāya ca bhavataṇhāya cā ti.

거기에서 어리석음은 무명이다. 그물은 존재에 대한 갈애이다. [시작도 끊어짐도 없이 굴러가는] 까닭에 '무명과 존재에 대한 갈애의 최초 시작은 알려지지 않는다.'라고 말한다.

10) 이 책 135, 316쪽, Dīgha Nikāya, 3권, 251쪽 참조. 주석서(195쪽)에 따르면, 마흔 세 가지 깨달음을 구성하는 법이란, 사념처, 네 가지 바른 정근, 네 가지 신통의 기반, 다섯 가지 기능, 다섯 가지 힘, 일곱 가지 깨달음의 요소, 팔정도라는 서른 일곱 가지 깨달음을 구성하는 법에 여섯 가지를 추가한 것이다. 그 여섯 가지는 무상의 지각(aniccasaññā), 괴로움의 지각(dukkhasaññā), 무아의 지각(anattasaññā), 제거의 지각(pahānasaññā), 탐냄의 여읨의 지각(virāgasaññā), 소멸의 지각(nirodhasaññā)이다.

11) 주석서(195쪽)에 따르면, 시작점이 없기 때문에 '시작이 없다'라고 하고, 저쪽 편에 가서도 이어져 중단 없이 굴러가므로 '끊어짐이 없다'라고 한다.

Tattha diṭṭhicarito asmiṃ sāsane pabbajito sallekhānusantatavutti bhavati sallekhe tibbagāravo. Taṇhācarito asmiṃ sāsane pabbajito sikkhānusantatavutti bhavati sikkhāya tibbagāravo.

그 중에서 이 가르침 안의 출가자로서 '견해에 따라 행동하는 자'는 엄숙함을 몹시 중시하여 엄숙하고 고요한 생활을 한다. 이 가르침 안의 출가자로서 '갈애에 따라 행동하는 자'는 수련을 몹시 중시하여 수련과 고요한 생활을 한다.

Diṭṭhicarito sammattaniyāmaṃ okkamanto dhammānusārī bhavati. Taṇhācarito sammattaniyāmaṃ okkamanto saddhānusārī bhavati,

'견해에 따라 행동하는 자'가 올바름에 의해 확정된 길에 들어설 때 그는 법을 따르는 자가 된다. '갈애에 따라 행동하는 자'가 올바름에 의해 확정된 길에 들어설 때 그는 믿음을 따르는 자가 된다.[12)]

Diṭṭhicarito sukhāya paṭipadāya dandhābhiññāya khippābhiññāya ca niyyāti. Taṇhācarito dukkhāya paṭipadāya dandhābhiññāya khippābhiññāya ca niyyāti.

'견해에 따라 행동하는 자'는 더디게 얻는 뛰어난 앎의 또는

12) Saṃyutta Nikāya, 3권, 225쪽 참조.

빠르게 얻는 뛰어난 앎의 즐거운 방법을 통해 벗어난다. '갈애에 따라 행동하는 자'는 더디게 얻는 뛰어난 앎의 또는 빠르게 얻는 뛰어난 앎의 괴로운 방법을 통해 벗어난다.[13)]

Tattha kiṃ kāraṇaṃ, yaṃ taṇhācarito dukkhāya paṭipadāya dandhābhiññāya khippābhiññāya ca niyyāti? Tassa hi kāmā apariccattā bhavanti. [p.113] So kāmehi viveciyamāno dukkhena paṭinissarati dandhañca dhammaṃ ājānāti. Yo panāyaṃ diṭṭhicarito, ayaṃ ādito yeva kāmehi anatthiko bhavati. So tato viveciyamāno khippañ ca paṭinissarati, khippañ ca dhammaṃ ājānāti.

이렇게 '갈애에 따라 행동하는 자'가 더디게 얻는 뛰어난 앎의 또는 빠르게 얻는 뛰어난 앎의 괴로운 방법에 의해 벗어나는 것은 무슨 이유인가? 그의 감각적 욕망들이 포기되지 않기 때문이다. [113쪽] 감각적 욕망들을 떠날 때 그는 괴롭게 떠나고 더디게 법을 알게 된다. 반면에 '견해에 따라 행동하는 자'는 처음부터 감각적 욕망들에 개의치 않는다. 그것을 떠날 때 그는 빠르게 떠나고 빠르게 법을 알게 된다.

Dukkhā pi paṭipadā duvidhā dandhābhiññā ca khippābhiññā ca. Sukhāpi paṭipadā duvidhā dandhābhiññā ca khippābhiññā ca.

13) 이 책 38-41쪽 참조.

Sattā pi duvidhā; mudindriyā pi tikkhindriyā pi. Ye mudindriyā, te dandhañ ca paṭinissaranti dandhañca dhammaṃ ājānanti. Ye tikkhindriyā, te khippañca paṭinissaranti, khippañ ca dhammaṃ ājānanti. Imā catasso paṭipadā. Ye hi keci niyyiṃsu vā niyyanti vā niyyissanti vā, te imāhi eva catūhi paṭipadāhi.

괴로운 방법은 더디게 얻는 뛰어난 앎과 빠르게 얻는 뛰어난 앎의 두 갈래이다. 즐거운 방법도 두 갈래이다. 즉 더디게 얻는 뛰어난 앎과 빠르게 얻는 뛰어난 앎이다. 중생도 두 부류이다. 즉 약한 기능을 지닌 자와 강한 기능을 지닌 자다. 약한 기능을 지닌 자는 더디게 떠나고 더디게 법을 안다. 강한 기능을 지닌 자는 빠르게 떠나고 빠르게 법을 안다. 이것이 네 가지 방법이다. [이미] 벗어났거나, [지금] 벗어나거나, [앞으로] 벗어날 이들은 누구든 이 네 가지 방법으로 [벗어났고, 벗어나고, 벗어날 것이다.]

Evaṃ ariyā catukkamaggaṃ paññāpenti abudhajanasevitāya bālakantāya rattavāsiniyā nandiyā bhavataṇhāya āvattanatthaṃ.

이와 같이 거룩한 이들은 네 겹의 길[14]을 제시한다. 그것은 깨닫지 못한 이들[15]이 가까이 하는 어리석은 애욕으로부터, 탐착

14) 주석서(196쪽)에 따르면, 네 겹의 길이란 네 겹의 방법(paṭipadācatukkaṃ) 또는 기쁨으로부터 전환을 위한 네 가지 방향의 길을 뜻한다.(nandiyāvaṭṭassa catuddisāsaṅkhātaṃ maggaṃ) 그 네 방향은 이 책 제3장의 세 번째 부분인 '사자의 놀이의 방식'에서 언급된다(이 책 467쪽).

하는 생활[16]로부터, 기쁨[17]으로부터, 존재에 대한 갈애로부터 전환[18]을 위한 것이다.

Ayaṃ vuccati nandiyāvaṭṭassa nayassa bhūmī ti.
Tenāha: Taṇhañ ca avijjam pi ca samathenā ti.

이것을 '기쁨으로부터 전환의 방식의 경지'[19]라고 부른다.

그래서 [제2부의 게송에서] 말하였다. "갈애와 무명을 사마타와 [위빠사나와 함께 네 가지 진리에 연결하여 이끌어내는 방식, 이것이 기쁨으로부터 전환의 방식이다.]"[20]

2. 방향별로 갈래지음의 방식

Veyyākaraṇesu hi ye kusalākusalā ti

설명에서 옳음 또는 옳지 않음으로 [경우에 따라 말해진 것을 정신(意)으로 살펴본다. 그것을 '방향별로 갈래지음'이라고 한

15) 주석서(196쪽)에 따르면, 현명하지 못한 자(apaṇḍita)를 가리킨다.
16) 주석서(196쪽)에 따르면, 탐냄에 정복된 생활(rāgābhibhūtesu vasati)을 말한다.
17) 주석서(196쪽)에 따르면, 여기저기서 기쁨을 목적으로 하기 때문에(tatra tatrābhinandanaṭṭhena) 기쁨이라는 이름을 갖는다.
18) 주석서(196쪽)에 따르면, 전환이란 근절의 뜻(amucchindanattha)이다.
19) 주석서(196쪽)에 따르면, 갈애와 무명이라는 오염의 두 방향(saṃkilesapakkhe dve disā)과 사마타와 위빠사나라는 정화의 두 방향(vodānapakkhe dve disā)이 네 가지 진리에 연결되는 것, 이것이 '기쁨으로부터 전환의 방식'이 성립되는 경지이다.
20) 이 책 23쪽.

다.][21)]

Te duvidhā upaparikkhitabbā: lokavaṭṭānusārī ca lokavivaṭṭānusārī ca. Vaṭṭaṃ nāma saṃsāro. Vivaṭṭaṃ nibbānaṃ.

그 [네 방향의 법들은] 세간의 굴러감을 따르는 [법]과[22)] 세간의 환멸(還滅)을 따르는 [법][23)]이라는 두 갈래로 점검되어야 한다. 굴러감은 윤회이다. 환멸은 열반이다.

a) Kammaṃ kilesā hetu saṃsārassa.

a) 업과 오염은 윤회의 원인이다.

Tattha kammaṃ cetanā cetasikañca niddisitabbaṃ.
Taṃ kathaṃ daṭṭhabbaṃ? Upacaye.

그 중에서 업은 의도와 마음에 속하는 것으로 설명되어야 한다.
어떻게 그것을 볼 수 있는가? [업이] 쌓일 때[볼 수 있다].

Sabbe pi kilesā catūhi vipallāsehi niddisitabbā.
Te kattha daṭṭhabbā? Dasavatthuke kilesapuñje. [p.114]

모든 오염은 네 가지 거꾸로 봄(顚倒)으로부터 설명되어야

21) 이 책 24쪽.
22) 주석서(197쪽)에 따르면, 오염의 법(saṃkilesadhamma)을 가리킨다.
23) 주석서(197쪽)에 따르면, 정화의 법(vodānadhamma)을 가리킨다.

한다.

어디에서 그것들을 볼 수 있는가? 열 가지 근거를 지닌 오염의 덩어리에서[볼 수 있다.] [114쪽]

Katamāni dasavatthūni?

Cattāro āhārā, cattāro vipallāsā, cattāri upādānāni, cattāro yogā, cattāro gandhā cattāro āsavā, cattāro oghā, cattāro sallā, catasso viññāṇaṭṭhitiyo cattāri agatigamanāni.

열 가지 근거란 무엇인가?

네 가지 자양분,[24] 네 가지 거꾸로 봄,[25] 네 가지 집착,[26] 네 가지 묶임,[27] 네 가지 매임,[28] 네 가지 번뇌,[29] 네 가지 거센 물,[30] 네 가지 화살,[31] 네 가지 의식의 뿌리내림,[32] 네 가지 잘

24) 네 가지 자양분이란 물질자양분(物質食), 접촉자양분(觸食), 정신의도자양분(意思食), 의식자양분(識食)이다. Dīgha Nikāya, 3권, 228쪽.

25) 네 가지 거꾸로 봄이란 무아를 자아로 거꾸로 봄, 괴로움을 즐거움으로 거꾸로 봄, 무상을 항상함으로 거꾸로 봄, 추함을 아름다움으로 거꾸로 봄이다. Aṅguttara Nikāya, 2권, 52쪽.

26) 네 가지 집착이란 감각적 욕망에 대한 집착, 존재에 대한 집착, 견해에 대한 집착, 자아에 대한 주장의 집착이다. Dīgha Nikāya, 3권, 230쪽; 이 책 193, 318쪽.

27) 네 가지 묶임이란 감각적 욕망에 의한 묶임, 존재에 의한 묶임, 견해에 의한 묶임, 무명에 의한 묶임이다. Dīgha Nikāya, 3권, 230쪽.

28) 네 가지 매임이란 욕심에 의한 몸의 매임, 악의에 의한 몸의 매임, 규범과 금기에 대한 취착에 의한 몸의 매임, '이것이 진리이다'라는 고집에 의한 몸의 매임이다. Dīgha Nikāya, 3권, 230쪽.

29) 네 가지 번뇌란 감각적 욕망으로 인한 번뇌, 존재로 인한 번뇌, 견해로 인한 번뇌, 무명으로 인한 번뇌이다. Aṅguttara Nikāya, 2권, 211쪽.

30) 네 가지 거센 물이란 감각적 욕망의 거센 물, 존재의 거센 물, 견해의 거센 물, 무명의 거센 물이다. Dīgha Nikāya, 3권, 230쪽.

못된 길로 감[33])이다.[34])

Paṭhame āhāre paṭhamo vipallāso, dutiye āhāre dutiyo vipallāso, tatiye āhāre tatiyo vipallāso, catutthe āhāre catuttho vipallāso.

첫 번째 자양분에서 첫 번째 거꾸로 봄이, 두 번째 자양분에서 두 번째 거꾸로 봄이, 세 번째 자양분에서 세 번째 거꾸로 봄이, 네 번째 자양분에서 네 번째 거꾸로 봄이 있게 된다.

Paṭhame vipallāse paṭhamaṃ upādānaṃ, dutiye vipallāse dutiyaṃ upādānaṃ, tatiye vipallāse tatiyaṃ upādānaṃ, catutthe vipallāse catutthaṃ upādānaṃ.

첫 번째 거꾸로 봄에서 첫 번째 집착이, 두 번째 거꾸로 봄에서 두 번째 집착이, 세 번째 거꾸로 봄에서 세 번째 집착이, 네 번째 거꾸로 봄에서 네 번째 집착이 있게 된다.

Paṭhame upādāne paṭhamo yogo, dutiye upādāne dutiyo yogo,

31) 네 가지 화살이란 탐냄의 화살, 성냄의 화살, 자만의 화살, 어리석음의 화살이다. Peṭakopadesa, 245쪽.

32) 네 가지 의식의 뿌리내림이란 물질현상에 종속된 의식의 뿌리내림, 느낌에 종속된 의식의 뿌리내림, 지각에 종속된 의식의 뿌리내림, 지음에 종속된 의식의 뿌리내림이다. Dīgha Nikāya, 3권, 228쪽.

33) 네 가지 잘못된 길로 감이란 의욕에서 비롯된 잘못된 길로 감, 성냄에서 비롯된 잘못된 길로 감, 두려움에서 비롯된 잘못된 길로 감, 어리석음에서 비롯된 잘못된 길로 감이다. Dīgha Nikāya, 3권, 228쪽.

34) 이 열가지 근거의 상호관계에 대해서는 이 책 318-320쪽 참조.

tatiye upādāne tatiyo yogo, catutthe upādāne catuttho yogo.

첫 번째 집착에서 첫 번째 묶임이, 두 번째 집착에서 두 번째 묶임이, 세 번째 집착에서 세 번째 묶임이, 네 번째 집착에서 네 번째 묶임이 있게 된다.

Paṭhame yoge paṭhamo gandho, dutiye yoge dutiyo gandho, tatiye yoge tatiyo gandho, catutthe yoge catuttho gandho.

첫 번째 묶임에서 첫 번째 매임이, 두 번째 묶임에서 두 번째 매임이, 세 번째 묶임에서 세 번째 매임이, 네 번째 묶임에서 네 번째 매임이 있게 된다.

Paṭhame gandhe paṭhamo āsavo, dutiye gandhe dutiyo āsavo, tatiye gandhe tatiyo āsavo, catutthe gandhe catuttho āsavo.

첫 번째 매임에서 첫 번째 번뇌가, 두 번째 매임에서 두 번째 번뇌가, 세 번째 매임에서 세 번째 번뇌가, 네 번째 매임에서 네 번째 번뇌가 있게 된다.

Paṭhame āsave paṭhamo ogho, dutiye āsave dutiyo ogho, tatiye āsave tatiyo ogho, catutthe āsave catuttho ogho.

첫 번째 번뇌에서 첫 번째 거센 물이, 두 번째 번뇌에서 두 번째 거센 물이, 세 번째 번뇌에서 세 번째 거센 물이, 네 번째 번뇌에서 네 번째 거센 물이 있게 된다.

Paṭhame oghe paṭhamo sallo, dutiye oghe dutiyo sallo, tatiye oghe tatiyo sallo, catutthe oghe catuttho sallo.

첫 번째 거센 물에서 첫 번째 화살이, 두 번째 거센 물에서 두 번째 화살이, 세 번째 거센 물에서 세 번째 화살이, 네 번째 거센 물에서 네 번째 화살이 있게 된다.

Paṭhame salle paṭhamā viññāṇaṭṭhiti, dutiye salle dutiyā viññāṇaṭṭhiti, tatiye salle tatiyā viññāṇaṭṭhiti, catutthe salle catutthī viññāṇaṭṭhiti.

첫 번째 화살에서 첫 번째 의식의 뿌리내림이, 두 번째 화살에서 두 번째 의식의 뿌리내림이, 세 번째 화살에서 세 번째 의식의 뿌리내림이, 네 번째 화살에서 네 번째 의식의 뿌리내림이 있게 된다.

Paṭhamāyaṃ viññāṇaṭṭhitiyaṃ paṭhamaṃ agatigamanaṃ, dutiyāyaṃ viññāṇaṭṭhitiyaṃ dutiyaṃ agatigamanaṃ, tatiyāyaṃ viññāṇaṭṭhitiyaṃ tatiyaṃ agatigamanaṃ, catutthiyaṃ viññāṇaṭṭhitiyaṃ catutthaṃ agatigamanaṃ.

첫 번째 의식의 뿌리내림에서 첫 번째 잘못된 길로 감이, 두 번째 의식의 뿌리내림에서 두 번째 잘못된 길로 감이, 세 번째 의식의 뿌리내림에서 세 번째 잘못된 길로 감이, 네 번째 의식의 뿌리내림에서 네 번째 잘못된 길로 감이 있게 된다.

Tattha yo ca kabaḷīkāro-āhāro yo ca phasso āhāro, ime taṇhācaritassa puggalassa upakkilesā. Yo ca manosañcetanāhāro yo ca viññāṇāhāro, ime diṭṭhicaritassa puggalassa upakkilesā.

그 [네 가지 자양분] 중에서 물질자양분과 접촉자양분, 이것은 '갈애에 따라 행동하는 사람'의 오염이다. 정신의도자양분과 의식자양분, 이것은 '견해에 따라 행동하는 사람'의 오염이다.

Tattha yo ca asubhe subhan ti vipallāso, yo ca dukkhe sukhan ti vipallāso, ime taṇhācaritassa puggalassa upakkilesā. Yo ca anicce niccan ti vipallāso, yo ca anattani attā ti vipallāso, ime diṭṭhicaritassa puggalassa upakkilesā. [p.115]

그 [네 가지 거꾸로 봄] 중에서 추함을 아름다움으로 거꾸로 봄과 괴로움을 즐거움으로 거꾸로 봄, 이것은 '갈애에 따라 행동하는 사람'의 오염이다. 무상을 항상함으로 거꾸로 봄과 무아를 자아로 거꾸로 봄, 이것은 '견해에 따라 행동하는 사람'의 오염이다. [115쪽]

Tattha yañca kāmupādānaṃ yañ ca bhavupādānaṃ, ime taṇhācaritassa puggalassa upakkilesā. Yañ ca diṭṭhupādānaṃ yañ ca attavādupādānaṃ, ime diṭṭhicaritassa puggalassa upakkilesā.

그 [네 가지 집착] 중에서 감각적 욕망에 대한 집착과 존재에 대한 집착, 이것은 '갈애에 따라 행동하는 사람'의 오염이다. 견해에 대한 집착과 자아에 대한 주장의 집착, 이것은 '견해에 따라 행동하는 사람'의 오염이다.

Tattha yo ca kāmayogo yo ca bhavayogo, ime taṇhācaritassa puggalassa upakkilesā. Yo ca diṭṭhiyogo yo ca avijjāyogo, ime diṭṭhicaritassa puggalassa upakkilesā.

그 [네 가지 묶임] 중에서 감각적 욕망에 의한 묶임과 존재에 의한 묶임, 이것은 '갈애에 따라 행동하는 사람'의 오염이다. 견해에 의한 묶임과 무명에 의한 묶임, 이것은 '견해에 따라 행동하는 사람'의 오염이다.

Tattha yo ca abhijjhā-kāyagandho yo ca byāpādo kāyagandho, ime taṇhācaritassa puggalassa upakkilesā. Yo ca parāmāsakāyagandho yo ca idaṃ-saccābhinivesakāyagandho, ime diṭṭhicaritassa puggalassa upakkilesā.

그 [네 가지 매임] 중에서 욕심에 의한 몸의 매임과 악의에 의한 몸의 매임, 이것은 '갈애에 따라 행동하는 사람'의 오염이다. 취착에 의한 몸의 매임과 '이것이 진리이다'라는 고집에 의한 몸의 매임, 이것은 '견해에 따라 행동하는 사람'의 오염이다.

Tattha yo ca kāmāsavo yo ca bhavāsavo, ime taṇhācaritassa puggalassa upakkilesā. Yo ca diṭṭhāsavo yo ca avijjāsavo, ime diṭṭhicaritassa puggalassa upakkilesā.

그 [네 가지 번뇌] 중에서 감각적 욕망으로 인한 번뇌와 존재로 인한 번뇌, 이것은 '갈애에 따라 행동하는 사람'의 오염이다. 견해로 인한 번뇌와 무명으로 인한 번뇌, 이것은 '견해에 따라 행동하는 사람'의 오염이다.

Tattha yo ca kāmogho yo ca bhavogho, ime taṇhācaritassa puggalassa upakkilesā. Yo ca diṭṭhogho yo ca avijjogho, ime diṭṭhicaritassa puggalassa upakkilesā.

그 [네 가지 거센 물] 중에서 감각적 욕망의 거센 물과 존재의 거센 물, 이것은 '갈애에 따라 행동하는 사람'의 오염이다. 견해의 거센 물과 무명의 거센 물, 이것은 '견해에 따라 행동하는 사람'의 오염이다.

Tattha yo ca rāgasallo yo ca dosasallo, ime taṇhācaritassa puggalassa upakkilesā. Yo ca mānasallo yo ca mohasallo, ime diṭṭhicaritassa puggalassa upakkilesā.

그 [네 가지 화살] 중에서 탐냄의 화살과 성냄의 화살, 이것은 '갈애에 따라 행동하는 사람'의 오염이다. 자만의 화살과 어리석음의 화살, 이것은 '견해에 따라 행동하는 사람'의 오염이다.

Tattha yā ca rūpūpagā viññāṇaṭṭhiti yā ca vedanūpagā viññāṇaṭṭhiti, ime taṇhācaritassa puggalassa upakkilesā. Yā ca saññūpagā viññāṇaṭṭhiti yā ca saṅkhārūpagā viññāṇaṭṭhiti, ime diṭṭhicaritassa puggalassa upakkilesā.

그 [네 가지 의식의 뿌리내림] 중에서 물질현상에 종속된 의식의 뿌리내림과 느낌에 종속된 의식의 뿌리내림, 이것은 '갈애에 따라 행동하는 사람'의 오염이다. 지각에 종속된 의식의 뿌리내림과 지음에 종속된 의식의 뿌리내림, 이것은 '견해에 따라 행동하는 사람'의 오염이다.

Tattha yañ ca chandā agatigamanaṃ yañ ca dosā agatigamanaṃ, ime taṇhācaritassa puggalassa upakkilesā. Yañ ca bhayā agatigamanaṃ yañ ca mohā agatigamanaṃ, ime diṭṭhicaritassa puggalassa upakkilesā.

그 [네 가지 잘못된 길로 감] 중에서 의욕에서 비롯된 잘못된 길로 감과 성냄에서 비롯된 잘못된 길로 감, 이것은 '갈애에 따라 행동하는 사람'의 오염이다. 두려움에서 비롯된 잘못된 길로 감과 어리석음에서 비롯된 잘못된 길로 감, 이것은 '견해에 따라 행동하는 사람'의 오염이다.

Tattha kabaḷīkāre āhāre asubhesu santivipallāso, phasse āhāre dukkhe sukhan ti vipallāso, viññāṇe āhāre anicce niccan ti vipallāso, manosañcetanāya āhāre anattani attā ti vipallāso.

그 [네 가지 자양분] 중에서 물질자양분에 관련하여 추함을 아름다움으로 거꾸로 봄,[35] 접촉자양분에 관련하여 괴로움을 즐거움으로 거꾸로 봄[36], 의식자양분에 관련하여 무상을 항상함으로 거꾸로 봄, 정신의도자양분과 관련하여 무아를 자아로 거꾸로 봄이 있다.[37]

Paṭhame vipallāse ṭhito kāme upādiyati, idaṃ vuccati kāmupādānaṃ: dutiye vipallāse ṭhito anāgataṃ bhavaṃ [p.116] upādiyati, idaṃ vuccati bhavupādānaṃ: tatiye vipallāse ṭhito saṃsārābhinandiniṃ diṭṭhiṃ upādiyati, idaṃ vuccati diṭṭhupādānaṃ: catutthe vipallāse ṭhito attānaṃ kappiya upādiyati, idaṃ vuccati attavādupādānaṃ.

첫 번째 거꾸로 봄에 서있는 자는 감각적 욕망들에 집착한다. 이것을 감각적 욕망에 대한 집착이라고 부른다. 두 번째 거꾸로 봄에 서있는 자는 미래의 존재에 [116쪽] 집착한다. 이것을 존재에 대한 집착이라고 부른다. 세 번째 거꾸로 봄에 서있는 자는

35) '추함을 아름다움으로 거꾸로 봄'의 PTS 본 표기인 'asubhesu santivipallāso'를 CHS 본은 'asubhe subhanti vipallāso'라고 표기하고 있다. PTS본의 114쪽(이 책 431쪽)에 나오는 동일한 문장과 비교해볼 때 CHS 본이 맞다.

36) '괴로움을 즐거움으로 거꾸로 봄'의 PTS 본 표기인 'dukkhesu khantivipallāso'는 'dukkhe sukhanti vipallāso'의 띄어쓰기 오기로 본다.

37) Peṭakopadesa, 244-245쪽 참조.

윤회를 기뻐하는 견해에 집착한다. 이것을 견해에 대한 집착이라고 부른다. 네 번째 거꾸로 봄에 서있는 자는 허구의 자아에 집착한다. 이것을 자아에 대한 주장의 집착이라고 부른다.

Kāmupādānena kāmehi saṃyujjati, ayaṃ vuccati kāmayogo, bhavupādānena bhavehi saṃyujjati, ayaṃ vuccati bhavayogo, diṭṭhupādānena pāpikāya diṭṭhiyā saṃyujjati, ayaṃ vuccati diṭṭhiyogo, attavādupādānena avijjāya saṃyujjati, ayaṃ vuccati avijjāyogo.

감각적 욕망에 대한 집착 때문에 감각적 욕망들과 결합한다. 이것을 감각적 욕망에 의한 묶임이라고 부른다. 존재에 대한 집착 때문에 존재와 결합한다. 이것을 존재에 의한 묶임이라고 부른다. 견해에 대한 집착 때문에 악한 견해와 결합한다. 이것을 견해에 의한 묶임이라고 부른다. 자아에 대한 주장의 집착 때문에 무명과 결합한다.[38] 이것을 무명에 의한 묶임이라고 부른다.

Paṭhame yoge ṭhito abhijjhāya kāyaṃ gandhati, ayaṃ vuccati abhijjhākāyagandho, dutiye yoge ṭhito byāpādena kāyaṃ gandhati, ayaṃ vuccati byāpādakāyagandho, tatiye yoge ṭhito parāmāsena kāyaṃ gandhati, ayaṃ vuccati parāmāsakāyagandho, catutthe yoge ṭhito idaṃ-saccābhinivesena kāyaṃ gandhati, ayaṃ vuccati

38) 이 책 173쪽 참조.

idaṃ-saccābhinivesakāyagantho.

첫 번째 묶임에 서있는 자는 욕심으로 몸[39]을 맨다. 이것을 욕심에 의한 몸의 매임이라고 부른다. 두 번째 묶임에 서있는 자는 악의로 몸을 맨다. 이것을 악의에 의한 몸의 매임이라고 부른다. 세 번째 묶임에 서있는 자는 취착으로 몸을 맨다. 이것을 취착에 의한 몸의 매임이라고 부른다. 네 번째 묶임에 서있는 자는 '이것이 진리이다'라는 고집으로 몸을 맨다. 이것을 '이것이 진리이다'라는 고집에 의한 몸의 매임이라고 부른다.

Tassa evaṃ gandhitā kilesā āsavanti.
Kuto ca vuccati āsavantī ti? Anusayato vā pariyuṭṭhānato vā.

그의 이와 같은 매임 때문에 오염들이 흘러온다. 어디서부터 흘러온다고 말하는가? 잠재성향이나 사로잡힘으로부터 [흘러온다.]

Tattha abhijjhākāyagandhena kāmāsavo, byāpādakāyagandhena bhavāsavo, parāmāsakāyagandhena diṭṭhāsavo, idaṃ-saccābhinivesakāyagandhena avijjāsavo.

그 [네 가지 매임] 중에서 욕심에 의한 몸의 매임 때문에 감각

39) Bhikkhu Ñāṇamoli(The Guide, 156쪽)는 여기에서의 '몸(kāya)'은 물질현상의 더미(色身)와 정신현상의 더미(名身) 둘 다를 가리킨다고 설명한다. 몸이란 집합, 더미 등의 뜻도 갖고 있기 때문이다.

적 욕망으로 인한 번뇌가, 악의에 의한 몸의 매임 때문에 존재로 인한 번뇌가, 취착에 의한 몸의 매임 때문에 견해로 인한 번뇌가, '이것이 진리이다'라는 고집에 의한 몸의 매임 때문에 무명으로 인한 번뇌가 있다.

Tassa ime cattāro āsavā vepullaṃ gatā oghā bhavanti. Iti āsavavepullā oghavepullaṃ.

그의 이 네 가지 번뇌는 늘어나서 거센 물이 된다. 이렇게 번뇌가 늘어났기 때문에 거센 물이 넘친다.

Tattha kāmāsavena kāmogho, bhavāsavena bhavogho, diṭṭhāsavena diṭṭhogho, avijjāsavena avijjogho.

그 [네 가지 번뇌] 중에서 감각적 욕망으로 인한 번뇌 때문에 감각적 욕망의 거센 물이, 존재로 인한 번뇌 때문에 존재의 거센 물이, 견해로 인한 번뇌 때문에 견해의 거센 물이, 무명으로 인한 번뇌 때문에 무명의 거센 물이 있다.

Tassa ime cattāro oghā anusayasahagatā ajjhāsayaṃ anupaviṭṭhā hadayaṃ āhacca tiṭṭhanti, tena vuccanti sallā iti.

그의 이 네 가지 거센 물은 잠재성향을 수반하고 욕망과 결합하여 심장에 이르러 박힌다. 그 때문에 화살이라고 부른다.

Tattha kāmoghena rāgasallo, bhavoghena dosasallo, diṭṭhoghena mānasallo, avijjoghena mohasallo.

그 [네 가지 거센 물] 중에서 감각적 욕망의 거센 물 때문에 탐냄의 화살이, 존재의 거센 물 때문에 성냄의 화살이, 견해의 거센 물 때문에 자만의 화살이, 무명의 거센 물 때문에 어리석음의 화살이 있다.

Tassa imehi catūhi sallehi pariyādinnaṃ viññāṇaṃ catūsu dhammesu saṇṭhahati rūpe vedanāya saññāya saṃkhāresu.

그의 이 네 가지 화살에 꽉 잡힌 의식은 네 가지 법, 즉 물질현상, 느낌, 지각, 지음에서 뿌리내린다.[40]

Tattha rāgasallena nandūpasecanena viññāṇena rūpūpagā [p.117] viññāṇaṭṭhiti, dosasallena nandūpasecanena viññāṇena vedanūpagā viññāṇaṭṭhiti, mānasallena nandūpasecanena viññāṇena saññūpagā viññāṇaṭṭhiti, mohasallena nandūpasecanena viññāṇena saṃkhārūpagā viññāṇaṭṭhiti.

그 [네 가지 화살] 중에서 탐냄의 화살이라는 기쁨에서 비롯된 의식으로 인해 물질현상에 종속된 [117쪽] 의식의 뿌리내림이, 성냄의 화살이라는 기쁨에서 비롯된 의식으로 인해 느낌에 종속된

40) 이 책 562-564쪽 참조.

의식의 뿌리내림이, 자만의 화살이라는 기쁨에서 비롯된 의식으로 인해 지각에 종속된 의식의 뿌리내림이, 어리석음의 화살이라는 기쁨에서 비롯된 의식으로 인해 지음에 종속된 의식의 뿌리내림이 있다.

Tassa imāhi catūhi viññāṇaṭṭhitīhi upatthaddhaṃ viññāṇaṃ catūhi dhammehi agatiṃ gacchati: chandā dosā bhayā mohā.

그에게 이 네 가지 의식의 뿌리내림으로 기반을 마련한 의식은 네 가지 법에서 비롯된 잘못된 길로 간다. 즉 의욕, 성냄, 두려움, 어리석음에서 비롯된 [잘못된 길로 간다].

Tattha rāgena chandā agatiṃ gacchati, dosena dosā agatiṃ gacchati, bhayena bhayā agatiṃ gacchati, mohena mohā agatiṃ gacchati.

그 [네 가지 잘못된 길로 감] 중에서 그는 탐냄 때문에 의욕에서 비롯된 잘못된 길로 간다. 성냄 때문에 성냄에서 비롯된 잘못된 길로 간다. 두려움 때문에 두려움에서 비롯된 잘못된 길로 간다. 어리석음 때문에 어리석음에서 비롯된 잘못된 길로 간다.

Iti kho tañ ca kammaṃ ime ca kilesā. Esa hetu saṃsārassa. Evaṃ sabbe kilesā catūhi vipallāsehi niddisitabbā.

이렇게 그러한 업과 이 오염들이 있다. 그것은 윤회의 원인이다.[41] 이와 같이 모든 오염들은 네 가지 거꾸로 봄으로부터 설명되어야 한다.

b) Tattha imā catasso disā:

b) 거기에는 이러한 네 방향이 있다.[42]

kabaḷīkāro āhāro asubhe subhanti vipallāso, kāmupādānaṃ, kāmayogo, abhijjhākāyagandho, kāmāsavo, kāmogho, rāgasallo, rūpūpagā viññāṇaṭṭhiti, chandā agatigamanan ti paṭhamā disā.

'물질자양분, 추함을 아름다움으로 거꾸로 봄, 감각적 욕망에 대한 집착, 감각적 욕망에 의한 묶임, 욕심에 의한 몸의 매임, 감각적 욕망으로 인한 번뇌, 감각적 욕망의 거센 물, 탐냄의 화살, 물질현상에 종속된 의식의 뿌리내림, 의욕에서 비롯된 잘못된 길로 감'이 첫 번째 방향이다.

Phasso-āhāro, dukkhe sukhan ti vipallāso, bhavupādānaṃ, bhavayogo, byāpādakāyagandtho, bhavāsavo, bhavogho, dosasallo, vedanūpagā viññāṇaṭṭhiti, dosā agatigamanan ti dutiyā disā.

41) 이 책 690쪽.
42) 주석서(202쪽)에 따르면, 여기부터의 내용은 위에서 네 가지 자양분 등으로 나열된 네 겹의 오염의 측면들이 각각 방향별로 분류되어 네 종류가 된다. 이를 네 방향이라고 한다. 또한 이와 대조적으로 c)에서 언급되듯이 이러한 오염들로부터 벗어나게 해주는 네 가지 방법 등의 네 겹의 정화의 측면들이 각각 방향별로 분류되는 네 종류가 있다. 이들 또한 네 방향이다.

‘접촉자양분, 괴로움을 즐거움으로 거꾸로 봄, 존재에 대한 집착, 존재에 의한 묶임, 악의에 의한 몸의 매임, 존재로 인한 번뇌, 존재의 거센 물, 성냄의 화살, 느낌에 종속된 의식의 뿌리내림, 성냄에서 비롯된 잘못된 길로 감’이 두 번째 방향이다.

Viññāṇāhāro anicce niccan ti vipallāso, diṭṭhupādānaṃ, diṭṭhiyogo parāmāsakāyagandho, diṭṭhāsavo, diṭṭhogho, mānasallo, saññūpagā viññāṇaṭṭhiti, bhayā agatigamanan ti tatiyā disā.

‘의식자양분, 무상을 항상함으로 거꾸로 봄, 견해에 대한 집착, 견해에 의한 묶임, 취착에 의한 몸의 매임, 견해로 인한 번뇌, 견해의 거센 물, 자만의 화살, 지각에 종속된 의식의 뿌리내림, 두려움에서 비롯된 잘못된 길로 감’이 세 번째 방향이다.

Manosañcetanāhāro anattani attā ti vipallāso, attavādupādānaṃ, avijjāyogo, idaṃ-saccābhinivesakāyagandho, avijjāsavo, avijjogho, mohasallo, saṃkhārūpagā viññāṇaṭṭhiti, mohā agatigamanan ti catutthī disā.

‘정신의도자양분, 무아를 자아로 거꾸로 봄, 자아에 대한 주장의 집착, 무명에 의한 묶임, ‘이것이 진리이다’라는 고집에 의한 몸의 매임, 무명으로 인한 번뇌, 무명의 거센 물, 어리석음의 화살, 지음에 종속된 의식의 뿌리내림, 어리석음에서 비롯된 잘못된 길로 감’이 네 번째 방향이다.

Tattha yo ca kabaḷīkāro-āhāro yo ca asubhe subhan ti vipallāso, kāmupādānaṃ, kāmayogo, abhijjhākāyagandho, kāmāsavo, kāmogho, rāgasallo, rūpūpagā viññāṇaṭṭhiti chandā agatigamanan ti, imesaṃ dasannaṃ suttānaṃ eko attho, byañjanam eva nānaṃ. Ime rāgacaritassa puggalassa upakkilesā. [p.118]

그 중에서 '물질자양분, 추함을 아름다움으로 거꾸로 봄, 감각적 욕망에 대한 집착, 감각적 욕망에 의한 묶임, 욕심에 의한 몸의 매임, 감각적 욕망으로 인한 번뇌, 감각적 욕망의 거센 물, 탐냄의 화살, 물질현상에 종속된 의식의 뿌리내림, 의욕에서 비롯된 잘못된 길로 감', 이 열 가지 경구의 의미는 하나이다. 그러나 언설은 여러가지이다. 이것은 '탐냄에 따라 행동하는 사람'의 오염이다. [118쪽]

Tattha yo ca phasso āhāro yo ca dukkhe sukhan ti vipallāso, bhavupādānaṃ, bhavayogo, byāpādakāyagandho, bhavāsavo, bhavogho, dosasallo, vedanūpagā viññāṇaṭṭhiti, dosā agatigamananti imesaṃ dasannaṃ suttānaṃ eko attho byañjanam eva nānaṃ. Ime dosacaritassa puggalassa upakkilesā.

그 중에서 '접촉자양분, 괴로움을 즐거움으로 거꾸로 봄, 존재에 대한 집착, 존재에 의한 묶임, 악의에 의한 몸의 매임, 존재로 인한 번뇌, 존재의 거센 물, 성냄의 화살, 느낌에 종속된 의식의 뿌리내림, 성냄에서 비롯된 잘못된 길로 감', 이 열 가지 경구의 의미는 하나이다. 그러나 언설은 여러가지이다. 이것은 '성냄에 따라 행동하는 사람'의 오염이다.

Tattha yo ca viññāṇāhāro yo ca anicce niccan ti vipallāso, diṭṭhupādānaṃ, diṭṭhiyogo, parāmāsakāyagandho, diṭṭhāsavo, diṭṭhogho, mānasallo, saññūpagā viññāṇaṭṭhiti, bhayā agatigamananti imesaṃ dasannaṃ suttānaṃ eko attho, byañjanam eva nānaṃ. Ime diṭṭhicaritassa mandassa upakkilesā.

그 중에서 '의식자양분, 무상을 항상함으로 거꾸로 봄, 견해에 대한 집착, 견해에 의한 묶임, 취착에 의한 몸의 매임, 견해로 인한 번뇌, 견해의 거센 물, 자만의 화살, 지각에 종속된 의식의 뿌리내림, 두려움에서 비롯된 잘못된 길로 감', 이 열 가지 경구의 의미는 하나이다. 그러나 언설은 여러가지이다. 이것은 '견해에 따라 행동하면서 우둔한 사람'의 오염이다.

Tattha yo ca manosañcetanāhāro yo ca anattani attā ti vipallāso, attavādupādānaṃ, avijjāyogo, idaṃ-saccābhinivesakāyagandho, avijjāsavo, avijjogho, mohasallo, saṃkhārūpagā viññāṇaṭṭhiti, mohā agatigamanan ti, imesaṃ dasannaṃ suttānaṃ eko attho, byañjanam eva nānaṃ. Ime diṭṭhicaritassa udattassa upakkilesā.

그 중에서 '정신의도자양분, 무아를 자아로 거꾸로 봄, 자아에 대한 주장의 집착, 무명에 의한 묶임, 진리에 대한 고집에 의한 몸의 매임, 무명으로 인한 번뇌, 무명의 거센 물, 어리석음의 화살, 지음에 종속된 의식의 뿌리내림, 어리석음에서 비롯된 잘못된 길로 감', 이 열 가지 경구의 의미는 하나이다. 그러나 언설은 여러가지이다. 이것은 '견해에 따라 행동하지만 현명한 사람'의 오염이다.

Tattha yo ca kabaḷīkāro-āhāro yo ca phasso-āhāro, ime appaṇihitena vimokkhamukhena pariññaṃ gacchanti, viññāṇāhāro suññatāya, manosañcetanāhāro animittena.

그 [네 가지 자양분] 중에서 물질자양분과 접촉자양분은 바람 없음(無願)의 해탈의 문을 통해 두루한 앎으로 나아간다. 의식자양분은 공성(空性)으로서의 [해탈의 문을 통해,] 정신의도자양분은 이미지를 취하지 않음(無相)의 [해탈의 문을 통해 두루한 앎으로 나아간다.]

Tattha yo ca asubhe subhan ti vipallāso, yo ca dukkhe sukhan ti vipallāso, ime appaṇihitena vimokkhamukhena pahānaṃ abbhatthaṃ gacchanti, anicce niccan ti vipallāso suññatāya, anattani attā ti vipallāso animittena.

그 [네 가지 거꾸로 봄] 중에서 추함을 아름다움으로 거꾸로 봄과 괴로움을 즐거움으로 거꾸로 봄은 바람 없음의 해탈의 문을 통해 없어지고 사라진다. 무상을 항상함으로 거꾸로 봄은 공성으로서의 [해탈의 문을 통해,] 무아를 자아로 거꾸로 봄은 이미지를 취하지 않음의 [해탈의 문을 통해 없어지고 사라진다.]

Tattha kāmupādānañ ca bhavupādānañ ca appaṇihitena vimokkhamukhena pahānaṃ gacchanti, diṭṭhupādānaṃ suññatāya, attavādupādānaṃ animittena.

그 [네 가지 집착] 중에서 감각적 욕망에 대한 집착과 존재에 대한 집착은 바람 없음의 해탈의 문을 통해 없어짐으로 나아간다. 견해에 대한 집착은 공성으로서의 [해탈의 문을 통해,] 자아에 대한 주장의 집착은 이미지를 취하지 않음의 [해탈의 문을 통해 없어짐으로 나아간다.]

Tattha kāmayogo ca bhavayogo ca appaṇihitena vimokkhamukhena pahānaṃ gacchanti, diṭṭhiyogo suññatāya, avijjāyogo animittena.

그 [네 가지 묶임] 중에서 감각적 욕망에 의한 묶임과 존재에 의한 묶임은 바람 없음의 해탈의 문을 통해 없어짐으로 나아간다. 견해에 의한 묶임은 공성으로서의 [해탈의 문을 통해,] 무명에 의한 묶임은 이미지를 취하지 않음의 [해탈의 문을 통해 없어짐으로 나아간다.]

Tattha abhijjhākāyagandho ca byāpādakāyagantho ca appaṇihitena vimokkhamukhena pahānaṃ gacchanti, [p.119] parāmāsakāyagandho suññatāya, idaṃ-saccābhinivesakāyagantho animittena.

그 [네 가지 매임] 중에서 욕심에 의한 몸의 매임과 악의에 의한 몸의 매임은 바람 없음의 해탈의 문을 통해 없어짐으로 나아간다. [119쪽] 취착에 의한 몸의 매임은 공성으로서의 [해탈의 문을 통해,] '이것이 진리이다'라는 고집에 의한 몸의 매임은 이미지를 취하지 않음의 [해탈의 문을 통해 없어짐으로 나아간다.]

Tattha kāmāsavo ca bhavāsavo ca appaṇihitena vimokkhamukhena pahānaṃ gacchanti, diṭṭhāsavo suññatāya, avijjāsavo animittena.

그 [네 가지 번뇌] 중에서 감각적 욕망으로 인한 번뇌와 존재로 인한 번뇌는 바람 없음의 해탈의 문을 통해 없어짐으로 나아간다. 견해로 인한 번뇌는 공성으로서의 [해탈의 문을 통해,] 무명으로 인한 번뇌는 이미지를 취하지 않음의 [해탈의 문을 통해 없어짐으로 나아간다.]

Tattha kāmogho ca bhavogho ca appaṇihitena vimokkhamukhena pahānaṃ gacchanti, diṭṭhogho suññatāya, avijjogho animittena.

그 [네 가지 거센 물] 중에서 감각적 욕망의 거센 물과 존재의 거센 물은 바람 없음의 해탈의 문을 통해 없어짐으로 나아간다. 견해의 거센 물은 공성으로서의 [해탈의 문을 통해,] 무명의 거센 물은 이미지를 취하지 않음의 [해탈의 문을 통해 없어짐으로 나아간다.]

Tattha rāgasallo ca dosasallo ca appaṇihitena vimokkhamukhena pahānaṃ gacchanti, mānasallo suññatāya, mohasallo animittena.

그 [네 가지 화살] 중에서 탐냄의 화살과 성냄의 화살은 바람 없음의 해탈의 문을 통해 없어짐으로 나아간다. 자만의 화살은 공성으로서의 [해탈의 문을 통해,] 어리석음의 화살은 이미지를 취하지 않음의 [해탈의 문을 통해 없어짐으로 나아간다.]

Tattha rūpūpagā ca viññāṇaṭṭhiti vedanūpagā ca viññāṇaṭṭhiti appaṇihitena vimokkhamukhena pariññaṃ gacchanti, saññūpagā suññatāya, saṅkhārūpagā animittena.

그 [네 가지 의식의 뿌리내림] 중에서 물질현상에 종속된 의식의 뿌리내림과 느낌에 종속된 의식의 뿌리내림은 바람 없음의 해탈의 문을 통해 두루한 앎으로 나아간다. 지각에 종속된 [의식의 뿌리내림은] 공성으로서의 [해탈의 문을 통해,] 지음에 종속된 [의식의 뿌리내림은] 이미지를 취하지 않음의 [해탈의 문을 통해 두루한 앎으로 나아간다.]

Tattha chandā ca agatigamanaṃ dosā ca agatigamanaṃ appaṇihitena vimokkhamukhena pahānaṃ gacchanti, bhayā agatigamanaṃ suññatāya, mohā agatigamanaṃ animittena vimokkhamukhena pahānaṃ gacchanti.

그 [네 가지 잘못된 길로 감] 중에서 의욕에서 비롯된 잘못된 길로 감과 성냄에서 비롯된 잘못된 길로 감은 바람 없음의 해탈의 문을 통해 없어짐으로 나아간다. 두려움에서 비롯된 잘못된 길로 감은 공성으로서의 [해탈의 문을 통해,] 어리석음에서 비롯된 잘못된 길로 감은 이미지를 취하지 않음의 해탈의 문을 통해 없어짐으로 나아간다.

c) Iti sabbe lokavaṭṭānusārino dhammā niyyanti telokā tīhi vimokkhamukhehi.

c) 이렇게 세간의 굴러감을 따르는 모든 법들은 세 가지 해탈의 문을 통해 세 종류의 세간으로부터 벗어난다.

Tatridaṃ niyyānaṃ : catasso paṭipadā, cattāro satipaṭṭhānā, cattāri jhānāni, cattāro vihārā, cattāro sammappadhānā, cattāro acchariyā abbhutadhammā, cattāri adhiṭṭhānāni, catasso samādhibhāvanā, cattāro sukhabhāgiyā dhammā, catasso appamāṇā.

거기에서 이것은 벗어남이다. 즉 네 가지 방법,[43] 네 가지 사

43) Dīgha Nikāya, 3권, 228쪽. 네 가지 방법이란 더디게 얻는 뛰어난 앎의 괴로운 방법(dukkhā paṭipadā dandhābhiññā), 빠르게 얻는 뛰어난 앎의 괴로운 방법

띠의 확립,[44] 네 가지 선정,[45] 네 가지 머뭄,[46] 네 가지 바른 정근,[47] 네 가지 놀랍고 예전에 없었던 법,[48] 네 가지 기반,[49] 네

(dukkhā paṭipadā khippābhiññā), 더디게 얻는 뛰어난 앎의 즐거운 방법(sukhā paṭipadā dandhābhiññā), 빠르게 얻는 뛰어난 앎의 즐거운 방법(sukhā paṭipadā khippābhiññā)이다.

44) Dīgha Nikāya, 3권, 221쪽. 네 가지 사띠의 확립이란 몸에 대해 몸을 따라가며 봄에 의한 사띠의 확립(kāye kāyānupassitā satipaṭṭhāna), 느낌에 대해 느낌을 따라가며 봄에 의한 사띠의 확립(vedanāsu vedanānupassitā satipaṭṭhāna), 마음에 대해 마음을 따라가며 봄에 의한 사띠의 확립(citte cittānupassitā satipaṭṭha), 법에 대해 법을 따라가며 봄에 의한 사띠의 확립(Dhammesu dhammānupassitā satipaṭṭha)이다.

45) Dīgha Nikāya, 3권, 222쪽. 네 가지 선정이란 첫 번째 선정(paṭhama jhāna), 두 번째 선정(dutiya jhāna), 세 번째 선정(tatiya jhāna), 네 번째 선정(catuttha jhāna)이다. 네 가지 선정의 내용은 다음과 같다. "여기 한 비구가 감각적 욕망들로부터 벗어나고 옳지 않은 법들로부터 벗어나, 생각과 숙고를 갖춘, 벗어남에서 생겨난 기쁨(喜)과 즐거움(樂)이 있는 제1선에 도달하여 머뭅니다(Idh'āvuso bhikkhu vivicc'eva kāmehi vivicca akusalehi dhammehi savitakkaṃ savicāraṃ vivekajaṃ pīti-sukhaṃ paṭhama-jjhānaṃ upasampajja viharati). 생각과 숙고가 가라앉으면서 안으로 고요해진, 마음이 하나가 된 상태(心一境性)인, 생각과 숙고가 없는, 삼매에서 생겨난 기쁨과 즐거움이 있는 제2선에 도달하여 머뭅니다(Vitakka-vicārānaṃ vūpasamā ajjhattaṃ sampasādanaṃ cetaso ekodibhāvaṃ avitakkaṃ avicāraṃ samādhijaṃ piti-sukhaṃ dutiya-jjhānaṃ upasampajja viharati). 기쁨에 대한 탐냄을 여읨으로써 '평정과 사띠와 알아차림을 갖춘 자'로서 머뭅니다. 그리고 몸으로 즐거움을 경험하며, 거룩한 분들이 '평정과 사띠를 지닌 자가 즐겁게 머문다.'라고 말하는 제3선에 도달하여 머뭅니다(Pītiyā ca virāgā upekkhako ca viharati sato ca sampajāno sukhañ ca kāyena paṭisaṃvedeti, yan taṃ ariyā ācikkhanti: upekkhako satimā sukha-vihārī ti tatiya-jjhānaṃ upasampajja viharati). 즐거움을 없애고 괴로움을 없앰으로써, 또한 그 이전에 유쾌함과 불쾌함이 사라졌으므로, 괴로움도 즐거움도 없고 평정과 사띠와 청정을 지닌 제4선에 도달하여 머뭅니다(Sukhassa ca pahānā dukkhassa ca pahānā pubbe va somanassa-domanassānaṃ atthaṅgamā adukkhaṃ asukhaṃ upekkhā-sati-pārisuddhiṃ catuttha- jjhānaṃ upasampajja viharati)."

46) Dīgha Nikāya, 3권, 220쪽 참조. 네 가지 머뭄이란 신성한 머뭄(dibbavihāra), 청정한 머뭄(brahmavihāra), 거룩한 머뭄(ariyavihāra), 동요없는 머뭄(āneñjavihāra)이다. Dīgha Nikāya, 3권, 220쪽에는 동요없는 머뭄을 제외한 세 가지 머뭄이 나열되어 있다.

47) Dīgha Nikāya, 3권, 221쪽. 네 가지 바른 정근이란 첫째, 아직 생기지 않은 나쁜

가지 삼매의 닦음,[50] 네 가지 즐거움과 관련된 법,[51] 네 가지 한량 없음[52]이다.

고 옳지 않은 법이 생기지 않도록 하기 위해 의욕을 일으키고, 정진하고, 노력을 시작하고, 마음을 다잡고, 정근한다.(Anuppannānaṃ pāpakānaṃ akusalānaṃ dhammānaṃ anuppādāya chandaṃ janeti vāyamati viriyaṃ ārabhati cittaṃ paggaṇhāti padahati.) 둘째, 이미 생겨난 나쁘고 옳지 않은 법을 없애기 위하여 의욕을 일으키고, 정진하고, 노력을 시작하고, 마음을 다잡고, 정근한다.(Uppannānaṃ pāpakānaṃ akusalānaṃ dhammānaṃ pahānāya chandaṃ janeti vāyamati viriyaṃ ārabhati cittaṃ paggaṇhāti padahati.) 셋째, 아직 생기지 않은 옳은 법이 생기도록 하기 위해 의욕을 일으키고, 정진하고, 노력을 시작하고, 마음을 다잡고, 정근한다.(Anuppannānaṃ kusalānaṃ dhammānaṃ uppādāya chandaṃ janeti vāyamati viriyaṃ ārabhati cittaṃ paggaṇhāti padahati.) 넷째, 이미 생겨난 옳은 법을 유지하도록, 혼동하지 않도록, 늘어나도록, 풍부해지도록, 닦기 위해, 완성하기 위해 의욕을 일으키고, 정진하고, 노력을 시작하고, 마음을 다잡고, 정근한다.(Uppannānaṃ kusalānaṃ dhammānaṃ ṭhitiyā asammosāya bhiyyobhāvāya vepullaya bhāvanāya pāripūriyā chandaṃ janeti vāyamati viriyaṃ ārabhati cittaṃ paggaṇhāti padahati.)

48) Peṭakopadesa, 247쪽. 네 가지 놀랍고 예전에 없었던 법이란 자만의 제거(mānappahāna), 애착의 근절(ālayasamugghāta), 무명의 제거(avijjāpahāna), 존재의 평온(bhavūpasamā)이다.

49) Dīgha Nikāya, 3권, 229쪽. 네 가지 기반이란 반야의 기반(paññādhiṭṭhāna), 진리의 기반(saccādhiṭṭhāna), 포기의 기반(cāgādhiṭṭhāna), 평온의 기반(upasamādhiṭṭhāna)이다.

50) Dīgha Nikāya, 3권, 222쪽. 네 가지 삼매의 닦음이란 현재의 법(見法)에서 즐거운 머묾으로 이끄는(diṭṭhadhamma-sukha-vihārāya saṃvattati) 삼매, 앎과 봄을 얻도록 이끄는(ñāṇa-dassana-paṭilābhāya saṃvattati) 삼매, 사띠와 알아차림으로 이끄는(sati-sampajaññāya saṃvattati) 삼매, 번뇌의 그침으로 이끄는(āsavānaṃ khayāya saṃvattati) 삼매를 닦고 많이 행하는 것이다.

51) Peṭakopadesa, 247쪽. 네 가지 즐거움과 관련된 법이란 감각기능의 제어(Indriyasaṃvara), 헌신이라는 복덕의 법(tapasaṅkhāto puññadhammo), 깨달음의 요소를 닦음(bojjhaṅgabhāvanā), 모든 집착대상의 버림인 열반(sabbūpadhi-paṭinissaggasaṅkhātaṃ nibbānaṃ)이다.

52) Dīgha Nikāya, 3권, 223-224쪽. 네 가지 한량없음이란 자애(mettā), 연민(karuṇā), 함께 기뻐함(muditā), 평정(upekkhā)의 마음으로 온 방향과 세간을 한량 없이 가득 채우는 것이다.

Paṭhamā paṭipadā paṭhamaṃ satipaṭṭhānaṃ, dutiyā paṭipadā dutiyaṃ satipaṭṭhānaṃ, tatiyā paṭipadā tatiyaṃ satipaṭṭhānaṃ, catutthī paṭipadā catutthaṃ satipaṭṭhānaṃ.

첫 번째 방법은 첫 번째 사띠의 확립이다. 두 번째 방법은 두 번째 사띠의 확립이다. 세 번째 방법은 세 번째 사띠의 확립이다. 네 번째 방법은 네 번째 사띠의 확립이다.

Paṭhamaṃ satipaṭṭhānaṃ paṭhamaṃ jhānaṃ, dutiyaṃ satipaṭṭhānaṃ dutiyaṃ jhānaṃ, tatiyaṃ satipaṭṭhānaṃ tatiyaṃ jhānaṃ, catutthaṃ satipaṭṭhānaṃ catutthaṃ jhānaṃ.

첫 번째 사띠의 확립은 첫 번째 선정이다. 두 번째 사띠의 확립은 두 번째 선정이다. 세 번째 사띠의 확립은 세 번째 선정이다. 네 번째 사띠의 확립은 네 번째 선정이다.

Paṭhamaṃ jhānaṃ paṭhamo vihāro, dutiyaṃ jhānaṃ dutiyo vihāro, tatiyaṃ jhānaṃ tatiyo vihāro, catutthaṃ jhānaṃ catuttho vihāro.

첫 번째 선정은 첫 번째 머묾이다. 두 번째 선정은 두 번째 머묾이다. 세 번째 선정은 세 번째 머묾이다. 네 번째 선정은 네 번째 머묾이다.

Paṭhamo vihāro paṭhamaṃ sammappadhānaṃ, dutiyo vihāro

dutiyaṃ sammappadhānaṃ, tatiyo vihāro tatiyaṃ sammappadhānaṃ, catuttho vihāro catutthaṃ [p.120] sammappadhānaṃ.

첫 번째 머묾은 첫 번째 바른 정근이다. 두 번째 머묾은 두 번째 바른 정근이다. 세 번째 머묾은 세 번째 바른 정근이다. 네 번째 머묾은 네 번째 바른 정근이다. [120쪽]

Paṭhamaṃ sammappadhānaṃ paṭhamo acchariyo abbhuto dhammo, dutiyaṃ sammappadhānaṃ dutiyo acchariyo abbhuto dhammo, tatiyaṃ sammappadhānaṃ tatiyo acchariyo abbhuto dhammo, catutthaṃ sammappadhānaṃ catuttho acchariyo abbhuto dhammo.

첫 번째 바른 정근은 첫 번째 놀랍고 예전에 없었던 법이다. 두 번째 바른 정근은 두 번째 놀랍고 예전에 없었던 법이다. 세 번째 바른 정근은 세 번째 놀랍고 예전에 없었던 법이다. 네 번째 바른 정근은 네 번째 놀랍고 예전에 없었던 법이다.

Paṭhamo acchariyo abbhuto dhammo paṭhamaṃ adhiṭṭhānaṃ, dutiyo acchariyo abbhuto dhammo dutiyaṃ adhiṭṭhānaṃ, tatiyo acchariyo abbhuto dhammo tatiyaṃ adhiṭṭhānaṃ, catuttho acchariyo abbhuto dhammo catutthaṃ adhiṭṭhānaṃ.

첫 번째 놀랍고 예전에 없었던 법은 첫 번째 기반이다. 두 번째 놀랍고 예전에 없었던 법은 두 번째 기반이다. 세 번째 놀랍고 예전에 없었던 법은 세 번째 기반이다. 네 번째 놀랍고 예전에 없었던 법은 네 번째 기반이다.

Paṭhamaṃ adhiṭṭhānaṃ paṭhamā samādhibhāvanā, dutiyaṃ adhiṭṭhānaṃ dutiyā samādhibhāvanā, tatiyaṃ adhiṭṭhānaṃ tatiyā samādhibhāvanā, catutthaṃ adhiṭṭhānaṃ catutthā samādhibhāvanā.

첫 번째 기반은 첫 번째 삼매를 닦음이다. 두 번째 기반은 두 번째 삼매를 닦음이다. 세 번째 기반은 세 번째 삼매를 닦음이다. 네 번째 기반은 네 번째 삼매를 닦음이다.

Paṭhamā samādhibhāvanā paṭhamo sukhabhāgiyo dhammo, dutiyā samādhibhāvanā dutiyo sukhabhāgiyo dhammo, tatiyā samādhibhāvanā tatiyo sukhabhāgiyo dhammo, catutthā samādhibhāvanā catuttho sukhabhāgiyo dhammo.

첫 번째 삼매를 닦음은 첫 번째 즐거움과 관련된 법이다. 두 번째 삼매를 닦음은 두 번째 즐거움과 관련된 법이다. 세 번째 삼매를 닦음은 세 번째 즐거움과 관련된 법이다. 네 번째 삼매를 닦음은 네 번째 즐거움과 관련된 법이다.

Paṭhamo sukhabhāgiyo dhammo paṭhamaṃ appamāṇaṃ, dutiyo sukhabhāgiyo dhammo dutiyaṃ appamāṇaṃ, tatiyo sukhabhāgiyo dhammo tatiyaṃ appamāṇaṃ, catuttho sukhabhāgiyo dhammo catutthaṃ appamāṇaṃ.

첫 번째 즐거움과 관련된 법은 첫 번째 한량 없음이다. 두 번째 즐거움과 관련된 법은 두 번째 한량 없음이다. 세 번째 즐거움과 관련된 법은 세 번째 한량 없음이다. 네 번째 즐거움과 관련된 법은 네 번째 한량 없음이다.

Paṭhamā paṭipadā bhāvitā bahulīkatā paṭhamaṃ satipaṭṭhānaṃ paripūreti, dutiyā paṭipadā bhāvitā bahulīkatā dutiyaṃ satipaṭṭhānaṃ paripūreti, tatiyā paṭipadā bhāvitā bahulīkatā tatiyaṃ satipaṭṭhānaṃ paripūreti, catutthī paṭipadā bhāvitā bahulīkatā catutthaṃ satipaṭṭhānaṃ paripūreti.

첫 번째 방법을 닦고 많이 행하여 첫 번째 사띠의 확립을 완성한다. 두 번째 방법을 닦고 많이 행하여 두 번째 사띠의 확립을 완성한다. 세 번째 방법을 닦고 많이 행하여 세 번째 사띠의 확립을 완성한다. 네 번째 방법을 닦고 많이 행하여 네 번째 사띠의 확립을 완성한다.

Paṭhamo satipaṭṭhāno bhāvito bahulīkato paṭhamaṃ jhānaṃ paripūreti, dutiyo satipaṭṭhāno bhāvito bahulīkato dutiyaṃ jhānaṃ paripūreti, tatiyo satipaṭṭhāno bhāvito bahulīkato tatiyaṃ jhānaṃ paripūreti, catuttho satipaṭṭhāno bhāvito bahulīkato catutthaṃ jhānaṃ paripūreti.

첫 번째 사띠의 확립을 닦고 많이 행하여 첫 번째 선정을 완성한다. 두 번째 사띠의 확립을 닦고 많이 행하여 두 번째 선정을 완성한다. 세 번째 사띠의 확립을 닦고 많이 행하여 세 번째 선정을 완성한다. 네 번째 사띠의 확립을 닦고 많이 행하여 네 번째 선정을 완성한다.

Paṭhamaṃ jhānaṃ bhāvitaṃ bahulīkataṃ paṭhamaṃ vihāraṃ paripūreti, dutiyaṃ jhānaṃ bhāvitaṃ bahulīkataṃ dutiyaṃ vihāraṃ paripūreti, tatiyaṃ jhānaṃ bhāvitaṃ bahulīkataṃ tatiyaṃ vihāraṃ paripūreti, catutthaṃ jhānaṃ bhāvitaṃ bahulīkataṃ [p.121] catutthaṃ vihāraṃ paripūreti.

첫 번째 선정을 닦고 많이 행하여 첫 번째 머묾을 완성한다. 두 번째 선정을 닦고 많이 행하여 두 번째 머묾을 완성한다. 세 번째 선정을 닦고 많이 행하여 세 번째 머묾을 완성한다. 네 번째 선정을 닦고 많이 행하여 [121쪽] 네 번째 머묾을 완성한다.

Paṭhamo vihāro bhāvito bahulīkato anuppannānaṃ pāpakānaṃ akusalānaṃ dhammānaṃ anuppādaṃ paripūreti, dutiyo vihāro bhāvito bahulīkato uppannānaṃ pāpakānaṃ akusalānaṃ dhammānaṃ pahānaṃ paripūreti, tatiyo vihāro bhāvito bahulīkato anuppannānaṃ kusalānaṃ dhammānaṃ uppādaṃ paripūreti, catuttho vihāro bhāvito bahulīkato uppannānaṃ kusalānaṃ dhammānaṃ ṭhitiṃ asammosaṃ bhiyyobhāvaṃ paripūreti.

첫 번째 머묾을 닦고 많이 행하여 아직 생기지 않은 나쁘고 옳지 않은 법의 생기지 않음을 완성한다. 두 번째 머묾을 닦고 많이 행하여 이미 생긴 나쁘고 옳지 않은 법의 제거를 완성한다. 세 번째 머묾을 닦고 많이 행하여 아직 생기지 않은 옳은 법의 생김을 완성한다. 네 번째 머묾을 닦고 많이 행하여 이미 생긴 옳은 법의 유지, 혼동하지 않음, 늘어남을 완성한다.

Paṭhamaṃ sammappadhānaṃ bhāvitaṃ bahulīkataṃ mānappahānaṃ paripūreti, dutiyaṃ sammappadhānaṃ bhāvitaṃ bahulīkataṃ ālayasamugghataṃ paripūreti, tatiyaṃ sammappadhānaṃ bhāvitaṃ bahulīkataṃ avijjāpahānaṃ paripūreti, catutthaṃ sammappadhānaṃ bhāvitaṃ bahulīkataṃ bhavūpasamaṃ paripūreti.

첫 번째 바른 정근을 닦고 많이 행하여 자만의 제거를 완성한다. 두 번째 바른 정근을 닦고 많이 행하여 애착의 근절을 완성한다. 세 번째 바른 정근을 닦고 많이 행하여 무명의 제거를 완성한다. 네 번째 바른 정근을 닦고 많이 행하여 존재의 평온을 완성한다.

Mānappahānaṃ bhāvitaṃ bahulīkataṃ saccādhiṭṭhānaṃ paripūreti, ālayasamugghāto bhāvito bahulīkato cāgādhiṭṭhānaṃ paripūreti, avijjāpahānaṃ bhāvitaṃ bahulīkataṃ paññādhiṭṭhānaṃ paripūreti, bhavūpasamo bhāvito bahulīkato upasamādhiṭṭhānaṃ paripūreti.

자만의 제거를 닦고 많이 행하여 진리의 기반을 완성한다. 애착의 근절을 닦고 많이 행하여 포기의 기반을 완성한다. 무명의 제거를 닦고 많이 행하여 반야의 기반을 완성한다. 존재의 평온을 닦고 많이 행하여 평온의 기반을 완성한다.

Saccādhiṭṭhānaṃ bhāvitaṃ bahulīkataṃ chandasamādhiṃ paripūreti, cāgādhiṭṭhānaṃ bhāvitaṃ bahulīkataṃ vīriyasamādhiṃ paripūreti, paññādhiṭṭhānaṃ bhāvitaṃ bahulīkataṃ cittasamādhiṃ paripūreti, upasamādhiṭṭhānaṃ bhāvitaṃ bahulīkataṃ vīmaṃsāsamādhiṃ paripūreti.

진리의 기반을 닦고 많이 행하여 의욕에 의한 삼매를 완성한다. 포기의 기반을 닦고 많이 행하여 노력에 의한 삼매를 완성한다. 반야의 기반을 닦고 많이 행하여 마음에 의한 삼매를 완성한다. 평온의 기반을 닦고 많이 행하여 고찰에 의한 삼매를 완성한다.

Chandasamādhi bhāvito bahulīkato indriyasaṃvaraṃ paripūreti, vīriyasamādhi bhāvito bahulīkato tapaṃ paripūreti, cittasamādhi bhāvito bahulīkato buddhiṃ paripūreti, vīmaṃsāsamādhi bhāvito bahulīkato sabbupadhipaṭinissaggaṃ paripūreti.

의욕에 의한 삼매를 닦고 많이 행하여 감각기능의 제어를 완성한다. 노력에 의한 삼매를 닦고 많이 행하여 헌신을 완성한다. 마음에 의한 삼매를 닦고 많이 행하여 깨달음을 완성한다. 고찰에 의한 삼매를 닦고 많이 행하여 모든 집착대상의 버림을 완성한다.

Indriyasaṃvaro bhāvito bahulīkato mettaṃ paripūreti, tapo bhāvito bahulīkato karuṇaṃ paripūreti, buddhi bhāvitā bahulīkatā muditaṃ paripūreti, sabbupadhipaṭinissaggo bhāvito bahulīkato upekkhaṃ paripūreti.

감각기능의 제어를 닦고 많이 행하여 자애로움을 완성한다. 헌신을 닦고 많이 행하여 연민을 완성한다. 깨달음을 닦고 많이 행하여 함께 기뻐함을 완성한다. 모든 집착대상의 버림을 닦고 많이 행하여 평정을 완성한다.

Tattha imā catasso disā:

거기에는 다음과 같은 네 방향이 있다.

paṭhamā paṭipadā paṭhamo satipaṭṭhāno paṭhamaṃ jhānaṃ paṭhamo vihāro paṭhamo sammappadhāno paṭhamo acchariyo abbhuto dhammo saccādhiṭṭhānaṃ chandasamādhi indriyasaṃvaro mettā iti [p.122] paṭhamā disā.

‘첫 번째 방법, 첫 번째 사띠의 확립, 첫 번째 선정, 첫 번째 머묾, 첫 번째 바른 정근, 첫 번째 놀랍고 예전에 없었던 법, 진리의 기반, 의욕에 의한 삼매, 감각기능의 제어, 자애로움’이 [122쪽] 첫 번째 방향이다.

Dutiyā paṭipadā dutiyo satipaṭṭhāno dutiyaṃ jhānaṃ dutiyo vihāro dutiyo sammappadhāno dutiyo acchariyo abbhuto dhammo cāgādhiṭṭhānaṃ vīriyasamādhi tapo karuṇā iti dutiyā disā.

‘두 번째 방법, 두 번째 사띠의 확립, 두 번째 선정, 두 번째 머묾, 두 번째 바른 정근, 두 번째 놀랍고 예전에 없었던 법, 포기의 기반, 노력에 의한 삼매, 헌신, 연민’이 두 번째 방향이다.

Tatiyā paṭipadā tatiyo satipaṭṭhāno tatiyaṃ jhānaṃ tatiyo vihāro tatiyo sammappadhāno tatiyo acchariyo abbhuto dhammo paññādhiṭṭhānaṃ cittasamādhi buddhi muditā iti tatiyā disā.

‘세 번째 방법, 세 번째 사띠의 확립, 세 번째 선정, 세 번째 머묾, 세 번째 바른 정근, 세 번째 놀랍고 예전에 없었던 법, 반야의 기반, 마음에 의한 삼매, 깨달음, 함께 기뻐함’이 세 번째 방향이다.

Catutthā paṭipadā catuttho satipaṭṭhāno catutthaṃ jhānaṃ

catuttho vihāro catuttho sammappadhāno catuttho acchariyo abbhuto dhammo upasamādhiṭṭhānaṃ vīmaṃsāsamādhi sabbupadhipaṭinissaggo upekkhā iti catutthī disā.

'네 번째 방법, 네 번째 사띠의 확립, 네 번째 선정, 네 번째 머묾, 네 번째 바른 정근, 네 번째 놀랍고 예전에 없었던 법, 평온의 기반, 고찰에 의한 삼매, 모든 집착대상의 버림, 평정'이 네 번째 방향이다.

Tattha paṭhamā paṭipadā paṭhamo satipaṭṭhāno paṭhamaṃ jhānaṃ paṭhamo vihāro paṭhamo sammappadhāno paṭhamo acchariyo abbhuto dhammo saccādhiṭṭhānaṃ chandasamādhi indriyasaṃvaro, mettā iti imesaṃ dasannaṃ suttānaṃ eko attho, byañjanam eva nānaṃ. Idaṃ rāgacaritassa puggalassa bhesajjaṃ.

그 [네 방향] 중에서 '첫 번째 방법, 첫 번째 사띠의 확립, 첫 번째 선정, 첫 번째 머묾, 첫 번째 바른 정근, 첫 번째 놀랍고 예전에 없었던 법, 진리의 기반, 의욕에 의한 삼매, 감각기능의 제어, 자애', 이 열 가지 경구의 의미는 하나이다. 그러나 언설은 여러가지이다. 이것은 '탐냄에 따라 행동하는 사람'의 약이다.

Dutiyā paṭipadā dutiyo satipaṭṭhāno dutiyaṃ jhānaṃ dutiyo vihāro dutiyo sammappadhāno dutiyo acchariyo abbhuto dhammo cāgādhiṭṭhānaṃ vīriyasamādhi tapo karuṇā iti imesaṃ dasannaṃ suttānaṃ eko attho byañjanam eva nānaṃ. Idaṃ dosacaritassa puggalassa bhesajjaṃ.

'두 번째 방법, 두 번째 사띠의 확립, 두 번째 선정, 두 번째 머묾, 두 번째 바른 정근, 두 번째 놀랍고 예전에 없었던 법, 포기의 기반, 노력에 의한 삼매, 헌신, 연민', 이 열 가지 경구의 의미는 하나이다. 그러나 언설은 여러가지이다. 이것은 '성냄에 따라 행동하는 사람'의 약이다.

Tatiyā paṭipadā tatiyo satipaṭṭhāno tatiyaṃ jhānaṃ tatiyo vihāro tatiyo sammappadhāno tatiyo acchariyo abbhuto dhammo paññādhiṭṭhānaṃ cittasamādhi buddhi muditā iti imesaṃ dasannaṃ suttānaṃ eko attho byañjanam eva nānaṃ. Idaṃ diṭṭhicaritassa mandassa bhesajjaṃ.

'세 번째 방법, 세 번째 사띠의 확립, 세 번째 선정, 세 번째 머묾, 세 번째 바른 정근, 세 번째 놀랍고 예전에 없었던 법, 반야의 기반, 마음에 의한 삼매, 깨달음, 함께 기뻐함', 이 열 가지 경구의 의미는 하나이다. 그러나 언설은 여러가지이다. 이것은 '견해에 따라 행동하면서 우둔한 자'의 약이다.

Catutthī paṭipadā catuttho satipaṭṭhāno catutthaṃ jhānaṃ catuttho vihāro catuttho sammappadhāno catuttho acchariyo abbhuto dhammo upasamādhiṭṭhānaṃ vīmaṃsāsamādhi sabbupadhipaṭinissaggo upekkhā iti imesaṃ dasannaṃ suttānaṃ eko attho byañjanam eva nānaṃ. [p.123] Idaṃ diṭṭhicaritassa udattassa bhesajjaṃ.

'네 번째 방법, 네 번째 사띠의 확립, 네 번째 선정, 네 번째 머묾, 네 번째 바른 정근, 네 번째 놀랍고 예전에 없었던 법, 평온의 기반, 고찰에 의한 삼매, 모든 집착대상의 버림, 평정', 이 열 가지 경구의 의미는 하나이다. 그러나 언설은 여러가지이다. [123쪽] 이것은 '견해에 따라 행동하지만 현명한 자'의 약이다.

Tattha dukkhā ca paṭipadā dandhābhiññā dukkhā ca paṭipadā khippābhiññā appaṇihitaṃ vimokkhamukhaṃ, sukhā paṭipadā dandhābhiññā suññatavimokkhamukhaṃ, sukhā paṭipadā khippābhiññā animittaṃ vimokkhamukhaṃ.

그 [네 가지 방법] 중에서 더디게 얻는 뛰어난 앎의 괴로운 방법과 빠르게 얻는 뛰어난 앎의 괴로운 방법은 바람 없음의 해탈의 문이다. 더디게 얻는 뛰어난 앎의 즐거운 방법은 공성으로서의 해탈의 문이다. 빠르게 얻는 뛰어난 앎의 즐거운 방법은 이미지를 취하지 않음의 해탈의 문이다.

Tattha kāye kāyānupassitā satipaṭṭhānañ ca vedanāsu vedanānupassitā satipaṭṭhānañ ca appaṇihitaṃ vimokkhamukhaṃ, citte cittānupassitā suññatavimokkhamukhaṃ, dhammesu dhammānupassitā animittaṃ vimokkhamukhaṃ.

그 [네 가지 사띠의 확립] 중에서 몸에 대해 몸을 따라가며 보는 사띠의 확립과 느낌에 대해 느낌을 따라가며 보는 사띠의 확립은 바람 없음의 해탈의 문이다. 마음에 대해 마음을 따라가며 보는 [사띠의 확립은] 공성으로서의 해탈의 문이다. 법에 대해 법을 따라가며 보는 [사띠의 확립은] 이미지를 취하지 않음의 해탈의 문이다.

Tattha paṭhamañca jhānaṃ dutiyañca jhānaṃ appaṇihitaṃ vimokkhamukhaṃ, tatiyaṃ jhānaṃ suññatā, catutthaṃ jhānaṃ animittaṃ vimokkhamukhaṃ.

그 [네 가지 선정] 중에서 첫 번째 선정과 두 번째 선정은 바람 없음의 해탈의 문이다. 세 번째 선정은 공성으로서의 [해탈의 문이다.] 네 번째 선정은 이미지를 취하지 않음의 해탈의 문이다.

Tattha paṭhamo ca vihāro dutiyo ca vihāro appaṇihitaṃ vimokkhamukhaṃ, tatiyo vihāro suññatā, catuttho vihāro animittaṃ vimokkhamukhaṃ.

그 [네 가지 머묾] 중에서 첫 번째 머묾과 두 번째 머묾은 바람 없음의 해탈의 문이다. 세 번째 머묾은 공성으로서의 [해탈의 문이다.] 네 번째 머묾은 이미지를 취하지 않음의 해탈의 문이다.

Tattha paṭhamañ ca sammappadhānaṃ dutiyañ ca sammappadhānaṃ appaṇihitaṃ vimokkhamukhaṃ, tatiyaṃ sammappadhānaṃ suññatā, catutthaṃ sammappadhānaṃ animittaṃ vimokkhamukhaṃ.

그 [네 가지 바른 정근] 중에서 첫 번째 바른 정근과 두 번째 바른 정근은 바람 없음의 해탈의 문이다. 세 번째 바른 정근은 공성으로서의 [해탈의 문이다.] 네 번째 바른 정근은 이미지를 취하지 않음의 해탈의 문이다.

Tattha mānappahānañ ca ālayasamugghāto ca appaṇihitaṃ vimokkhamukhaṃ, avijjāpahānaṃ suññatā, bhavūpasamo animittaṃ vimokkhamukhaṃ.

그 [네 가지 놀랍고 예전에 없었던 법] 중에서 자만의 제거와 애착의 근절은 바람 없음의 해탈의 문이다. 무명의 제거는 공성으로서의 [해탈의 문이다.] 존재의 평온은 이미지를 취하지 않음의 해탈의 문이다.

Tattha saccādhiṭṭhānañ ca cāgādhiṭṭhānañ ca appaṇihitaṃ vimokkhamukhaṃ, paññādhiṭṭhānaṃ suññatā, upasamādhiṭṭhānaṃ animittaṃ vimokkhamukhaṃ.

그 [네 가지 기반] 중에서 진리의 기반과 포기의 기반은 바람 없음의 해탈의 문이다. 반야의 기반은 공성으로서의 [해탈의 문이다.] 평온의 기반은 이미지를 취하지 않음의 해탈의 문이다.

Tattha chandasamādhi ca vīriyasamādhi ca appaṇihitaṃ vimokkhamukhaṃ, cittasamādhi suññatā, animittaṃ vimokkhamukhaṃ.

그 [네 가지 삼매의 닦음] 중에서 의욕에 의한 삼매와 노력에 의한 삼매는 바람 없음의 해탈의 문이다. 마음에 의한 삼매는 공성으로서의 [해탈의 문이다.] 고찰에 의한 삼매는 이미지를 취하지 않음의 해탈의 문이다.

Tattha indriyaṃ saṃvaro ca tapo ca appaṇihitaṃ vimokkhamukhaṃ, buddhi suññatā, sabbupadhipaṭinissaggo animittaṃ vimokkhamukhaṃ. [p.124]

그 [네 가지 즐거움과 관련된 법] 중에서 감각기능의 제어와 헌신은 바람 없음의 해탈의 문이다. 깨달음은 공성으로서의 [해탈의 문이다.] 모든 집착대상의 버림은 이미지를 취하지 않음의 해탈의 문이다. [124쪽]

Tattha mettā ca karuṇā ca appaṇihitaṃ vimokkhamukhaṃ, muditā suññatā, upekkhā animittaṃ vimokkhamukhaṃ.

그 [네 가지 한량 없음] 중에서 자애로움과 연민은 바람 없음의 해탈의 문이다. 함께 기뻐함은 공성으로서의 [해탈의 문이다.] 평정은 이미지를 취하지 않음의 해탈의 문이다.

3. 사자의 놀이의 방식

Tesaṃ vikkīḷitaṃ: Cattāro āhārā tesaṃ paṭipakkho catasso paṭipadā Cattāro vipallāsā tesaṃ paṭipakkho cattāro satipaṭṭhānā. Cattāri upādānāni tesaṃ paṭipakkho cattāri jhānāni. Cattāro yogā tesaṃ paṭipakkho cattāro vihārā. Cattāro gandhā tesaṃ paṭipakkho cattāro sammappadhānā. Cattāro āsavā tesaṃ paṭipakkho cattāro acchariyā abbhutā dhammā. Cattāro oghā tesaṃ paṭipakkho cattāri adhiṭṭhānāni. Cattāro sallā tesaṃ paṭipakkho catasso samādhi-bhāvanā. Catasso viññāṇaṭṭhitiyo tāsaṃ paṭipakkho cattāro suk-habhāgiyā dhammā. Cattāri agatigamanāni tesaṃ paṭipakkho catasso appamāṇā.

그들[53]의 놀이가 있다. 즉 그 네 가지 자양분의 반대인 네 가지 방법이다. 그 네 가지 거꾸로 봄의 반대인 네 가지 사띠의 확립이다. 그 네 가지 집착의 반대인 네 가지 선정이다. 그 네 가지 묶임의 반대인 네 가지 머묾이다. 그 네 가지 매임의 반대인 네 가지 바른 정근이다. 그 네 가지 번뇌의 반대인 네 가지 놀랍고 예전에 없었던 법이다. 그 네 가지 거센 물의 반대인 네 가지 기반이다. 그 네 가지 화살의 반대인 네 가지 삼매의 닦음이다. 그 네 가지 의식의 뿌리내림의 반대인 네 가지 즐거움과 관련된 법들이다. 그 네 가지 잘못된 길로 감의 반대인 네 가지 한량 없음

53) 주석서(205쪽)에 따르면, '그들'이란 두려움 없고 빠르고 용맹한 그러한 탁월함을 갖춘 사자들인 붓다들, 홀로 깨달은 이들, 붓다의 제자들을 가리킨다.

이다.

Sīhā: buddhā paccekabuddhā sāvakā ca hatarāgadosamohā. Tesaṃ vikkīḷitaṃ bhāvanā sacchikiriyā byantīkiriyā ca.

사자들[이란] 깨달은 이들, 홀로 깨달은 이들, 탐냄과 성냄과 어리석음을 없앤 제자들이다. 그들의 놀이는 닦음, 실현, 끝냄이다.[54)]

Vikkīḷitaṃ indriyādhiṭṭhānaṃ vikkīḷitaṃ vipariyāsānadhiṭṭhānañ ca. Indriyāni saddhammagocaro vipariyāsā kilesagocaro.

놀이는 기능의 기반이다.[55)] 또한 놀이는 거꾸로 봄의 기반이 없는 것이다.[56)] 기능은 바른 법의 활동영역이다. 거꾸로 봄은 오염의 활동영역이다.

Ayaṃ vuccati sīhavikkīḷitassa ca nayassa disālocanassa ca nayassa bhūmī ti.

Tenāha: Yo neti vipallāsehi kilese … Veyyākaraṇesu hi ye kusalākusalā ti ca.

54) 주석서(205쪽)에 따르면, 깨달음의 요소인 법들을 닦을 때는 닦음이 놀이가 된다. 결실로서의 열반이 실현되어야 할 때 실현이 놀이가 된다. 열 가지 근거를 지닌 오염의 덩어리를 제거할 때 없앰, 끝냄, 남김없음이 놀이가 된다.

55) 주석서(205쪽)에 따르면, 기능의 기반이란 기능(indriya)의 진행(pavattana), 닦음(bhāvanā), 실현 (sacchikiriyā)을 뜻한다.

56) 주석서(205쪽)에 따르면, 거꾸로 봄의 기반이 없는 것이란 거꾸로 봄이 진행되지 않음(apavattana), 없어짐(pahāna), 생기지 않음(anuppādana)을 말한다.

이것을 '사자의 놀이의 방식'과 '방향별로 갈래지음의 방식'의 경지라고 부른다.

그래서 [제2부의 게송에서] 말하였다. "방식을 아는 이들은 거꾸로 봄을 통해 오염을, [기능을 통해 바른 법을 이끌어낸다. 그들은 이 방식을 사자의 놀이라고 말한다.]"[57)]

"설명에서 옳음 또는 옳지 않음으로 [경우에 따라 말해진 것을 정신(意)으로 살펴본다. 그것을 '방향별로 갈래지음'이라고 한다.]"[58)]

4. 세 갈래 잎의 방식과 갈고리의 방식

Tattha ye dukkhāya paṭipadāya dandhābhiññāya khippābhiññāya ca niyyanti, ime dve puggalā. Ye sukhāya paṭipadāya dandhābhiññāya khippābhiññāya ca niyyanti, ime dve puggalā.

거기에서 더디게 얻는 뛰어난 앎의 또는 빠르게 얻는 뛰어난 앎의 괴로운 방법을 통해 벗어나는 두 부류의 사람이 있다. 더디게 얻는 뛰어난 앎의 또는 빠르게 얻는 뛰어난 앎의 즐거운 방법을 통해 벗어나는 두 부류의 사람이 있다.

Tesaṃ catunnaṃ puggalānaṃ ayaṃ saṃkileso: cattāro āhārā,

57) 이 책 24쪽.
58) 이 책 24쪽.

cattāro vipallāsā, cattāri upādānāni, cattāro yogā, cattāro gandhā, cattāro āsavā, cattāro oghā, cattāro sallā, catasso viññāṇaṭṭhitiyo, cattāri agatigamanānīti. [p.125]

그 네 부류의 사람에게 다음과 같은 것은 오염이다. 즉 네 가지 자양분, 네 가지 거꾸로 봄, 네 가지 집착, 네 가지 묶임, 네 가지 매임, 네 가지 번뇌, 네 가지 거센 물, 네 가지 화살, 네 가지 의식의 뿌리내림, 네 가지 잘못된 길로 감이다. [125쪽]

Tesaṃ catunnaṃ puggalānaṃ idaṃ vodānaṃ: catasso paṭipadā, cattāro satipaṭṭhānā, cattāri jhānāni, cattāro vihārā, cattāro sammappadhānā, cattāro acchariyā abbhutā dhammā, cattāri adhiṭṭhānāni, catasso samādhibhāvanā, cattāro sukhabhāgiyā dhammā, catasso appamāṇā iti.

그 네 부류의 사람에게 다음과 같은 것은 정화이다. 즉 네 가지 방법, 네 가지 사띠의 확립, 네 가지 선정, 네 가지 머뭄, 네 가지 바른 정근, 네 가지 놀랍고 예전에 없었던 법, 네 가지 기반, 네 가지 삼매의 닦음, 네 가지 즐거움과 관련된 법, 네 가지 한량 없음이다.

Tattha ye dukkhāya paṭipadāya dandhābhiññāya khippābhiññāya ca niyyanti, ime dve puggalā. Ye sukhāya paṭipadāya dandhābhiññāya khippābhiññāya ca niyyanti, ime dve puggalā.

Tattha yo sukhāya paṭipadāya khippābhiññāya niyyāti, ayaṃ ugghaṭitaññū. Yo sādhāraṇāya, ayaṃ vipañcitaññū. Yo dukkhāya paṭipadāya dandhābhiññāya niyyāti, ayaṃ neyyo.

거기에서 더디게 얻는 뛰어난 앎의 또는 빠르게 얻는 뛰어난 앎의 괴로운 방법을 통해 벗어나는 두 부류의 사람이 있다. 더디게 얻는 뛰어난 앎의 또는 빠르게 얻는 뛰어난 앎의 즐거운 방법을 통해 벗어나는 두 부류의 사람이 있다.

그 [네 부류의 사람] 중에서 빠르게 얻는 뛰어난 앎의 즐거운 방법을 통해 벗어나는 사람은 '나타낸 것만으로도 아는 사람'이다. [두 가지] 공통[의 방법으로][59] [벗어나는] 사람은 '설명으로 아는 사람'이다. 더디게 얻는 뛰어난 앎의 괴로운 방법을 통해 벗어나는 사람은 '안내를 받아야 할 사람'이다.

Tattha Bhagavā ugghaṭitaññussa puggalassa samathaṃ upadissati, neyyassa vipassanaṃ, samathavipassanaṃ vipañcitaññussa.

그 [세 부류의 사람] 중에서 나타낸 것만으로도 아는 사람에게 세존께서는 사마타를 보이신다. 안내를 받아야 할 사람에게는 위

59) 주석서(206쪽)의 설명에 따르면 '두 가지 공통의 방법(sādhāraṇa)'이란 다음과 같다. "공통의 방법이란 빠르게 얻는 뛰어난 앎의 괴로운 방법과 더디게 얻는 뛰어난 앎의 즐거운 방법의 결합이다. 이는 한 사람에게 두 가지 방법이 한꺼번에 생긴다는 것이 아니라 두 방법 중에서 어떤 방법으로도 벗어난다는 뜻이다. 이러한 사람이 '설명으로 아는 사람'이다."

빠사나를, 설명으로 아는 사람에게는 사마타와 위빠사나를 [보이신다].

Tattha Bhagavā ugghaṭitaññussa puggalassa mudukaṃ dhammadesanaṃ upadissati, tikkhaṃ neyyassa, mudutikkhaṃ vipañcitaññussa.

그 중에서 나타낸 것만으로도 아는 사람에게 세존께서는 유연한 법의 가르침을 보이신다. 안내를 받아야 할 사람에게는 예리한 [법의 가르침을], 설명으로 아는 사람에게는 유연한 또는 예리한 [법의 가르침을 보이신다].

Tattha Bhagavā ugghaṭitaññussa puggalassa saṃkhittena dhammaṃ desayati, saṃkhittavitthārena vipañcitaññussa, vitthārena neyyassa.

그 중에서 나타낸 것만으로도 아는 사람에게 세존께서는 간략하게 법을 드러내신다. 설명으로 아는 사람에게는 간략하게 또는 상세하게, 안내를 받아야 할 사람에게는 상세하게 [법을 드러내신다.]

Tattha Bhagavā ugghaṭitaññussa puggalassa nissaraṇaṃ upadisati, vipañcitaññussa ādīnavañ ca nissaraṇañ ca upadissati, neyyassa assādañca ādīnavañca nissaraṇañca upadisati.

그 중에서 나타낸 것만으로도 아는 사람에게 세존께서는 떠남을 보이신다. 설명으로 아는 사람에게는 걱정거리 또는 떠남을 보이신다. 안내를 받아야 할 사람에게는 맛과 걱정거리와 떠남을 보이신다.[60]

Tattha Bhagavā ugghaṭitaññussa adhipaññā-sikkhaṃ paññāpayati, adhicittaṃ vipañcitaññussa, adhisīlaṃ neyyassa.

그 중에서 나타낸 것만으로도 아는 사람에게 세존께서는 고양된 반야의 수련을 알게 하신다. 설명으로 아는 사람에게는 고양된 마음의 [수련을], 안내를 받아야 할 사람에게는 고양된 계의 [수련을 알게 하신다.][61]

Tattha ye dukkhāya paṭipadāya dandhābhiññāya khippābhiññāya ca niyyanti, ime dve puggalā. Ye sukhāya paṭipadāya dandhābhiññāya khippābhiññāya ca niyyanti, ime dve puggalā.

거기에서 더디게 얻는 뛰어난 앎의 또는 빠르게 얻는 뛰어난 앎의 괴로운 방법을 통해 벗어나는 두 부류의 사람이 있다. 더디게 얻는 뛰어난 앎의 또는 빠르게 얻는 뛰어난 앎의 즐거운 방법을 통해 벗어나는 두 부류의 사람이 있다.

Iti kho cattāri hutvā tīṇi bhavanti ugghaṭitaññū vipañcitaññū

60) 이 책 38쪽.
61) 이 책 379쪽.

neyyo ti.

그렇게 네 [부류의 사람이] 있고서 [다음과 같은] 세 [부류의 사람이] 있다. 즉 나타낸 것만으로도 아는 사람, 설명으로 아는 사람, 안내를 받아야 할 사람이다.

Tesaṃ tiṇṇaṃ puggalānaṃ ayaṃ saṃkileso: tīṇi akusalamūlāni lobho-akusalamūlaṃ doso-akusalamūlaṃ moho- [p.126] akusalamūlaṃ, tīṇi duccaritāni kāyaduccaritaṃ vacīduccaritaṃ manoduccaritaṃ, tayo akusalavitakkā kāmavitakko byāpādavitakko vihiṃsāvitakko, tisso akusalasaññā kāmasaññā byāpādasaññā vihiṃsāsaññā, tisso viparītasaññā niccasaññā sukhasaññā attasaññā, tisso vedanā sukhā vedanā dukkhā vedanā adukkhamasukhā vedanā, tisso dukkhatā dukkhadukkhatā saṃkhāradukkhatā vipariṇāmadukkhatā, tayo aggī rāgaggi dosaggi mohaggi, tayo sallā rāgasallo dosasallo mohasallo, tisso jaṭā rāgajaṭā dosajaṭā mohajaṭā, tisso akusalūpaparikkhā akusalaṃ kāyakammaṃ akusalaṃ vacīkammaṃ akusalaṃ manokammaṃ, tisso vipattiyo sīlavipatti diṭṭhivipatti ācāravipatti.

그러한 세 부류의 사람에게 아래와 같은 것은 오염이다.

세 가지 옳지 않음의 뿌리, 즉 탐욕이라는 옳지 않음의 뿌리, 성냄이라는 옳지 않음의 뿌리, 어리석음이라는 [126쪽] 옳지 않음의 뿌리이다.[62] 세 가지 나쁜 행동, 즉 몸으로 하는 나쁜 행동,

언어로 하는 나쁜 행동, 정신으로 하는 나쁜 행동이다.[63] 세 가지 옳지 않은 생각, 즉 감각적 욕망의 생각, 악의의 생각, 해침의 생각이다.[64] 세 가지 옳지 않은 지각, 즉 감각적 욕망의 지각, 악의의 지각, 해침의 지각이다. 세 가지 왜곡된 지각, 즉 항상함의 지각, 즐거움의 지각, 자아의 지각이다. 세 가지 느낌, 즉 즐거운 느낌, 괴로운 느낌, 괴롭지도 즐겁지도 않은 느낌이다.[65] 세 가지 괴로움, 즉 괴로움으로 인한 괴로움(苦苦), 지음으로 인한 괴로움(行苦), 변화로 인한 괴로움(壞苦)이다.[66] 세 가지 불, 즉 탐냄의 불, 성냄의 불, 어리석음의 불이다.[67] 세 가지 화살, 즉 탐냄의 화살, 성냄의 화살, 어리석음의 화살이다. 세 가지 엉킴, 즉 탐냄에 의한 엉킴, 성냄에 의한 엉킴, 어리석음에 의한 엉킴이다. 세 가지 옳지 않은 점검, 즉 몸으로 하는 옳지 않은 업, 언어로 하는 옳지 않은 업, 정신으로 하는 옳지 않은 업[에 대한 옳지 않은 점검이다.][68] 세 가지 실패, 즉 계의 실패, 견해의 실패, 행위의 실패이다.[69]

62) Dīgha Nikāya, 3권, 214쪽.
63) Dīgha Nikāya, 3권, 214쪽.
64) Dīgha Nikāya, 3권, 215쪽.
65) Dīgha Nikāya, 3권, 216쪽.
66) Dīgha Nikāya, 3권, 216쪽.
67) Dīgha Nikāya, 3권, 217쪽.
68) Majjhima Nikāya, 1권, 415쪽 참조.
69) Aṅguttara Nikāya, 1권, 268쪽.

Tesaṃ tiṇṇaṃ puggalānaṃ idaṃ vodānaṃ: tīṇi kusalamūlāni-alobho kusalamūlaṃ adoso-kusalamūlaṃ amoho-kusalamūlaṃ. Tīṇi sucaritāni kāyasucaritaṃ vacīsucaritaṃ manosucaritaṃ. Tayo kusalavitakkā nekkhammavitakko abyāpādavitakko avihiṃsā-vitakko. Tayo samādhī savitakko-savicāro samādhi avitakko-vicāramatto samādhi avitakko-avicāro samādhi. Tisso kusalasaññā nekkhammasaññā abyāpādasaññā avihiṃsāsaññā. Tisso avipa-rītasaññā aniccasaññā dukkhasaññā anattasaññā. Tisso kusalū-paparikkhā kusalaṃ kāyakammaṃ kusalaṃ vacīkammaṃ ku-salaṃ manokammaṃ. Tīṇi soceyyāni kāyasoceyyaṃ vacīsoce-yyaṃ manosoceyyaṃ: tisso sampattiyo sīlasampatti samādhi-sampatti paññāsampatti. Tisso sikkhā adhisīlasikkhā adhicitta-sikkhā adhipaññāsikkhā: tayo khandhā sīlakkhandho samādhi-kkhandho paññākkhandho. Tīṇi vimokkhamukhāni suññataṃ ani-mittaṃ appaṇihitan ti.

그러한 세 부류의 사람에게 아래와 같은 것은 정화이다.

세 가지 옳음의 뿌리, 즉 탐내지 않음이라는 옳음의 뿌리, 성내지 않음이라는 옳음의 뿌리, 어리석지 않음이라는 옳음의 뿌리이다.[70] 세 가지 좋은 행동, 즉 몸으로 하는 좋은 행동, 언어로 하는 좋은 행동, 정신으로 하는 좋은 행동이다.[71] 세 가지 옳은

70) Dīgha Nikāya, 3권, 214쪽.
71) Dīgha Nikāya, 3권, 215쪽.

생각, 즉 세속을 떠남의 생각, 악의가 없는 생각, 해침이 없는 생각이다.[72] 세 가지 삼매, 즉 생각과 숙고가 있는 삼매, 생각은 없고 숙고만 있는 삼매, 생각도 없고 숙고도 없는 삼매이다.[73] 세 가지 옳은 지각, 즉 세속을 떠남의 지각, 악의가 없는 지각, 해침이 없는 지각이다.[74] 세 가지 왜곡되지 않은 지각, 즉 무상의 지각, 괴로움의 지각, 무아의 지각이다. 세 가지 옳은 점검, 즉 몸으로 하는 옳은 업, 언어로 하는 옳은 업, 정신으로 하는 옳은 업[에 대한 옳은 점검이다.][75] 세 가지 청정, 즉 몸의 청정, 언어의 청정, 정신의 청정이다.[76] 세 가지 얻음, 즉 계의 얻음, 삼매의 얻음, 반야의 얻음이다. 세 가지 수련, 즉 고양된 계의 수련, 고양된 마음의 수련, 고양된 반야의 수련이다.[77] 세 가지 다발, 즉 계의 다발(戒蘊), 삼매의 다발(定蘊), 반야의 다발(慧蘊)이다.[78] 세 가지 해탈의 문, 즉 공성(空性)으로서의, 이미지를 취하지 않음의, 바람 없음의 [해탈의 문]이다.[79]

Iti kho cattāri hutvā tīṇi bhavanti, tīṇi hutvā dve bhavanti: taṇhācarito ca diṭṭhicarito ca.

72) Dīgha Nikāya, 3권, 215쪽.
73) Dīgha Nikāya, 3권, 219쪽.
74) Dīgha Nikāya, 3권, 215쪽.
75) Majjhima Nikāya, 1권, 415쪽 참조.
76) Dīgha Nikāya, 3권, 219쪽.
77) Dīgha Nikāya, 3권, 219쪽.
78) Majjhima Nikāya, 1권, 301쪽 참조.
79) Paṭisambhidāmagga, 2권, 48, 69쪽.

[위와 같이] 네 [부류의 사람이] 있고서 세 [부류의 사람이] 있다. 그렇게 세 [부류의 사람이] 있고서 [다음과 같은] 두 [부류의 사람이] 있다. 즉 갈애에 따라 행동하는 사람, 견해에 따라 행동하는 사람이다.[80]

Tesaṃ dvinnaṃ puggalānaṃ ayaṃ saṃkileso: taṇhā ca avijjā ca ahirikañca anottappañca assati ca asampajaññañ ca [p.127] ayonisomanasikāro ca kosajjañ ca dovacassañ ca ahaṃkāro ca mamaṃkāro ca assaddhā ca pamādo ca asaddhammassavanañ ca asaṃvaro ca abhijjhā ca byāpādo ca nīvaraṇañca saṃyojanañ ca kodho ca upanāho ca makkho ca palāso ca issā ca maccherañ ca māyā ca sāṭheyyañ ca sassatadiṭṭhi ca ucchedadiṭṭhi cā ti.

그 두 부류의 사람에게 아래와 같은 것은 오염이다.

갈애와 무명,[81] 부끄러움 없음과 창피함이 없음,[82] 사띠 없음과 알아차림 없음,[83] [127쪽] [합당하지 않음과] 합당하지 않은 정신기울임,[84] 태만과 성마름,[85] 나에 대한 집착과 내 것에 대한 집

80) 이 책 38-41쪽.

81) Saṁyutta Nikāya, 2권, 178쪽.

82) Aṅguttara Nikāya, 1권, 95쪽.

83) Aṅguttara Nikāya, 1권, 95쪽.

84) 본문에는 '합당하지 않은 정신기울임(ayoniso manasikāro)'으로만 표기되어 있으나 비슷한 문장이 있는 이 책 166쪽과 비교해볼 때 '합당하지 않음과 합당하지 않은 정신기울임(ayoni ca ayonisomanasikāro ca)'으로 보는 것이 적절하다.

85) 성마름(dovacassa)이라는 용어는 이 책 166쪽에 성마름과 온화함(sovacassa)이라는 대비적 용어로 나타난다. Bhikkhu Ñāṇamoli는 The Guide(63쪽)에서 이 용어들을 dovacassatā와 sovacassatā라는 추상명사로 보고 잘못을 지적하는 '말하기의

착,[86] 믿음 없음과 게으름, 바른 법을 듣지 않음과 제어 없음, 욕심과 악의, 덮개와 결박,[87] 분노와 적의,[88] 경멸과 오만,[89] 질투와 인색,[90] 현혹과 교활,[91] 영원함의 견해와 단절의 견해[92]이다.

Tesaṃ dvinnaṃ puggalānaṃ idaṃ vodānaṃ: samatho ca vipassanā ca hiri ca ottappañca sati ca sampajaññañ ca yoniso manasikāro ca vīriyārambho ca sovacassañ ca dhamme-ñāṇañ ca anvaye-ñāṇañ ca khaye-ñāṇañ ca anuppāde-ñāṇañ ca saddhā ca appamādo ca saddhammassavanañ ca saṃvaro ca anabhijjhā ca abyāpādo ca rāgavirāgā ca cetovimutti avijjāvirāgā ca paññāvimutti abhisamayo ca appicchatā ca santuṭṭhi ca akkodho ca anupanāho ca amakkho ca apalāso ca issāpahānañca macchariyappahānañ ca vijjā ca vimutti ca saṅkhatārammaṇo ca vimokkho asaṃkhatārammaṇo ca vimokkho sa-upādisesā ca nibbānadhātu anupādisesā ca nibbānadhātū ti.

그 두 부류의 사람에게 아래와 같은 것은 정화이다.

어려움'과 '말하기의 쉬움'으로 번역하였다. 이는 잘못에 대한 충고를 잘 받아들이는 사람, 잘 받아들이지 않는 사람의 뜻으로도 볼 수 있다. Aṅguttara Nikāya, 5권, 90쪽에 다음과 같은 문장이 있다. "비구는 온화한 이(말하기 쉬운 이), 정중한 법을 갖춘 이, 참고 견디는 이, 훈계를 잘 받아들이는 이다."

86) Aṅguttara Nikāya, 1권, 132쪽

87) Saṁyutta Nikāya, 2권, 178쪽.

88) Aṅguttara Nikāya, 1권, 95쪽.

89) Aṅguttara Nikāya, 1권, 95쪽.

90) Aṅguttara Nikāya, 1권, 95쪽.

91) Aṅguttara Nikāya 1권, 95쪽.

92) Saṁyutta Nikāya 4권, 400-1쪽 참조.

사마타와 위빠사나,[93] 부끄러움과 창피함,[94] 사띠와 알아차림,[95] [합당함과] 합당한 정신기울임,[96] 노력의 시작과 온화함,[97] 법에 대한 앎과 [삼세에 깨달음을 얻은 분들의 깨달음의 내용이 일치함에 대한] 추론적 앎, 그침에 대한 앎과 생겨남이 없음에 대한 앎, 믿음과 부지런함, 바른 법을 들음과 제어, 욕심 없음과 악의 없음, 탐냄에 대한 탐냄의 여읨을 통한 마음의 해탈과 무명에 대한 탐냄의 여읨을 통한 반야에 의한 해탈의 증득,[98] 적은 바람과 만족, 분노 없음과 적의 없음,[99] 경멸 없음과 오만 없음,[100] 질투의 제거와 인색함의 제거,[101] 밝은 앎과 해탈,[102] 지어진 대상을 지닌 해탈과 지어지지 않은 대상을 지닌 해탈,[103] 생명의 연료가 남아 있는 열반계와 생명의 연료가 남아 있지 않은 열반계[104]이다.

93) Aṅguttara Nikāya 1권, 61쪽.
94) Aṅguttara Nikāya 1권, 95쪽.
95) Aṅguttara Nikāya 1권, 95쪽.
96) 본문에는 '합당한 정신기울임(yoniso manasikāro)'으로만 표기되어 있으나, 478쪽의 각주 84처럼 '합당함과 합당한 정신기울임(yoni ca yonisomanasikāro ca)'으로 보는 것이 적절하다.
97) 478쪽의 각주 85 참조.
98) Aṅguttara Nikāya 1권, 61쪽.
99) Aṅguttara Nikāya 1권, 96쪽.
100) Aṅguttara Nikāya 1권, 95쪽.
101) Aṅguttara Nikāya, 1권, 95쪽 참조.
102) Aṅguttara Nikāya, 1권, 83쪽.
103) Ñāṇamoli(The Guide, 171쪽, 각주 757/2)에 따르면, 지어진 대상(saṅkhata-ārammaṇa)이란 물질현상의 계와 물질현상을 지니지 않은 것의 계를 선정의 대상으로 하는 것을 말한다. 지어지지 않은 대상(asaṅkhata-ārammana)이란 열반을 대상으로 하는 것으로 네 가지 길과 네 가지 결실의 수행에서의 대상을 가리킨다.

Ayaṃ vuccati tipukkhalassa ca nayassa aṅkusassa ca nayassa bhūmī ti.

이것을 세 갈래 잎의 방식[의 경지와] 갈고리 방식의 경지라고 부른다.

Tenāha: Yo akusale samūlehi netī ti
Oloketvā disalocanenā ti ca.

그래서 [제2부의 계송에서] 말하였다.

"[옳지 않은] 뿌리를 지닌 옳지 않음 또는 [옳은 뿌리를 지닌 옳음을 생겨난 것, 그러한 것, 허위가 아닌 것으로 이끌어내는 것을 세 갈래 잎의 방식이라고 부른다.]"105)

"'방향별로 갈래지음'을 통해 검토한 뒤 [분류하여 모든 것을 옳음 또는 옳지 않음으로 정리하는 것, 이것을 갈고리의 방식이라고 한다.]"106)

Niyuttaṃ nayasamuṭṭhānaṃ

방식의 형성이 끝남.

104) Itivuttaka, 38쪽.
105) 이 책 23쪽.
106) 이 책 25쪽.

04

가르침의 유형
(Sāsanapaṭṭhāna)

1. 열여섯 가지 가르침의 유형

Tattha aṭṭhārasa mūlapadā kuhiṃ daṭṭhabbā? Sāsanapaṭṭhāne.

여기에서 뿌리가 되는 열여덟 개의 구문을 어디에서 볼 수 있는가? 가르침의 유형에서 [볼 수 있다.]

Tattha katamaṃ sāsanapaṭṭhānaṃ? [p.128]

여기에서 가르침의 유형이란 무엇인가? [128쪽]

Saṃkilesabhāgiyaṃ suttaṃ, vāsanābhāgiyaṃ suttaṃ, nibbedhabhāgiyaṃ suttaṃ, asekhabhāgiyaṃ suttaṃ, saṃkilesabhāgiyañ ca vāsanābhāgiyañ ca suttaṃ, saṃkilesabhāgiyañ ca nibbedhabhāgiyañ ca suttaṃ, saṃkilesabhāgiyañ ca asekhabhāgiyañ ca suttaṃ, saṃkilesabhāgiyañ ca nibbedhabhāgiyañ ca asekhabhāgiyañ ca suttaṃ, saṃkilesabhāgiyañ ca vāsanābhāgiyañ ca nibbedhabhāgiyañ ca suttaṃ, vāsanābhāgiyañ ca nibbedhabhāgiyañ ca suttaṃ, taṇhāsaṃkilesabhāgiyaṃ suttaṃ, diṭṭhisaṃkilesabhāgiyaṃ suttaṃ, duccaritasaṃkilesabhāgiyaṃ suttaṃ, taṇhāvodānabhāgiyaṃ suttaṃ, diṭṭhivodānabhāgiyaṃ suttaṃ, duccaritavodānabhāgiyaṃ suttaṃ.

오염에 관련된 경, 훈습에 관련된 경, 통찰에 관련된 경, 배울 것이 없는 이에 관련된 경, 오염과 훈습의 [둘 다에] 관련된 경, 오염과 통찰의 [둘 다에] 관련된 경, 오염과 배울 것이 없는 이의 [둘 다에] 관련된 경, 오염과 통찰과 배울 것이 없는 이의 [셋 다에] 관련된 경, 오염과 훈습과 통찰의 [셋 다에] 관련된 경, 훈습과 통찰의 [둘 다에] 관련된 경, 갈애에 의한 오염에 관련된 경, 견해에 의한 오염에 관련된 경, 나쁜 행동에 의한 오염에 관련된 경, 갈애의 정화에 관련된 경, 견해의 정화에 관련된 경, 나쁜 행동의 정화에 관련된 경이 있다.

Tattha saṃkileso tividho: taṇhāsaṃkileso diṭṭhisaṃkileso duccaritasaṃkileso.

그 중에서 오염은 세 가지이다. 즉 갈애에 의한 오염, 견해에 의한 오염, 나쁜 행동에 의한 오염이다.

Tattha taṇhāsaṃkileso samathena visujjhati. So samatho samādhikkhandho. Diṭṭhisaṃkileso vipassanāya visujjhati. Sā vipassanā paññākkhandho. Duccaritasaṃkileso sucaritena visujjhati. Taṃ sucaritaṃ sīlakkhandho. Tassa sīle patiṭṭhitassa yadi āsatti uppajjati bhavesu, evaṃ sāyaṃ samathavipassanā bhāvanāmayaṃ puññakriyavatthu bhavati. Tatrūpapattiyā saṃvattati.

그 [셋] 중에서 갈애에 의한 오염은 사마타로 청정해진다. 그 사마타는 삼매의 다발(定蘊)이다. 견해에 의한 오염은 위빠사나로 청정해진다. 그 위빠사나는 반야의 다발(慧蘊)이다. 나쁜 행동에 의한 오염은 좋은 행동에 의해 청정해진다. 그 좋은 행동은 계의 다발(戒蘊)이다.

계를 확립한 자에게 만약 존재에 대한 끄달림이 생긴다면 이러한 사마타와 위빠사나는 닦음으로 이루어진 복덕 행위의 바탕이 된다. 거기에서 그것은 재생으로 이끈다.

Imāni cattāri suttāni sādhāraṇāni katāni aṭṭha bhavanti. Tāniyeva aṭṭha suttāni sādhāraṇāni katāni soḷasa bhavanti.

Imehi soḷasahi suttehi bhinnehi navavidhaṃ suttaṃ bhinnaṃ bhavati. Gāthāya gāthā anuminitabbā. Veyyākaraṇena veyyākaraṇaṃ anuminitabbaṃ. Suttena suttaṃ anuminitabbaṃ.

[나열된 경 중에서 처음의] 네 갈래 경은 서로 공통 [부분이] 엮여서 [나열된] 여덟 갈래 [경이] 된다. 또한 그 여덟 갈래 경은

서로 공통 [부분이] 엮여서 [나열된] 열여섯 갈래 [경이] 된다.

이렇게 나누어진 열여섯 갈래 경은 아홉 갈래 경으로 분류된다. 게송은 게송으로 분류되고 수기는 수기로 분류되고 경은 경으로 분류된다.

1) 오염에 관련된 경

Tattha katamaṃ saṃkilesabhāgiyaṃ suttaṃ?

그 [열여섯 가지 가르침의 유형] 중에서 오염에 관련된 경이란 어떤 것인가?

Kāmandhā jālasañchannā taṇhāchadanachāditā [p.129]
Pamattabandhanā baddhā macchā va kumināmukhe
Jarāmaraṇam anventi vaccho khīrapako va mātaran ti.

Idaṃ saṃkilesabhāgiyaṃ suttaṃ.

> 감각적 욕망이라는 어둠에 갇힌 자들, 갈애의 굴레에 매인 자들, [129쪽]
> 게으름의 속박에 묶인 자들은 그물에 갇혀있다.
> 출구가 없는 그물 속의 물고기들처럼.
> 그들은 노쇠와 죽음을 따라간다. 젖먹이 송아지가 어미소를 따라가듯.

이것은 오염에 관련된 경이다.[1)]

1) 이 책 153쪽.

Cattār'imāni bhikkhave agatigamanāni.
Katamāni cattāri? Chandā agatiṃ gacchati, dosā agatiṃ gacchati, mohā agatiṃ gacchati, bhayā agatiṃ gacchati. Imāni kho bhikkhave cattāri agatigamanāni. Idam avoca Bhagavā. Idaṃ vatvāna Sugato, athāparaṃ etad avoca Satthā:
Chandā dosā bhayā mohā, yo dhammaṃ ativattati
nihīyati tassa yaso, kāḷapakkheva candimā ti.

Idaṃ saṃkilesabhāgiyasuttaṃ.

> 비구들이여, 이러한 네 가지 잘못된 길로 감이 있다. 무엇이 그 넷인가? 의욕에서 비롯된 잘못된 길로 간다. 성냄에서 비롯된 잘못된 길로 간다. 두려움에서 비롯된 잘못된 길로 간다. 어리석음에서 비롯된 잘못된 길로 간다. 비구들이여, 이것이 네 가지 잘못된 길로 감이다.
> 세존께서 그것을 말씀하셨다. 잘 가신 분은 그것을 말씀하시고, 스승으로서 다시 또 그것을 [게송으로] 말씀하셨다.
> 의욕, 성냄, 두려움, 어리석음 때문에 법을 거스린 이,
> 그의 명성은 그믐달처럼 스러진다.[2)]

이것은 오염에 관련된 경이다.

Manopubbaṅgamā dhammā, manoseṭṭhā manomayā
manasā ce paduṭṭhena bhāsatī vā karoti vā
tato naṃ dukkham anveti cakkaṃva vahato padan ti.

Idaṃ saṃkilesabhāgiyaṃ suttaṃ.

2) Aṅguttara Nikāya, 2권, 18쪽. 이 책 440쪽 참조.

> 법은 정신을 선두로 하고, 정신을 최상으로 하며, 정신으로 이루어진 것이다.
> 잘못된 정신으로 말하거나 행하면
> 그 때문에 괴로움이 그를 따른다. 바퀴가 자국을 따르는 것처럼.3)

이것은 오염에 관련된 경이다.

Middhī yadā hoti mahagghaso ca
niddāyitā samparivattasāyī
mahāvarāho va nivāpapuṭṭho
punappunaṃ gabbham upeti mando ti.

Idaṃ saṃkilesabhāgiyaṃ suttaṃ.

> 음식을 많이 먹고 졸음이 올 때,
> 잠자고 싶은 자들은 이리저리 뒹굴며 잔다.
> 마치 먹이를 먹은 커다란 돼지처럼.
> 게으른 사람은 자꾸자꾸 태에 든다.4)

이것은 오염에 관련된 경이다.

Ayasā va malaṃ samuṭṭhitaṃ
tat'uṭṭhāya tam eva khādati
evaṃ atidhonacārinaṃ
sāni kammāni nayanti duggatin ti.

3) Dhammapada, 계송 1; 이 책 500쪽.
4) Theragāthā, 게송 17; Dhammapada, 게송 325; 이 책 145쪽.

Idaṃ saṃkilesabhāgiyaṃ suttaṃ. [p.130]

> 쇠에서 생긴 녹은 그 [쇠로부터] 생겨나서 그 [쇠를] 삼킨다.
> 이와 같이 스스로 지은 업은 깨끗한 행위를 거스른 자를 나쁜 곳으로 데려간다.[5)]

이것은 오염에 관련된 경이다. [130쪽]

Coro yathā sandhimukhe gahīto
sakammunā haññati bajjhate ca
evam ayaṃ pecca pajā parattha
sakammunā haññati bajjhate cā ti.

Idaṃ saṃkilesabhāgiyaṃ suttaṃ.

> [문을] 부수고 열다가 잡힌 도둑이
> 자신의 행위 때문에 맞고 묶이는 것처럼,
> 이와 같이 사람들은 이 [시간이] 지난 뒤 다른 곳에서
> 자신의 행위 때문에 맞고 묶인다.[6)]

이것은 오염에 관련된 경이다.

Sukhakāmāni bhūtāni yo daṇḍena vihiṃsati
attano sukham esāno pecca so na labhate sukhan ti.

---

5) Dhammapada, 게송 240.
6) Majjhima Nikāya, 2권, 74쪽 참조; 이 책 144쪽.

Idaṃ saṃkilesabhāgiyaṃ suttaṃ.

> 행복하고 싶어하는 존재들을 몽둥이로 해치는 자
> 나중에 자신의 행복을 찾을 때 그는 행복을 얻지 못한다.[7]

이것은 오염에 관련된 경이다.

Gunnañ ce taramānānaṃ jimhaṃ gacchati puṅgavo
sabbā tā jimhaṃ gacchanti nette jimhaṃ gate sati.
Evam eva manussesu yo hoti seṭṭhasammato
so ce adhammaṃ carati pageva itarā pajā
sabbaṃ raṭṭhaṃ dukkhaṃ seti rājā ce hoti adhammiko ti.

Idaṃ saṃkilesabhāgiyaṃ suttaṃ.

> 만약 소떼가 건너갈 때 우두머리 소가 잘못 간다면
> 모든 소들이 잘못 간다. 안내자가 잘못 갔기 때문에.
> 이와 같이 사람들 중에서도 최고라고 인정되는 자가 있다.
> 그가 만약 법이 아닌 것(非法)을 행한다면 하물며 다른 사람들이야.
> 만약 왕이 법이 아닌 것을 지닌다면 온 나라가 괴로움에 처한다.[8]

이것은 오염에 관련된 경이다.

Sukiccharūpā vat' ime manussā
karonti pāpaṃ upadhīsu rattā

7) Udāna, 12쪽; Dhammapada, 게송 131.
8) Aṅguttara Nikāya, 2권, 75쪽; Jātaka, 3권, 111쪽, 5권, 222쪽, 242쪽.

gacchanti te bahujanasannivāsaṃ
nirayaṃ Avīciṃ kaṭukaṃ bhayānakan ti.

Idaṃ saṃkilesabhāgiyaṃ suttaṃ.

> 지독히 고통스러운 모습을 지닌 이 사람들,
> 집착의 대상에 탐착하여 악함을 짓는다.
> 그들은 많은 사람들이 뒤엉켜 있는
> 혹독하고 무서운 아비지옥에 간다.

이것은 오염에 관련된 경이다.

Phalaṃ ve kadaliṃ hanti phalaṃ veḷuṃ phalaṃ naḷaṃ
sakkāro kāpurisaṃ hanti gabbho assātariṃ yathā ti.

Idaṃ saṃkilesabhāgiyaṃ suttaṃ.

> [파초의] 열매가 파초를, [대나무의] 열매가 대나무를,
> [갈대의] 열매가 갈대를 죽인다.
> 존경은 진실하지 않은 자를 죽인다.
> 뱃속의 새끼가 어미 노새를 [죽이듯.][9]

이것은 오염에 관련된 경이다.

Kodhamakkhagaru bhikkhu lābhasakkārakāraṇā
sukhette pūtibījaṃ va, saddhamasmiṃ na virūhatī ti.

---

9) Saṃyutta Nikāya, 1권, 154쪽; 2권, 241쪽 참조; 주석서(223쪽)에 따르면, 존경은 자신의 업의 결과로서 생겼지만 오히려 진실하지 않은 자를 파괴한다.

Idaṃ saṃkilesabhāgiyaṃ suttaṃ.

> 분노와 위선이 심하면서도 이득과 존경을 중요하게 여기는 비구는 비옥한 밭에 썩은 씨앗처럼 바른 법에서도 성장하지 못한다.

이것은 오염에 관련된 경이다.

Idhāhaṃ bhikkhave ekaccaṃ puggalaṃ cetasā ceto paricca buddhacakkhunā evaṃ pajānāmi, yathā kho ayaṃ puggalo iriyati, yañ ca paṭipadaṃ paṭipanno, yañ ca maggaṃ samārūḷho, [p.131] *imasmiṃ cāyaṃ samaye kālaṃ kareyya, yathābhataṃ nikkhitto evaṃ niraye. Taṃ kissa hetu? Cittaṃ hi'ssa bhikkhave padositaṃ. Cittapadosahetu ca pana evam idh'ekacce kāyassa bhedā paraṃ maraṇā apāyaṃ duggatiṃ vinipātaṃ nirayaṃ upapajjanti.*

> 비구들이여, 여기에서 나는 어떤 사람에 대해 마음으로 마음을 이해하고서 깨달은 이의 눈으로 이와 같이 잘 안다. 행한 방법에 따라 그리고 들어선 길에 따라 이 사람이 행동하듯이, [131쪽] 그가 이 때 죽음을 맞이한다면 마치 [그를 끌고와서] 옮겨 놓은 것처럼 그렇게 지옥에 던져질 것임을 [잘 안다.][10)]
> 무슨 까닭인가? 비구들이여, 그의 마음이 분노에 차있기 때문이다. 이와 같이 분노한 마음 때문에 어떤 이들은 몸이 무너져 죽은 후에 괴로운 곳, 나쁜 곳, 험난한 곳, 지옥에 태어난다.

Etam atthaṃ Bhagavā avoca. Tatth'etaṃ itivuccati:
Paduṭṭhacittaṃ ñatvāna ekaccam iha puggalaṃ

10) Majjhima Nikāya, 1권, 71쪽 참조.

etam attham viyākāsi Satthā bhikkhūna santike:
Imasmiṃ cāyaṃ samaye kālaṃ karissati puggalo
nirayasmiṃ upapajjeyya cittaṃ hi'ssa padūsitaṃ.
Cittappadosahetū hi sattā gacchanti duggatiṃ
yathābhataṃ nikkhipeyya evam eva tathāvidho
kāyassa bhedā duppañño nirayaṃ so'papajjatī ti.
Ayam pi attho vutto Bhagavatā, iti me sutan ti.

Idaṃ saṃkilesabhāgiyaṃ suttaṃ.

> 세존께서 그러한 의미를 말씀하셨고, 그와 관련하여 이렇게 설해진다.
> 여기 어떤 사람이 잘못된 마음으로 있는 것을 알고서
> 스승께서 가까이 있는 비구들에게 이런 의미를 설명하셨다.
> 이 때 만약 이 사람이 죽음을 맞이한다면
> 그는 지옥에 태어날 것이다. 그의 마음이 망가졌기 때문이다.
> 마음의 분노 때문에 중생들은 나쁜 곳에 간다.
> 이런 부류의 사람은 마치 [그를 끌고와서] 놓은 것처럼 그렇게 [거기에]
> 던져질 것이다.
> 어리석은 그는 몸이 무너진 뒤 지옥에 태어난다.
> 세존께서 이러한 의미를 말씀하셨다고 나는 들었다."[11)]

이것은 오염에 관련된 경이다.

Sace bhāyatha dukkhassa, sace vo dukkham appiyaṃ
mākattha pāpakaṃ kammaṃ, āvi vā yadi vā raho
sace'va pāpakaṃ kammaṃ, karissatha karotha vā

11) Itivuttaka, 12쪽.

na vo dukkhā pamuṭyatthi, upeccāpi palāyatan ti.

Idaṃ saṃkilesabhāgiyaṃ suttaṃ.

> 만약 그대들이 괴로움을 두려워하거나 괴로움이 불쾌하다면,
> 악한 업을 짓지 말라. 드러나든 드러나지 않든.
> 만약 악한 업을 지으려 하거나 짓는다면
> 지은 후에는 달아나려 하여도 괴로움에서 벗어나지 못한다.[12)]

이것은 오염에 관련된 경이다.

Adhammena dhanaṃ laddhā musāvādena cūbhayaṃ
mameti bālā maññanti, taṃ kathaṃ nu bhavissati?
Antarāyā bhavissanti sambhat'assa vinassati
matā saggaṃ na gacchanti, nanu ettāvatā hatā ti?

Idaṃ saṃkilesabhāgiyaṃ suttaṃ.

> 어리석은 이들은 법이 아닌(非法) 것과 거짓말의 두 가지로 재물을 얻고서
> '내 것'이라고 생각한다. 그러나 어떻게 그럴 수 있겠는가?[13)]
> 방해물이 생길 것이다. 그가 모아둔 것은 소실될 것이다.
> 죽어서는 천상에 가지 못한다. 어찌 이 만큼의 손실이 없겠는가?

이것은 오염에 관련된 경이다.

---

12) Saṃyutta Nikāya, 1권, 209쪽에는 본 게송의 '지은 후에는'에 해당하는 upecca가 upacca(uppatati의 절대체)로 표기되어 있다.
13) 주석서(224쪽)에 따르면, 법이 아닌 법에 의해 모인 것들은 그들의 곁에 오래 머물지 않는다.

Kathaṃ khaṇati attānaṃ, kathaṃ mittehi jīrati
kathaṃ vivaṭṭate dhammā, kathaṃ saggaṃ na gacchati?
Lobhā khaṇati attānaṃ, luddho mittehi jīrati
lobhā vivaṭṭate dhammā, lobhā saggaṃ na gacchatī ti.

Idaṃ saṃkilesabhāgiyaṃ suttaṃ.

> 어떻게 자신을 망치는가? 어떻게 친구들과 헤어지는가?
> 어떻게 법으로부터 돌아서는가? 어떻게 천상에 가지 못하는가?
> 탐욕 때문에 자신을 망친다. 욕심을 내는 자는 친구들과 헤어진다.
> 탐욕 때문에 법으로부터 돌아선다. 탐욕 때문에 천상에 가지 못한다.

이것은 오염에 관련된 경이다.

Caranti bālā dummedhā amitteneva attanā
karontā pāpakaṃ kammaṃ yaṃ hoti kaṭukapphalaṃ. [p.132]
Na taṃ kammaṃ kataṃ sādhu yaṃ katvā anutappati
yassa assumukho rodaṃ vipākaṃ paṭisevatī ti.

Idaṃ saṃkilesabhāgiyaṃ suttaṃ.

> 어리석고 우둔한 자들은 마치 적과 같은 자신과 함께 다닌다.
> 그들은 악한 업을 짓기 때문에 쓰디쓴 결과를 맺는다. [132쪽]
> 그 업은 선량하게 지은 것이 아니다. 업을 짓고 나서 그는 후회한다.
> 울며 눈물짓는 그에게 업의 결과가 따라온다.[14]

이것은 오염에 관련된 경이다.

14) Saṃyutta Nikāya, 1권, 157쪽; Dhammapada, 게송 66.

Dukkaraṃ duttitikkhañ ca aviyattena ca sāmaññaṃ
bahū hi tattha sambādhā yattha bālo visīdati.
Yo hi atthañ ca dhammañ ca bhāsamāne Tathāgate
manaṃ padosaye bālo moghaṃ kho tassa jīvitaṃ.
Etañ cāhaṃ arahāmi dukkhañ ca ito ca pāpiyataraṃ bhante, yo appameyyesu Tathāgatesu cittaṃ padosemi avītarāgo ti.

Idaṃ saṃkilesabhāgiyaṃ suttaṃ.

> 서툰 자에게 수행자의 삶은 어렵고 견디기 힘들다.
> 어리석은 자가 낙심하면 거기에 많은 장애가 [생긴다.][15]
> 여래께서 뜻과 법을 말씀하실 때
> 정신을 분노에 빠뜨린 어리석은 자, 그의 삶은 헛되게 된다.
> 존자시여, 저는 탐냄을 여의지 못하고 헤아릴 수 없는 여래에 대하여 마음이 분노하였으므로 이러한 괴로움과 가장 나쁜 것을 받아 마땅합니다.

이것은 오염에 관련된 경이다.

Appameyyaṃ paminanto ko'dha vidvā vikappaye
appameyyaṃ pamāyataṃ nivutaṃ maññe akissavan ti.

Idaṃ saṃkilesabhāgiyaṃ suttaṃ.

> 헤아릴 수 없는 것을 헤아리는 것, 지혜로운 사람이라면 의도하겠는가?
> 헤아릴 수 없는 것을 헤아리려고 하는 것은 실로 영리하지 못한 것이며 막혀있는 것이다.[16]

15) Saṃyutta Nikāya, 1권, 7쪽.
16) Saṃyutta Nikāya, 1권, 149쪽.

이것은 오염에 관련된 경이다.

Purisassa hi jātassa kudhārī jāyate mukhe
yāya chindati attānaṃ bālo dubbhāsitaṃ bhaṇaṃ.
Na hi satthaṃ sunisitaṃ visaṃ kalāhalaṃ iva
evaṃ viraddhaṃ pāpeti vācā dubbhāsitā yathā ti.

Idaṃ saṃkilesabhāgiyaṃ suttaṃ.

> 사람이 태어날 때 입에 도끼가 생겨난다.
> 어리석은 자는 나쁜 말을 뱉어 마침내 그것으로 자신을 찍는다.[17]
> 날카로운 칼이나 맹독은 [할 수] 없지만
> 뱉아낸 나쁜 말[18]은 그와 같은 실패로 떨어뜨린다.[19]

이것은 오염에 관련된 경이다.

Yo nindiyaṃ pasaṃsati
taṃ vā nindati yo pasaṃsiyo
vicināti mukhena so kaliṃ
kalinā tena sukhaṃ na vindati.
Appamatto ayaṃ kali
yo akkhesu dhanaparājayo
sabbassāpi sahāpi attanā
ayam eva mahattaro kali
yo sugatesu manaṃ padosaye ti.

17) Saṃyutta Nikāya, 1권, 149쪽.
18) 주석서(225쪽)에 따르면, 거룩한 이를 비난하는 말을 뜻한다.
19) Jātaka, 3권, 103쪽 참조.

Sataṃ sahassānaṃ nirabbudānaṃ
chattiṃsati pañca ca abbudāni [p.133]
yam ariyagarahī nirayaṃ upeti
vācaṃ manañ ca paṇidhāya pāpakan ti.

Idaṃ saṃkilesabhāgiyaṃ suttaṃ.

> 비난받아야 할 것를 칭찬하거나
> 칭찬받아야 할 것을 비난하는 이,
> 그는 입으로 지는 패를 고르고 있다.
> 그 지는 패로는 즐거움을 얻지 못한다.
> 노름에서 모든 재산만이 아니라 자신조차 잃게 하는
> 그 패는 보잘 것 없다.
> 잘 가신 이에 대하여 정신을 분노에 빠뜨리는 것,
> 이것은 가장 크게 지는 패다.
> 10만 니랍부다의 해 동안
> 그리고 35 압부다의 해 동안[20] [133쪽]
> 말과 정신을 악하게 기울여서
> 거룩한 이를 비난하는 자는 지옥에 간다[21].

이것은 오염에 관련된 경이다.

Yo lobhaguṇe anuyutto, so vacasā paribhāsati aññe assaddho anariyo avadaññū macchari pesuṇiyaṃ anuyutto.
Mukhadugga vibhūta anariya

---

20) Saṃyutta Nikāya, 1권, 149쪽. Aṅguttara Nikāya, 2권, 3쪽.
21) 니랍부다(nirabbuda)와 압부다(abbuda)는 시간의 단위이다. 압부다(abbuda)는 10의 42제곱되는 수를 말하고 니랍부다는 압부다의 20배되는 수이다.

bhūnahu pāpaka dukkaṭakāri
purisanta kalī avajātakaputta
mā bahu bhāṇ'idha nerayiko'si.
Rajam ākirasī ahitāya
sante garahasi kibbisakārī
bahūni duccaritāni caritvā
gacchasi papataṃ cīrarattan ti.

Idaṃ saṃkilesabhāgiyaṃ suttaṃ.

> 탐욕을 따르는 자는 말로써 다른 사람들을 비방한다. 그는 믿음이 없고 거룩하지 않고 관대하지 않고 인색하고 남을 비방하는 데 열중한다.[22)]
> 거친 입을 가진 자여, 헛된 자여,[23)] 거룩하지 않은 자여,
> 살인자여,[24)] 악한 자여, 나쁜 행동을 하는 자여,
> 사람 중에서 끝에 속하는 자여, 지는 패를 가진 자여, 미천하게 태어난 자여.
> 많은 말을 하지 말라. 그대는 지금 지옥에 속해 있으니.[25)]
> 이롭지 못하도록 먼지를 흩뿌리고
> 진실한 이를 비난하고 못된 짓을 하는 자,
> 그대는 많은 나쁜 행동을 한 뒤에
> 오랫동안 타락한 지옥(他處)에 떨어진다.[26)]

이것은 오염에 관련된 경이다.

22) Suttanipāta, 게송 663.
23) 주석서(226쪽)에 따르면, 없는 것을 말하거나 거짓을 말하는 자이다
24) 주석서 (226쪽)에 따르면, 존재를 죽이는 자, 자신의 깨달음을 없애는 자이다.
25) Suttanipāta, 게송 664.
26) Suttanipāta, 게송 665.

2) 훈습에 관련된 경

Tattha katamaṃ vāsanābhāgiyaṃ suttaṃ?
Manopubbaṅgamā dhammā manoseṭṭhā manomayā
manasā ce pasannena bhāsati vā karoti vā
tato naṃ sukham anveti chāyā va anupāyinī ti.

Idaṃ vāsanābhāgiyaṃ suttaṃ.

그 [열여섯 가지 가르침의 유형] 중에서 훈습에 관련된 경이란 어떤 것인가?

> 법은 정신을 선두로 하고, 정신을 최상으로 하며, 정신으로 이루어진 것이다.
> 신심을 지닌[27] 정신으로 말하거나 행하면
> 그 때문에 즐거움이 그를 따른다, 그림자가 떠나지 않듯이.[28]

이것은 훈습에 관련된 경이다.

Mahānāmo Sakko Bhagavantaṃ etad avoca:

Idaṃ bhante Kapilavatthu iddhañ c'eva phītañ ca bahujanaṃ ākiṇṇamanussaṃ sambādhabyūhaṃ. So kho ahaṃ bhante Bhagavantaṃ vā payirupāsitvā manobhāvanīye vā bhikkhū sāyanhasamayaṃ Kapilavatthuṃ pavisanto bhantena pi hatthinā samāgacchāmi, bhantena pi assena samāgacchāmi, bhantena pi ra-

27) 주석서 (227쪽)에 따르면, 업과 업의 결실 등을 믿는 것이 신심을 지니는 것이다.
28) Dhammapada, 게송 2.

thena samāgacchāmi, bhantena pi sakaṭena samāgacchāmi, bhantena pi purisena samāgacchāmi. Tassa mayhaṃ bhante tasmiṃ samaye mussat'eva Bhagavantaṃ ārabbha sati, mussati dhammaṃ ārabbha sati, mussati saṅghaṃ ārabbha sati. Tassa mayhaṃ bhante evaṃ hoti: Imamhi cāhaṃ sāyanhasamaye kālaṃ kareyyaṃ, kā mam'assa gati, ko abhisamparāyo ti? [p.134]

석가족 마하나마가 세존께 이렇게 말했다.

> "존자시여, 번영하고 풍부한 이 [도시] 까삘라왓투에는 많은 생산물과 사람들로 붐비는 혼잡한 거리가 있습니다. 존자시여, 저는 세존께 또는 존경스러운 비구들께 예를 올리고 난 뒤, 저녁 때 까삘라왓투에 들어가면 돌아다니는 코끼리와 마주칩니다. 돌아다니는 말도 마주칩니다. 돌아다니는 마차도 마주칩니다. 돌아다니는 짐수레도 마주칩니다, 돌아다니는 사람과도 마주칩니다. 그때, 존자시여, 저는 세존에 관한 사띠를 잃어버립니다. 저는 법에 관한 사띠를 잃어버립니다. 저는 상가에 관한 사띠를 잃어버립니다. 존자시여, 그런 저에게 이러한 [생각이] 떠오릅니다. '만약 내가 이 저녁 때 죽음을 맞는다면 나의 가는 곳은 어디일까? 나의 내생은 무엇일까?'" [134쪽]

Mā bhāyi Mahānāma mā bhāyi Mahānāma apāpakaṃ te maraṇaṃ bhavissati, apāpikā kālaṅkiriyā. Catūhi kho, Mahānāma, dhammehi samannāgato ariyasāvako nibbānaninno hoti nibbānapoṇo nibbānapabbhāro. Katamehi catūhi?

> "두려워하지 말라, 마하나마여. 두려워하지 말라, 마하나마여. 그대의 죽음은 나쁘지 않을 것이다. 그대의 임종은 나쁘지 않을 것이다. 네 가지 법을 갖춘 거룩한 제자는 열반에 기댄 자, 열반을 향한 자, 열반으로 기울어진 자 이다. 무엇이 네 가지 [법]인가?

Idha Mahānāma ariyasāvako buddhe aveccappasādena samannāgato hoti: iti pi so Bhagavā arahaṃ / pe / Satthā devamanussānaṃ buddho Bhagavā ti. Dhamme / pe / Saṅghe / pe / ariyakantehi sīlehi samannāgato hoti akhaṇḍehi / pe / samādhisaṃvattanikehi.

여기, 마하나마여, 거룩한 제자는 붓다에 대하여 완전한 신심(信心)을 갖춘 자이다. 이른바 그 분 세존께서는 공양 받을만한 분, …[중략]… 천신과 인간의 스승, 붓다, 세존이시다. [거룩한 제자는] 법에 대하여 …[중략]… [거룩한 제자는] 상가에 대하여 …[중략]… [거룩한 제자는] 거룩한 이가 즐겨하는 …[중략]… 삼매로 이끄는 계를 갖춘 자이다.[29)]

Seyyathā pi Mahānāma rukkho pācīnaninno pācīnapoṇo pācīnapabbhāro. So mūlehi chinno katamena papateyyā ti?
Yena bhante ninno yena poṇo yena pabbhāro ti.

예를 들면, 마하나마여, 동쪽에 기댄, 동쪽을 향한, 동쪽으로 기울어진 나무가 있다. 그 나무가 뿌리에서부터 잘린다면 어디로 쓰러지겠는가?"
"존자시여, 기댄 쪽으로, 향한 쪽으로, 기울어진 쪽으로 [쓰러질 것입니다.]"

Evam eva kho Mahānāma imehi catūhi dhammehi samannāgato ariyasāvako nibbānaninno hoti nibbānapoṇo nibbānapabbhāro. Mā bhāyi Mahānāma mā bhāyi Mahānāma apāpakaṃ te maraṇaṃ bhavissati, apāpikā kālaṅkiriyā ti.

"이와 같이, 마하나마여, 이 네 가지 법을 갖춘 거룩한 제자는 열반에

29) 이 책 219-225쪽; Aṇguttara Nikāya, 3권, 286-288쪽.

> 기댄 자, 열반을 향한 자, 열반으로 기울어진 자이다. 두려워하지 말라, 마하나마여. 두려워하지 말라, 마하나마여. 그대의 죽음은 나쁘지 않을 것이다. 그대의 임종은 나쁘지 않을 것이다."[30]

Idaṃ vāsanābhāgiyaṃ suttaṃ.

이것은 훈습에 관련된 경이다.

Sukhakāmāni bhūtāni yo daṇḍena na hiṃsati
attano sukhamesāno pecca so labhate sukhan ti.

Idaṃ vāsanābhāgiyaṃ suttaṃ.

> 행복하고 싶어하는 존재들을 몽둥이로 해치지 않는 자,
> 나중에 자신의 행복을 구할 때 행복을 얻는다.[31]

이것은 훈습에 관련된 경이다.

Gunnañ ce taramānānaṃ, ujuṃ gacchati puṅgavo
sabbā tā ujuṃ gacchanti, nette ujuṃ gate sati.
Evam eva manussesu, yo hoti seṭṭhasammato
so ce'va dhammaṃ carati, pageva itarā pajā.
sabbaṃ raṭṭhaṃ sukhaṃ seti, rājā ce hoti dhammiko ti.

Idaṃ vāsanābhāgiyaṃ suttaṃ.

30) Saṃyutta Nikāya, 5권, 371쪽; Peṭakopadesa, 24, 170쪽 참조.
31) Udāna. 12쪽; Dhammapada, 게송132; 이 책 490쪽.

> 만약 소떼가 건너갈 때 우두머리 소가 바르게 간다면
> 모든 소들이 바로 간다. 안내자가 바르게 갔기 때문에.
> 이와 같이 사람들 중에서도 최고라고 인정받는 자가 있다.
> 그가 만약 법을 행한다면 하물며 다른 사람들이야.
> 만약 왕이 법을 지닌다면 온 나라가 즐거움을 경험한다.[32)]

이것은 훈습에 관련된 경이다.

Bhagavā Sāvatthiyaṃ viharati Jetavane Aanāthapiṇḍikassa ārāme. Tena kho pana samayena sambahulā bhikkhū [p.135] *Bhagavato cīvarakammaṃ karonti: iṭṭhitacīvaro bhagavā temāsaccayena cārikaṃ pakkamissatī ti.*

> 세존께서 사왓티에 있는 제따 숲의 아나타삔디까 승원에 머무르셨다. 그때 여러 명의 비구들이 [135쪽] 세존의 옷을 짓고 있었다. '세 달이 지나면 세존께서 완성된 옷을 입고 유행을 떠나실 것이다.'라고 [그들은 생각했다.]

Tena kho pana samayena Isidatta-Purāṇā thapatayo Sākete paṭivasanti kenaci-deva karaṇīyena. Assosuṃ kho Isidatta-Purāṇā thapatayo: 'sambahulā kira bhikkhū Bhagavato cīvarakammaṃ karonti: niṭṭhitacīvaro Bhagavā temāsaccayena cārikaṃ pakkamissatī' ti.

> 그때 대신 이시닷따와 뿌라나[33)]가 어떤 해야 할일 때문에 사께따에

32) Aṅguttara Nikāya, 2권, 76쪽; Jātaka, 3권, 111쪽; 5권, 168쪽, 242쪽; 이 책 490쪽.
33) 대신(thapati)의 문자적 의미는 목수이지만, 여기에서는 왕실 관리인 또는 대신을 가리킨다. A Dictionary of Pāli, 1권, 349쪽 참조. 주석서(227쪽)에 따르면, 여기의

서[34] 지내고 있었다. 대신 이시닷따와 뿌라나는 "여러 명의 비구들이 세존의 옷을 짓고 있다고 한다. 세 달이 지나면 세존께서 완성된 옷을 입고 유행을 떠나실 것이다."라는 [말을] 들었다.

Atha kho Isidatta-Purāṇā thapatayo magge purisaṃ ṭhapesuṃ: yadā tvaṃ ambho purisa passeyyāsi Bhagavantaṃ āgacchantaṃ arahantaṃ sammāsambuddhaṃ, atha amhākaṃ āroceyyāsī ti.

그래서 대신 이시닷따와 뿌라나는 사람을 길에 세워 두었다. "이보시오, 자네가 세존이시며 아라한이신 올바로 완전히 깨달은 분께서 오시는 것을 보면 그 때 우리에게 알려주시오."

Dvīhatīhaṃ ṭhito kho so puriso addasa Bhagavantaṃ dūrato'va āgacchantaṃ, disvāna yena Isidatta-Purāṇā thapatayo ten'upasaṅkami, upasaṅkamitvā Isidatta-Purāṇe thapatayo etad avoca: ayaṃ bhante Bhagavā āgacchati arahaṃ sammāsambuddho, yassa dāni kālaṃ maññathā ti.

이삼 일 동안 서있던 그 사람은 세존께서 멀찍이 오고 계시는 것을 보았다. [이를] 보고 대신 이시닷따와 뿌라나가 있는 곳에 갔다. 가서 이렇게 말했다. "존자여, 그 분 세존이시며 아라한이신 올바로 완전히 깨달은 분께서 오십니다. 바로 지금이 당신이 기다렸던 시간입니다.".

두 명 중에서 그 때 이시닷따는 '한 번 돌아오는 이(一來)', 뿌라나는 '흐름에 든 이(入流)'였다고 한다. 이들이 등장하는 경전의 사례에 대해서는 Bhikkhu Bodhi의 The Connected Discoourses of the Buddha, 1955쪽, 미주 326 참조.

34) 사께따(Sāketa)는 꼬살라국 도시 중의 하나이다. 사왓띠에서 약 30km 떨어진 곳에 위치한다. G. P. Malalasekera, Dictionary of Pāli Proper Names(이하 DPPN), II권, 1084쪽 참조.

Atha kho Isidatta-Purāṇā thapatayo yena Bhagavā ten'upasaṅkamiṃsu, upasaṅkamitvā Bhagavantaṃ abhivādetvā Bhagavantaṃ piṭṭhito piṭṭhito anubandhiṃsu.

대신 이시닷따와 뿌라나는 세존께서 계신 곳으로 다가갔다. 가서 세존께 예를 드리고 세존의 뒤를 따라갔다.

Atha kho Bhagavā maggā okkamma yen' aññataraṃ rukkhamūlaṃ ten'upasaṅkami, upasaṅkamitvā paññatte āsane nisīdi. Isidatta-Purāṇā thapatayo Bhagavantaṃ abhivādetvā ekamantaṃ nisīdiṃsu. Ekamantaṃ nisinnā kho Isidatta-Purāṇā thapatayo Bhagavantaṃ etad avocuṃ:

세존께서는 길에서 벗어나 한 나무가 있는 곳에 가셔서 준비된 자리에 앉으셨다. 대신 이시닷따와 뿌라나는 세존께 예를 드리고 한 쪽에 앉았다. 한 쪽에 앉은 대신 이시닷따와 뿌라나는 세존께 이렇게 말씀드렸다:

Yadā mayaṃ bhante Bhagavantaṃ suṇoma 'Sāvatthiyā Kosalesu cārikaṃ pakkamissatī' ti, hoti no tasmiṃ samaye anattamanatā hoti domanassaṃ 'dūre no Bhagavā bhavissatī' ti.

"존자시여, 저희는 '[세존께서] 사왓티에서 꼬살라 사람들에게로[35] 유행을 떠나실 것이다.'라고 세존에 대하여 들었습니다. 그때 저희에게 언짢음이 생겼고 '세존께서 우리로부터 멀리 계시겠구나.'라는 불쾌함이 들었습니다.

Yadā mayaṃ bhante Bhagavantaṃ suṇoma 'Sāvatthiyā Kosalesu

35) 사왓티(Sāvatthī, 사위성)는 꼬살라(Kosala) 국의 수도이다. DPPN, 2권, 1126쪽 참조.

cārikaṃ pakkanto' ti, hoti no tasmiṃ samaye anattamanatā hoti domanassaṃ 'dūre no Bhagavā' ti

존자시여, 저희는 '[세존께서] 사왓티에서 꼬살라 사람들에게로 유행을 떠나셨다.'라고 세존에 대하여 들었습니다. 그때 저희에게 언짢음이 생겼고 '세존께서 우리로부터 멀리 계시구나.'라는 불쾌함이 들었습니다.

Yadā mayaṃ bhante Bhagavantaṃ suṇoma 'Kāsīsu Magadhesu cārikaṃ pakkamissatī' ti, hoti no tasmiṃ samaye anattamanatā hoti domanassaṃ 'dūre no Bhagavā [p.136] *bhavissatī' ti.*

존자시여, 저희는 '[세존께서] 까시에서 마가다 사람들에게로[36] 유행을 떠나실 것이다.'라고 세존에 대하여 들었습니다. 그때 저희에게 언짢음이 생겼고 '세존께서 우리로부터 멀리 계시겠구나.'라는 불쾌함이 들었습니다. [136쪽]

Yadā mayaṃ bhante Bhagavantaṃ suṇoma 'Kāsīsu Magadhesu cārikaṃ pakkanto' ti, anappakā no tasmiṃ samaye anattamanatā hoti anappakaṃ domanassaṃ 'dūre no Bhagavā' ti.

존자시여, 저희는 '[세존께서] 까시에서 마가다 사람들에게로 유행을 떠나셨다.'라고 세존에 대하여 들었습니다. 그때 저희에게 적지 않은 언짢음이 생겼고 '세존께서 우리로부터 멀리 계시구나.'라는 적지 않은 불쾌함이 들었습니다.

36) 까시(Kāsī)는 바라나시가 수도였던 인도의 나라 중 하나이다. 나중에 꼬살라(Kosala)로 병합되었다.(DPPN, 1권, 593쪽 참조) 마가다국(Magadha)은 부처님 당시 4대국 중의 하나이다.(DPPN, 2권, 402쪽 참조) 당시 지도를 보면 본문 내용의 흐름처럼 꼬살라→ 까시→ 마가다의 순으로 위치하고 있다.

Yadā mayaṃ bhante Bhagavantaṃ suṇoma 'Magadhesu Kāsīsu cārikaṃ pakkamissatī' ti, hoti no tasmiṃ samaye attamanatā hoti somanassaṃ 'āsanne no Bhagavā bhavissatī' ti. Yadā pana mayaṃ bhante Bhagavantaṃ suṇoma 'Magadhesu Kāsīsu cārikaṃ pakkanto' ti, hoti no tasmiṃ samaye attamanatā hoti somanassaṃ 'āsanne no Bhagavā' ti.

> 존자시여, 저희는 '[세존께서] 마가다에서 까시 사람들에게로 유행을 떠나실 것이다.'라고 세존에 대하여 들었습니다. 그때 저희에게 만족감이 생겼고 '세존께서 우리와 가까이 계시겠구나.'라는 유쾌함이 들었습니다. 존자시여, 저희는 '[세존께서] 마가다에서 까시 사람들에게로 유행을 떠나셨다.'라고 세존에 대하여 들었습니다. 그때 저희에게 만족감이 생겼고 '세존께서 우리와 가까이에 계시구나.'라는 유쾌함이 들었습니다.

Yadā mayaṃ bhante Bhagavantaṃ suṇoma 'Kosalesu Sāvatthiyaṃ cārikaṃ pakkamissatī' ti. hoti no tasmiṃ samaye attamanatā hoti somanassaṃ 'āsanne no Bhagavā bhavissatī' ti. Yadā pana mayaṃ bhante Bhagavantaṃ suṇoma 'Sāvatthiyaṃ viharati Jetavane Anāthapiṇḍikassa ārāme' ti anappakā no tasmiṃ samaye attamanatā hoti, anappakaṃ somanassaṃ 'āsanne no Bhagavā' ti.

> 존자시여, 저희는 '[세존께서] 꼬살라 사람들로부터 사왓티로 유행을 떠나실 것이다.'라고 세존에 대하여 들었습니다. 그때 저희에게 만족감이 생겼고 '세존께서 우리와 가까이에 계시겠구나.'라는 유쾌함이 들었습니다. 존자시여, 저희는 '[세존께서] 사왓티에 있는 제따숲의 아나타삔디까 승원에 머물고 계신다.'라고 세존에 대하여 들었습니다. 그때 저희에게 적지 않은 만족감이 생겼고 '세존께서 우리와 가까이에 계시구나.'라는 적지 않은 유쾌함이 들었습니다."

Tasmā ti ha thapatayo sambādho gharāvāso rajāpatho abbhokāso pabbajjā alañ ca pana vo thapatayo appamādāyā ti.

"그러므로 대신들이여, 재가 생활은 번잡하고 먼지투성이의 길이다. 출가 생활은 트인 곳이다.[37] 대신들이여, 그러나 그대들을 게으르다고 할 수는 없다."

Atthi kho no bhante etamhā sambādhā añño sambādho sambādhataro c'eva sambādhasaṃkhātataro cā ti?

"존자시여, 저희에게는 그러한 번잡함이 아닌 다른 번잡함이 있고, 심지어 더 번잡한 것, 더욱 더 번잡한 것이 있습니다."

Katamo pana vo thapatayo etamhā sambādhā añño sambādho sambādhataro c'eva sambādhasaṅkhātataro cā ti?

"그렇다면 무엇이 그대들에게 그러한 번잡함이 아닌 다른 번잡함이며, 심지어 더 번잡한 것, 더욱 더 번잡한 것인가?"

Idha mayaṃ bhante yadā rājā Pasenadi Kosalo uyyānabhūmiṃ gantukāmo hoti, ye te rañño Pasenadissa Kosalassa nāgā opavayhā te kappetvā yā tā rañño Pasenadissa Kosalassa pajāpatiyo piyā manāpā tāsaṃ ekaṃ purato ekaṃ pacchato nisīdāpema.

"여기, 존자시여, 꼬살라의 왕 빠세나디가 유원지에 가기를 원할 때, 저희는 꼬살라 왕 빠세나디를 태울만한 코끼리들을 준비시켜, 꼬살라 왕 빠세나디가 사랑하고 마음에 들어하는 궁녀들 중에서 한 명은 앞에 한

37) 주석서(229쪽)에 따르면, 출가생활은 아무것도 없고 방해받지 않으므로 트인 곳이다.

명은 뒤에 앉게 합니다.

Tāsaṃ kho pana bhante bhaginīnaṃ evarūpo gandho hoti, seyyathā pi nāma gandhakaraṇḍakassa tāva-d-eva vivariyamānassa, yathā taṃ rājārahena gandhena vibhūsitānaṃ. Tāsaṃ kho pana bhante bhaginīnaṃ evarūpo kāyasamphasso hoti, seyyathā pi [p.137] *nāma tūlapicuno vā kappāhapicuno vā, yathā taṃ rājakaññānaṃ sukhedhitānaṃ.*

존자시여, 그런데 그녀들의 모습과 향기는 왕에게 어울리는 향으로 치장되어 마치 향수가 든 상자가 막 열릴 때와 같습니다. 존자시여, 그녀들의 몸의 촉감은 마치 [137쪽] 왕실 여인들이 즐거움을 느끼는 목화솜이나 목화솜타래와 같습니다.

Tasmiṃ kho pana bhante samaye nāgo pi rakkhitabbo hoti, tā pi bhaginiyo rakkhitabbā hoti, attā pi rakkhitabbā hoti. Na kho pana mayaṃ bhante abhijānāma tāsu bhaginīsu pāpakaṃ cittaṃ uappādentā. Ayaṃ kho no bhante etamhā sambādhā añño sambādho sambādhataro c'eva sambādhasaṅghātataro cā ti.

존자시여, 그때 코끼리를 보호해야 합니다. 그 여인들도 보호해야 합니다. 자신도 보호해야 합니다.[38] 존자시여, 저희들은 그 여인들에 대해 악한 마음을 일으켜서는 안 된다는 것을 철저히 알아야 합니다. 존자시여, 이것이 그러한 번잡함이 아닌 다른 번잡함이며, 심지어 더 번잡한 것, 더욱 더 번잡한 것입니다."

38) 주석서(229쪽)에 따르면, 그들은 주인을 속이는 자로 비난받지 않기 위해 산만하게 굴지 않음으로써 그들 자신도 보호해야 한다.

Tasmā ti ha thapatayo sambādho gharāvāso rajāpatho, abbhokāso pabbajjā. Alañ ca pana vo thapatayo appamādāya. Catūhi kho thapatayo dhammehi samannāgato ariyasāvako sotāpanno hoti avinipātadhammo niyato sambodhiparāyaṇo.

"그러므로, 대신들이여, 재가 생활은 번잡하고 먼지투성이의 길이다. 출가 생활은 트인 곳이다. 대신들이여, 그러나 그대들을 게으르다고 할 수는 없다. 대신들이여, 네 가지 법을 갖춘 거룩한 제자는 험난한 곳으로 떨어지지 않는 자, 확정된 자, 깨달음을 향한 자, 흐름에 들어선 자이다.

Katamehi catūhi? Idha thapatayo sutavā ariyasāvako buddhe aveccappasādena samannāgato hoti: iti pi so Bhagavā arahaṃ / pe / Satthā devamanussānaṃ buddho Bhagavā ti, Dhamme … Saṅghe … vigatamalamaccherena cetasā agāraṃ ajjhāvasati, muttacāgo payatapāṇi vossaggarato yācayogo dānasaṃvibhāgarato.

어떤 네 가지를 [갖춤]인가?

여기에서, 대신들이여, 많이 배운 거룩한 제자는 붓다에 대하여 완전한 신심을 갖춘 자이다.: 이른바 그 분 세존께서는 아라한이시며 …[중략]… 천신과 인간의 스승, 붓다, 세존이시다. 법에 대하여 … 상가에 대하여 … [많이 배운 거룩한 제자는] 자유롭게 베푸는 자, 순수한 손을 가진 자,[39] 주는 것을 좋아하는 자, 탁발에 응하는 자, 보시와 나누는 것을 좋아하는 자로서,[40] 인색함의 때가 없는 마음으로 집에서 산다.[41]

39) 주석서(229쪽)에 따르면, 가진 것 모두를 보시하므로 순수한 손을 가진 사람이다.

40) 주석서(229쪽)에 따르면, 아주 적은 것을 얻고도 그것을 주고 나누기를 좋아하는 사람이다.

41) 이 책 502쪽에서 언급된 '네 가지 완전한 신심'(cattaro aveccapasāda, 四不壞淨)의 네번 째에 해당하는 계(sīla)가 여기에서는 베품(cāga)으로 대치된다. Aṅguttara

Imehi kho thapatayo catūhi dhammehi samannāgato ariyasāvako sotāpanno hoti avinipātadhammo niyato sambodhiparāyano.

대신들이여, 네 가지 법을 갖춘 거룩한 제자는 험난한 곳으로 떨어지지 않는 자, 확정된 자, 깨달음을 향한 자, 흐름에 들어선 자이다.

Tumhe kho thapatayo buddhe aveccappasādena samannāgatā iti pi so Bhagavā arahaṃ / pe / Satthā devamanussānaṃ buddho Bhagavā ti, Dhamme ⋯ Saṅghe ⋯ Yaṃ kho pana kiñci kule deyyadhammaṃ, sabbaṃ taṃ appaṭivibhattaṃ sīlavantehi kalyāṇadhammehi. Taṃ kiṃ maññatha thapatayo kati viya te Kosalesu manussā ye tumhākaṃ samasamā yad idaṃ dānasaṃvibhāgehī ti?
Lābhā no bhante suladdhaṃ no bhante yesaṃ no bhagavā evaṃ pajānātī ti.

Idaṃ vāsanābhāgiyaṃ suttaṃ. [p.138]

대신들이여, 그대들은 붓다에 대하여 완전한 믿음을 갖추었다.: 이른바 그 분 세존께서는 공양 받을만한 분, …[중략]… 천신과 인간의 스승, 붓다, 세존이시다. 법에 대하여 … 상가에 대하여 … 게다가 그대들은 집에서 줄 만한 것은 무엇이든, 그 모든 것을 착한 법을 지닌 자들, 계를 지키는 자들과 가리지 않고 나누었다.[42] 대신들이여, 이것을 어떻게 생각하는가? 꼬살라 사람들 중에서 얼마나 많은 사람들이 주고 나눔에 있어서 그대들과 같겠는가?"
"그것은 저희들이 갖춘 것입니다. 존자시여. 그것은 저희들이 잘 갖춘

Nikāya, 3권, 287쪽.

42) 주석서(229쪽)에 따르면, '이것은 우리 것이고 이것은 거룩한 분의 것이다'라고 나누지 않고, 모든 것을 주어야 할 것으로 결정하는 것을 말한다.

> 것입니다. 존자시여. 세존께서는 그처럼 저희들에 대하여 잘 아십니다.[43]

이것은 훈습에 관련된 경이다. [138쪽]

Ekapuppham pujitvāna sahassakappakoṭiyo
deve c'eva manusse ca sesena parinibbuto ti.

Idaṃ vāsanābhāgiyaṃ suttaṃ.

> 한 송이 꽃을 공양하고서
> 천 꼬티 겁 동안[44] 천신과 인간으로 [지내고,]
> 나머지 [과보로써] 완전한 열반을 얻었다.[45]

이것은 훈습에 관련된 경이다.

Assatthe haritobhāse saṃvirūḷhamhi pādape
ekaṃ buddhagataṃ saññaṃ alabhiṃ'haṃ patissato.
Ajja tiṃsaṃ tato kappā nābhijānāmi duggatiṃ
tisso vijjā sacchikatā tassā saññāya vāsanā ti.

Idaṃ vāsanābhāgiyaṃ suttaṃ.

> 초록으로 빛나는 다 자란 보리수 아래에서
> 사띠를 지닌 나는 깨달음에 이르는 하나의 지각을 얻었다.

43) Saṃyutta Nikāya, 5권, 348-352쪽.
44) 1꼬티(koṭi)는 10의 7제곱이 되는 수이다
45) Theragāthā, 게송 96 참조. 게송에는 parinibbuto가 nibbuto로 나온다

그로부터 삼십 겁이 지난 오늘까지 나쁜 곳을 알지 못했다.
세 가지 밝은 앎이 실현되고, 그 지각의 훈습이 있었기 때문이다.[46]

이것은 훈습에 관련된 경이다.

Piṇḍāya Kosalaṃ puraṃ pāvisi aggapuggalo
anukampako purebhattaṃ, taṇhānighātako muni.
Purisassa vaṭaṃsako hatthe sabbapupphehi'laṅkato
so addasāsi sambuddhaṃ bhikkhusaṅghapurakkhataṃ.

동정심이 많은 분이고 갈애를 제거하신 분이며 성인이신
최상의 사람께서 아침에 꼬살라 성으로 탁발하러 들어가셨다.
한 사람이 온갖 꽃으로 장식된 화환을 손에 들고 있었다.
그는 비구상가의 앞에 계시는 완전히 깨달은 분을 보았다.

Pavisantaṃ rājamagge, devamanusapūjitaṃ
haṭṭho cittaṃ pasādetvā sambuddham upasaṅkami.
So taṃ vaṭaṃsakaṃ surabhiṃ, vaṇṇavantaṃ manoramaṃ
Sambuddhass' upanāmesi pasanno sehi pāṇibhi.

천신과 인간의 공양을 받으며 왕의 길로 들어서는
완전히 깨달은 분께 기뻐하며 마음에 신심을 지니고 다가갔다.
향기롭고 빛깔 곱고 마음에 드는 그 화환을
그는 신심을 다해 자신의 손으로 완전히 깨달은 분께 드렸다.

Tato aggisikhā vaṇṇā buddhassa lapanantarā
sahassaraṃsi vijjuri va okkā nikkhami ānanā.

46) Theragāthā, 게송 217-218 참조.

Padakkhiṇaṃ karitvāna, sīse ādiccabandhuno
tikkhattuṃ parivaṭṭetvā muddhan antaradhāyatha.

그때 불꽃 색깔을 지닌 것이 붓다의 입술사이로 [나왔는데]
마치 천개의 번개 빛이 입에서 나오는 것 같았다.
그것은 태양 부족의 머리 오른쪽으로
세 번 돌고는 머리 정수리로 사라졌다.

Idaṃ disvān acchariyaṃ, abbhutaṃ lomahaṃsanaṃ
ekaṃsaṃ cīvaraṃ katvā Ānando etad abravi:
Ko hetu sitakammāya byākarohi mahāmune,
dhammā loko bhavissati, kaṅkhā vitara no mune.
Yassa taṃ sabbadhammesu sadā ñāṇaṃ pavattati [p.139]
kaṅkhavematikaṃ theraṃ Ānandaṃ etad abravi:

놀랍고 예전에 없었으며 털이 곤두서는 이것을 보고
아난다는 한 쪽 어깨에 가사를 가지런히 걸치고 이렇게 말했다.
"무슨 까닭에 미소를 지으십니까? 대답해 주소서, 위대한 성인이시여.
성인이시여, 저희의 의심을 풀어주시면 법이 빛날 것입니다.[47]
모든 법에 대해 저의 앎은 항상 나아갈 것입니다." [139쪽]
의심하고 의아해하는 아난다 존자에게 [붓다는] 이렇게 답하셨다:

Yo so Ānanda puriso mayi cittaṃ pasādayi
caturāsītikappāni duggatiṃ na gamissati.
Devesu devasobhaggaṃ, dibbaṃ rajjaṃ pasāsiya

47) '법이 빛날 것입니다.'에 해당하는 빠알리 표기인 'dhammā loko bhavissati'는 'dhammassa āloko bhavissati'로 풀었다.(Bhikkhu Ñāṇamoli, The Guide, 186쪽, 각주 794/1 참조)

manujesu manujindo rājā raṭṭhe bhavissati.

"아난다여, 나에 대해 마음의 신심을 지닌 그 사람은
팔십사 겁 동안 나쁜 곳에 가지 않을 것이다.
천신 중에서 우아한 천신으로 신성한 왕국을 다스리고 나서
사람 중에서 사람들의 통치자로 국가의 왕이 될 것이다.

So carimaṃ pabbajitvā sacchikatvāna dhammataṃ
paccekabuddho dhūtarāgo Vaṭaṃsako nāma bhavissati.
N'atthi citte pasannamhi appakā nāma dakkhiṇā
Tathāgate vā sambuddhe atha vā tassa sāvake.

마지막에는 출가하여 법성을 실현하고
혼자서 깨달은 자, 탐냄을 떨쳐버린 자, 화관을 쓴 자가 될 것이다.
마음에 신심을 다할 때 보잘 것 없는 공양이란 없다.
여래에 대해 또는 완전히 깨달은 분에 대해 또는 그 분의 제자에 대해.

Evaṃ acintiyā buddhā buddhadhammā acintiyā
acintiye pasannānaṃ vipāko hoti acintiyo ti.

Idaṃ vāsanābhāgiyaṃ suttaṃ.

이와 같이 붓다들은 사유로 알 수 없고
붓다들의 법은 사유로 알 수 없다.
사유로 알 수 없는 것에 대한 신심에는 사유로 알 수 없는 과보가 있다.

이것은 훈습에 관련된 경이다.

Idhāhaṃ bhikkhave ekaccaṃ puggalaṃ evaṃ cetasā ceto paricca buddhacakkhuna evaṃ pajānāmi, yathā kho ayaṃ puggalo iriyati yañ ca paṭipadaṃ paṭipanno yañ ca maggaṃ samārūḷho, imasmiṃ cāyaṃ samaye kālaṃ kareyya yathābhataṃ nikkhitto evaṃ sagge. Taṃ kissa hetu? Cittaṃ hi'ssa bhikkhave pasāditaṃ, cittappasādahetu ca pana evam idh'ekacco kāyassa bhedā parammaraṇā sugatiṃ saggaṃ lokaṃ upapajjeyyā ti.

비구들이여, 여기에서 나는 마음으로 마음을 이해하고서 깨달은 이의 눈으로 [신심을 다한 마음을 지닌][48] 어떤 사람에 대해 이와 같이 잘 안다. 행한 방법에 따라 그리고 들어선 길에 따라 이 사람이 행동하듯이, 그가 이 때 죽음을 맞이한다면 마치 [그를 데려와서] 놓은 것처럼 그렇게 천상에 놓여질 것임을 [잘 안다.]
무슨 까닭인가? 비구들이여, 마음이 신심을 지녔기 때문이다. 마음의 신심 때문에 이와 같이 여기 한 사람은 몸이 무너져 죽은 후에 좋은 곳, 천상의 세간에 태어날 것이다."

Etam atthaṃ bhagavā avoca, tatth'etaṃ iti vuccati:
Pasannacittaṃ ñatvāna, ekaccaṃ idha puggalaṃ
etam atthaṃ viyākāsi, Satthā bhikkhūna santike:
Imasmiñ cāyaṃ samaye, kālaṃ kiriyātha puggalo
saggasmiṃ upapajjeyya, cittaṃ h'issa pasāditaṃ.
Cittapasādahetu hi, sattā gacchanti suggatiṃ
yathābhataṃ nikkhipeyya, evam evaṃ tathāvidho
kāyassa bhedā sappañño, saggaṃ so upapajjatī ti.
Ayam pi attho vutto Bhagavatā iti me sutan ti.

48) PTS 본에는 '신심을 다한 마음'에 해당하는 빠알리 구문인 pasannacittaṃ'이 없지만, CHS 본에는 표기되어 있다.

세존께서 그러한 의미를 말씀하셨고, 그와 관련하여 이렇게 설해진다.
"여기 어떤 사람의 신심을 다한 마음을 아시고서
스승께서 가까이 있는 비구들에게 이런 의미를 설명하셨다.
이 때 만약 이 사람이 죽음을 맞이한다면
그는 천상에 태어날 것이다. 마음이 신심을 지녔기 때문이다.
마음의 신심 때문에 중생들은 좋은 곳에 간다.
이런 부류의 사람은 마치 [그를 데려와서] 놓은 것처럼 그렇게 [거기에]
놓여질 것이다.
반야를 지닌 자는 몸이 부서진 후 천상에 태어난다."
세존께서 이러한 의미를 말씀하셨다고 나는 들었다.49)

Idaṃ vāsanābhāgiyaṃ suttaṃ. [p.140]
이것은 훈습에 관련된 경이다. [140쪽]

Suvaṇṇacchadanaṃ nāvaṃ nāri āruyha tiṭṭhasi
ogāhase pokkharaṇiṃ padmaṃ chindasi pāṇinā.

여인이 금으로 된 차양의 배를 타고 있었다.
그녀는 연못에 들어가 손으로 연꽃을 꺾었다.50)

Kena te tādiso vaṇṇo, ānubhāvo jutī ca te
uppajjanti ca te bhogā, ye keci manas'icchitā
pucchitā devate saṃsa, kissa kammass'idaṃ phalaṃ?

"무슨 까닭에 그대에게 그와 같은 아름다움과 장엄함과 빛이 생기는가?

49) Itivuttaka. 12쪽; 이 책 492-493쪽 참조.
50) Vimānavatthu, 4쪽.

그리고 그대의 정신으로 바라는 것은 모두 갖게 되는가?
여신이여, 질문에 답하시오, 이것은 어떤 업의 결과인가?"

Sā devatā attamanā, devarājena pucchitā
pañhaṃ puṭṭhā viyākāsi, Sakkassa iti me sutaṃ:

신들의 왕은 기쁨에 찬 여신에게 물었다.
질문을 받고 [여신은] 삭까[51]에게 대답했고, [그것을] 나는 이렇게 들었다.[52]

Addhānapaṭipannāhaṃ disvā thūpaṃ manoramaṃ
tattha cittaṃ pasādesi Kassapassa yasassino
padmapupphehi pūjesi pasannā sehi pāṇihi.
Tass'eva kammassa phalaṃ vipāko,
etādisaṃ katapuññā labhantī ti.

Idaṃ vāsanābhāgiyaṃ suttaṃ.

"나는 여행을 하면서 정신의 기쁨을 주는 탑을 보고,
거기에서 명성을 지닌 깟사빠[53] [붓다에 대해] 마음으로 신심을 지녔다.
나는 신심을 다해 내 손으로 그에게 연꽃을 공양올렸다."
업에는 결과로서의 과보가 있다.
[이전에] 행한 복덕이 있는 이들은 그와 같은 것을 얻는다.

---

51) 삭까(Sakka)는 신들의 왕(devānaṃ indo)이다. DPPN, 2권, 957쪽 참조.
52) 주석서(230쪽)에 따르면, '나는 이렇게 들었다'란 '여신이 삭까에게 대답한 것을 나도 그렇게 들었다.'라고 '마하목갈라나 존자가 자신이 들은 대로 세존께 말씀드렸다.'는 의미이다
53) 깟사빠(Kassapa)는 과거 일곱 붓다 중의 한 분이며, 다른 이름은 '열 가지 힘을 가진 깟싸빠(Kassapa Dasabala)이다. DPPN, 1권, 544쪽 참조.

이것은 훈습에 관련된 경이다.

Dānakathā sīlakathā saggakathā puññakathā puññavipākakathā ti.

Idaṃ vāsanābhāgiyaṃ suttaṃ.

> 보시에 대한 이야기, 계에 대한 이야기, 천상에 대한 이야기,[54] 복덕에 대한 이야기, 복덕의 과보에 대한 이야기가 있다.

이것은 훈습에 관련된 경이다.

Api cāpi paṃsuthūpesu uddissakatesu dasabaladharānaṃ tattha pi kāraṃ katvā saggesu narā pamodentī ti.

Idaṃ vāsanābhāgiyaṃ suttaṃ.

> 또한 열 가지 힘을 가진 분에게 봉헌하기 위해 흙으로 된 탑을 만들 때, 거기에서 일한 사람들도 천상에서 기쁨을 누린다.

이것은 훈습에 관련된 경이다.

Devaputtasarīravaṇṇā sabbe subhagasaṇṭhiti
udakena paṃsuṃ temetvā thūpaṃ vaḍḍhetha Kassapaṃ.
Ayaṃ sugatte sugatassa thūpo
mahesino dasabaladhammadhārino
yasmiṃ ime devamanujā pasannā

54) Majjhima Nikāya, 1권, 379쪽.

kāraṃ karonto jarāmaraṇā pamuccare ti.

Idaṃ vāsanābhāgiyaṃ suttaṃ.

> 신의 아들 같은 몸과 용모를 지닌, 모든 행운을 갖춘 사람들이
> 물로 흙을 적셔서 깟사빠 탑을 세웠다.
> "이것은 잘 가신 분께 올리는, 잘 가신 분을 위한 탑이다.
> 열 가지 힘의 법을 지닌 위대한 성인을 위한 [탑이다.]
> 그곳에서 신심을 다해 일했던 천신과 인간들은
> 노쇠와 죽음으로부터 벗어난다."

이것은 훈습에 관련된 경이다.

Uḷāraṃ vata taṃ āsi yāhaṃ thūpaṃ mahesino [p.141]
uppalāni ca cattāri mālañ ca abhiropayi.
Ajja tiṃsa tato kappā nābhijānāmi duggatiṃ
vinipātaṃ na gacchāmi thūpaṃ pūjetvā Satthuno ti.

Idaṃ vāsanābhāgiyaṃ suttaṃ.

> 이것은 실로 뛰어난 가피이다.
> 나는 위대한 성인의 탑에 [141쪽] 네 송이 꽃과 화환으로 경의를 표했다.
> 스승의 탑에 공양을 올린 후, 그로부터 삼십 겁이 지난 오늘까지
> 나는 나쁜 곳을 알지 못하고 험난한 곳에 떨어지지 않았다.

이것은 훈습에 관련된 경이다.

Bāttiṃsalakkhaṇadharassa vijitavijayassa lokanāthassa satasaha-

ssa kappe mudito thūpaṃ apūjesi. Yaṃ mayā pasutaṃ puññaṃ tena ca puññena devasobhaggaṃ rajjāni ca kāritāni anāgantuna vinipātaṃ. Yaṃ cakkhuṃ adantadamakassa sāsane paṇihitaṃ, tathā cittaṃ, taṃ me sabbaṃ laddhaṃ, vimuttacitt'amhi vidhūtalatā ti.

Idaṃ vāsanābhāgiyaṃ suttaṃ.

> 십만 겁 동안 기쁨을 누린 자로서 나는 서른 두 가지 특징을 갖춘 분이고 정복하여 승리한 분이며 세간의 수호자인 분의 탑에 공양을 올렸다. 내가 쌓은 그 복덕 때문에 천신의 아름다움을 지니고 왕위를 누리며 험난한 곳에 떨어지지 않았다. 길들여 지지 않은 것을 길들이는 분의 눈은 가르침으로 향해 있다. 마음이 바라는 대로 나는 모든 것을 얻었다. 마음은 해탈하였고 넝쿨은 제거되었다.

이것은 훈습에 관련된 경이다.

Sāmākapatthodanamattam eva hi
paccekabuddhasmiṃ adāsi dakkhiṇaṃ
vimuttacitte akhile anāsave
araṇavihārimhi asaṅgamānase.

> 단지 좁쌀 한 발우[55] 만큼의 밥이지만
> 홀로 깨달은 분께 공양을 올렸다.
> 그 분은 마음이 해탈한, [마음의] 황무지가 없는,[56] 번뇌 없는,

55) PTS 본에는 '좁쌀 한 발우(sāmākapatta)'로, CHS 본에는 '좁쌀 한 빳타(sāmākapattha)'로 표기되어 있다. 빳타(pattha)는 양을 측량하는 단위이다. 주석서(231쪽)의 표기는 CHS 본의 표기와 같다.

56) 마음의 황무지(cetokhila)란 마음의 경직, 시무룩함, 무거움을 가리킨다(Papañ-

다툼 없이 머무는, 끄달림(染着) 없는 정신을 지닌 분이다.

Tasmiñ ca okappayi dhammamuttamaṃ
tasmiñ ca dhamme paṇidhesi mānasaṃ:
evaṃ vihārīhi me saṅgamo siyā
bhave kudassu pi ca mā apekkhavā.

그 때 최상의 법을 신뢰하게 되었다.
또한 그때 법에 정신을 집중하였다.:
"이와 같이 머무는 분들과 나의 만남이 있기를.
결코 존재에 대한 기대를 갖지 않기를."

Tass'eva kammassa vipākato ahaṃ
sahassakkhattuṃ Kurusūpapajjatha
dīghāyukesu amamesu pāṇisu
visesagāmīsu ahīnagāmisu.

그 업의 과보로 나는
천 번을 꾸루에 태어났다.
[그곳은] 오랜 수명을 가진 자, 내것을 갖지 않는 생명을 지닌 자,
탁월한 곳으로 가는 자, 열등하지 않은 곳으로 가는 자가 [있는 곳이다.]

Tass'eva kammassa vipākato ahaṃ
sahassakkhattuṃ tidasopapajjatha
vicitramālābharaṇānulepisu

casūdani, 2권, 68쪽을 전재성, 맛지마 니까야, 1권, 147쪽에서 재인용). 마음의 황무지는 다섯 종류이다. 즉 붓다 · 법 · 상가 · 수행에 대한 의심이라는 네 가지와 고귀한 생활을 함께 닦는 도반과의 관계 때문에 열심히 정진하지 못하는 것이다. Majjhima Nikāya, I권, 101쪽.

visiṭṭhakāyūpagato yasassisu.

그 업의 과보로 나는
천 번을 삼십 삼천의 천신으로 태어났다.
여러가지 색깔의 화환과 장식과 기름을 바른 명성을 지닌 자들 중에서
훌륭한 몸을 지닌 자로 [태어났다.]

Tass'eva kammassa vipākato ahaṃ
vimuttacitto akhilo anāsavo
imehi me antimadehadhāribhi [p.142]
samāgamo āsi hitāhitāsihi.

그 업의 과보로 나는
마음이 해탈한 자, [마음의] 황무지가 없는 자, 번뇌 없는 자가 되었다.
마지막 몸을 지닌 분들, [142쪽] 이익과 불이익을 초월한[57] 분들과
나의 만남이 있었다.

Paccakkhaṃ khvimaṃ avaca Tathāgato [jino]
samijjhate sīlavato yad icchati
yathā yathā me manasā vicintitaṃ
tathā samiddhaṃ, ayam antimo bhavo ti.

Idaṃ vāsanābhāgiyaṃ suttaṃ.

승리자이신 여래께서 이것을 분명하게 말씀하셨다.
계를 지닌 자는 바라는 것을 이룬다.
나의 정신으로 사유한 것마다

57) 주석서(231쪽)는 이를 '옳음과 옳지 않음을 초월한(kusalākusale vītavattehi)'으로 설명한다.

그대로 이룬다. 이것은 마지막 존재이다.

이것은 훈습에 관련된 경이다.

Ekatiṃsamhi kappamhi jino anejo
anantadassī Bhagavā Sikhī ti
tassāpi rājā bhātā Sikhaṇḍī
buddhe ca dhamme ca abhippasanno,
Parinibbute lokavināyakamhi
thūpaṃ s'akāsi vipulaṃ mahantaṃ
samantato gāvutikaṃ mahesino
devātidevassa naruttamassa.

삼십일 겁 동안 승리자였으며 욕망이 없는,
무한하게 볼 수 있는 능력을 지닌 '시키'라는 세존이 계셨다.
그에게는 형제 '시칸디'라는 왕이 있었다.
그는 붓다와 법에 대해 깊은 신심을 지닌 [왕]이었다.
세간의 지도자가 완전한 열반에 들었을 때
그는 둘레가 가부따인[58] 크고 훌륭한 탑을 만들었다.
위대한 성인을 위해, 천신을 넘어서는 천신을 위해, 최상의 인간을 위해.

Tasmiṃ manusso balim ābhihāri
paggayha jātīsu manaṃ pahaṭṭho
vātena pupphaṃ patitassa ekaṃ
tāhaṃ gahetvāna tass'ev'adāsi.
So maṃ avocābhipasannacitto:

58) 가부따(Gāvuta)는 3~4km에 달하는 길이의 단위이다.

tuyham eva etaṃ pupphaṃ dadāmi
tāhaṃ gahetvā abhiropayesi
punappunaṃ buddham anussaranto.

그곳에 한 사람이 공양물을 가져왔다.
그가 기쁨에 젖어 재스민을 올린 후
한 송이 꽃이 바람에 떨어졌다.
나는 그것을 집어 그에게 주었다.
신심이 깊은 마음을 지닌 그는 나에게 말했다.
"이 꽃을 당신에게 드립니다."
나는 그것을 받아 [붓다께] 경의를 표했다.
붓다를 거듭거듭 기억하면서.

Ajja tiṃsaṃ tato kappā nābhijānāmi duggatiṃ
vinipātañ ca na gacchāmi, thūpapūjāy'idaṃ phalan ti.

Idaṃ vāsanābhāgiyaṃ suttaṃ.

그러고 나서 삼십 겁이 지난 오늘까지 나는 나쁜 곳을 알지 못했다.
그리고 험난한 곳에 떨어지지 않았다.
이것은 탑에 공양을 올린 결실이다.

이것은 훈습에 관련된 경이다.

Kapilaṃ nāma nagaraṃ suvibhattaṃ mahāpathaṃ
ākiṇṇam iddhaṃ phītañ ca Brahmadattassa rājino.
Kummāsaṃ vikkiṇiṃ tattha Pañcālānaṃ puruttame [p.143]
so'haṃ addasi sambuddhaṃ upariṭṭhaṃ yasassiṇaṃ.

브라흐마닷따 왕에게는 잘 정리된 큰 길이 나있는,
붐비며 풍요롭고 부유한 '까삘라'라는 이름의 성이 있었다.
거기 빤짤라의 첫 번째 마을에서 나는 꿈마사[59]를 팔았다. [143쪽]
나는 최고의 명성을 지닌 완전히 깨달은 분을 보았다.

Haṭṭho cittaṃ pasādetvā nimantesi naruttamaṃ
Ariṭṭhaṃ dhuvabhattena yaṃ me gehasmiṃ vijjatha.
Tato ca kattiko puṇṇo puṇṇamāsi upaṭṭhitā
navaṃ dussayugaṃ gayha Ariṭṭhassopanāmayi.

기뻐하며 마음에 신심을 지니고 최상의 그 분을 초대하였다.
나의 집에서 아릿타[60]께 규칙적으로 음식을 공양올렸다.[61]
그러고 나서 깟띠까[62]의 하순에 보름달이 떠 올랐을 때
아홉 벌의 옷을 가져가 아릿타께 드렸다.

Pasannacittaṃ ñatvāna paṭigganhi naruttamo
anukampako kāruṇiko taṇhānighātano muni.
Tāhaṃ kammaṃ karitvāna kalyāṇaṃ buddhavaṇṇitaṃ
deve c'eva manusse ca sandhāvitvā tato cuto

신심을 다한 마음을 아시고 최상의 사람이신 그분은 [그것을] 받았다.

59) 꿈마사(Kummāsa)는 곡식 또는 곡식으로 만든 것(DOP, 1권, 714쪽), 유제품, 커드(PED), 빵(Bhikkhu Ñāṇamoli, The Guide, 190쪽)으로 번역된다.
60) 주석서(231쪽)에 따르면, 아릿타(Ariṭṭha)는 홀로 깨달은 이(paccekasambuddha)의 이름이다.
61) 규칙적인 음식 공양(Dhuvabhatta)이란 한 집에서 일정 기간 스님들에게 공양을 올리는 것이다. 이 전통은 아직도 남방불교권에 남아 있다.
62) 깟띠까(kattika)는 음력 10월부터 11월에 있는 우기의 마지막 달을 말한다(PED, 183쪽 참조). 남방 불교권에서는 이 시기에 스님들에게 법복을 공양하는 성대한 의식이 열린다.

그분은 동정심이 많은 분, 갈애를 제거하신 분, 성인이시다.
나는 붓다를 찬탄하는 착한 행위를 한 뒤
천신과 인간으로 유전하다가 거기에서 사라졌다.

Bārāṇasiyaṃ nagare seṭṭhissa ekaputtako
aḍḍhe kulasmiṃ uppajji pāṇehi ca piyataro.
Tato ca viññutaṃ patto devaputtena codito
Pāsādā oruhitvāna sambuddham upasaṅkami.

그리고 바라나시 성의 부유한 집안에서
어떤 생명들보다 사랑스러운 한 장자의 외아들로 태어났다.
그 후 사리분별의 시기가 되었을 때 신의 아들로부터 자극을 받았다.
나는 집에서 나와 완전히 깨달은 분께 갔다.

So me dhammam adesayi anukampāya Gotamo
dukkhaṃ dukkhasamuppādaṃ dukkhassa ca atikkamaṃ.
Ariyaṃ'ṭṭhaṅgikaṃ maggaṃ dukkhūpasamagāminaṃ
cattāri ariyasaccāni munidhammam adesayi.

그 분 고따마는 측은히 여겨 나에게 법을 드러내셨다.
괴로움과, 괴로움의 일어남과, 괴로움의 극복과,
괴로움의 평온으로 가는 팔정도,
성인의 법인 사성제를 드러내셨다.

Tassāhaṃ vacanaṃ sutvā vihariṃ sāsane rato
samathaṃ paṭivijjhāhaṃ rattindivam atandito
Ajjhattañ ca bahiddhā ca ye me vijjiṃsu āsavā
sabbe āsuṃ samucchinnā na ca uppajjare puna.

Pariyantakataṃ dukkhaṃ carimo yaṃ samussayo
jātimaraṇasaṃsāro n'atthi dāni punabbhavo ti.

Idaṃ vāsanābhāgiyaṃ suttaṃ.

> 나는 그 분의 말씀을 들은 뒤 기쁘게 가르침에 머물렀다.
> 나는 사마타와 통찰을 밤낮으로 부지런히 하였다.
> 안과 밖[63]으로 나에게 있었던 번뇌들,
> 모든 것이 근절되어 다시는 일어나지 않았다.
> 괴로움은 완전히 끝났고, 최후의 몸이 되었다.
> 태어남과 죽음의 윤회, 다시는 이러한 존재는 없다.

이것은 훈습에 관련된 경이다.

3) 통찰에 관련된 경

Tattha katamaṃ nibbedhabhāgiyaṃ suttaṃ?

그 [열여섯 가지 가르침의 유형] 중에서 통찰에 관련된 경이란 어떤 것인가?

Uddhaṃ adho sabbadhi vippamutto
ayaṃ ahasmī ti anānupassī
evaṃ vimutto udatāri oghaṃ
atiṇṇapubbaṃ apunabbhavāyā ti.

63) 주석서(231쪽)에 따르면, 안과 밖이란 안의 고유영역(ajjhattavisaya)과 밖의 고유영역(bahiddhavisaya)을 말한다. 전자는 눈, 귀, 코, 혀, 몸, 정신을, 후자는 물질현상, 소리, 냄새, 맛, 감촉, 법을 가리킨다.

위에, 아래에, 모든 곳에 자유로운 자,
'이것은 나다'라고 '따라가며 봄'이 없는 자,
이와 같이 해탈한 자는 다음 존재를 갖지 않기 위해
이전에 건너보지 못한 거센 물을 건넜다.64)

Idaṃ nibbedhabhāgiyaṃ suttaṃ. [p.144]

이것은 통찰에 관련된 경이다. [144쪽]

Sīlavato Ānanda na cetanā karaṇīyā 'kinti me avippaṭisāro jāyeyyā' ti. Dhammatā esā Ānanda, yaṃ sīlavato avippaṭisāro jāyeyya.

아난다여, 계를 지키는 자는 '어떻게 해야 나에게 후회 없음이 생길 수 있을까?'라는 의도를 짓지 않아도 된다.65) 아난다여, 계를 지키는 자에게 후회 없음이 생기는 것, 이것은 법성(法性)이다.

Avippaṭisārino Ānanda na cetanā karaṇīyā 'kinti me pāmojjaṃ jāyeyyā' ti. Dhammatā esā Ānanda, yaṃ avippaṭisārino pāmojjaṃ jāyeyya.

아난다여, 후회 없는 자는 '어떻게 해야 나에게 행복이 생길 수 있을까?'라는 의도를 짓지 않아도 된다. 아난다여, 후회 없는 자에게 행복이 생기는 것, 이것은 법성이다.

64) Udāna, 74쪽; 이 책 248쪽.
65) 주석서(232쪽)에 따르면, 그러한 마음을 일으키지 않아도(na cittaṃ uppādetabbaṃ) 조건을 갖추었기 때문에 생겨난다. 본문에서 나열되는 것처럼 계를 지키는 자에게 후회없음이 생기고, 이것을 조건으로 해탈지견의 생겨남까지 이어지는 과정에 대해서는 Aṅguttara Nikāya, 5권, 1쪽 참조.

Pamuditena Ānanda na cetanā karaṇīyā 'kinti me pīti jāyeyyā' ti. Dhammatā esā Ānanda, yaṃ pamuditassa pīti jāyeyya.

아난다여, 행복한 자는 '어떻게 해야 나에게 희열이 생길 수 있을까?'라는 의도를 짓지 않아도 된다. 아난다여, 행복한 자에게 희열이 생기는 것, 이것은 법성이다.

Pītimanassa Ānanda na cetanā karaṇīyā 'kinti me kāyo passambheyyā' ti. Dhammatā esā Ānanda, yaṃ pītimanassa kāyo passambheyya.

아난다여, 희열을 지닌 자는 '어떻게 해야 나의 몸이 홀가분해질 수 있을까?'라는 의도를 짓지 않아도 된다. 아난다여, 희열을 지닌 자의 몸이 홀가분해지는 것, 이것은 법성이다.

Passaddhakāyassa Ānanda, na cetanā karaṇīyā 'kintāhaṃ sukhaṃ vediyeyyan' ti. Dhammatā esā Ānanda, yaṃ passaddhakāyo sukhaṃ vediyeyya.

아난다여, 홀가분한 몸(身輕安)을 지닌 자는 '어떻게 해야 내가 즐거움을 느낄 수 있을까?'라는 의도를 짓지 않아도 된다. 아난다여, 홀가분한 몸을 지닌 자가 즐거움을 느끼는 것, 이것은 법성이다.

Sukhino Ānanda na cetanā karaṇīyā 'kinti me samādhi jāyeyyā' ti. Dhammatā esā Ānanda, yaṃ sukhino samādhi jāyeyya.

아난다여, 즐거운 자는 '어떻게 해야 나에게 삼매가 생길 수 있을까?'라는 의도를 짓지 않아도 된다. 아난다여, 즐거운 자에게 삼매가 생기는 것, 이것은 법성이다.

Samāhitassa Ānanda na cetanā karaṇīyā 'kintāhaṃ yathābhūtaṃ pajāneyyan' ti. Dhammatā esā Ānanda, yaṃ samāhito yathābhūtaṃ pajāneyya.

아난다여, 삼매에 든 자는 '어떻게 해야 내가 있는 그대로 잘 알 수 있을까?'라는 의도를 짓지 않아도 된다. 아난다여, 삼매에 든 자가 있는 그대로 잘 아는 것, 이것은 법성이다.

Yathābhūtaṃ pajānatā Ānanda na cetanā karaṇīyā 'kinti me nibbidā jāyeyyā' ti. Dhammatā esā Ānanda, yaṃ yathābhūtaṃ pajānanto nibbindeyya.

아난다여, 있는 그대로 잘 아는 자는 '어떻게 해야 나에게 싫어하여 떠남이 생길 수 있을까?'라는 의도를 짓지 않아도 된다. 아난다여, 있는 그대로 잘 아는 자가 싫어하여 떠나게 되는 것, 이것은 법성이다.

Nibbindantena Ānanda na cetanā karaṇīyā 'kinti me virāgo jāyeyyā' ti. Dhammatā esā Ānanda, yaṃ nibbindanto virajjeyya.

아난다여, 싫어하여 떠나는 자는 '어떻게 해야 나에게 탐냄의 여읨이 생길 수 있을까?'라는 의도를 짓지 않아도 된다. 아난다여, 싫어하여 떠나는 자가 탐냄을 여의는 것, 이것은 법성이다.

Virajjantena Ānanda na cetanā karaṇīyā 'kinti me vimutti jāyeyyā' ti. Dhammatā esā Ānanda, yaṃ virajjanto vimucceyya.

아난다여, 탐냄을 여읜 자는 '어떻게 해야 나에게 해탈이 생길 수 있을까?'라는 의도를 짓지 않아도 된다. 아난다여, 탐냄을 여읜 자가 해탈하는 것, 이것은 법성이다.

Vimuttena Ānanda na cetanā karaṇīyā 'kinti me vimuttiñāṇadassanaṃ uppajjeyyā' ti. Dhammatā esā Ānanda, yaṃ vimuttassa vimuttiñāṇadassanaṃ uppajjeyyā ti.

Idaṃ nibbedhabhāgiyaṃ suttaṃ. [p.145]

> 아난다여, 해탈한 자는 '어떻게 해야 나에게 해탈지견이 생길 수 있을까?'라는 의도를 짓지 않아도 된다. 아난다여, 해탈한 자에게 해탈지견이 생기는 것, 이것은 법성이다.[66]

이것은 통찰에 관련된 경이다. [145쪽]

Yadā have pātubhavanti dhammā
ātāpino jhāyato brāhmaṇassa
ath'assa kaṅkhā vapayanti sabbā
yato pajānāti sahetudhamman ti.

Idaṃ nibbedhabhāgiyaṃ suttaṃ.

> 열심히 선정수행하는 바라문[67]에게 법이 명백해질 때
> 그의 모든 의심은 사라진다. 원인을 지닌 법을 잘 알기 때문에.[68]

이것은 통찰에 관련된 경이다.

Yadā have pātubhavanti dhammā

66) Aṅguttara, 5권, 2쪽, 3쪽.
67) 주석서(232쪽)에 따르면, 이 바라문은 악함을 멀리하고 번뇌를 그친 자이다.
68) Vinaya 1권, 2쪽; Udāna, 1쪽.

ātāpino jhāyato brāhmaṇassa
ath'assa kaṅkhā vapayanti sabbā
yato khayaṃ paccayānaṃ avedī ti.

Idaṃ nibbedhabhāgiyaṃ suttaṃ.

> 열심히 선정수행하는 바라문에게 법이 명백해질 때
> 그의 모든 의심은 사라진다. 조건의 그침을 알았기 때문에.[69)]

이것은 통찰에 관련된 경이다.

Kin nu kujjhasi mā kujjhi
akkodho Tissa te varaṃ
kodhamānamakkhavinayatthaṃ hi
Tissa brahmacariyaṃ vussatī ti.

Idaṃ nibbedhabhāgiyaṃ suttaṃ.

> 왜 성을 내는가? 성내지 말라.
> 띳사여, 성내지 않음을 그대의 맹세로 하라.
> 그러면 분노, 자만, 위선을 없애고
> 띳사여, 고귀한 삶을 살게 된다.[70)]

이것은 통찰에 관련된 경이다.

69) Vinaya, 1권, 2쪽; Udāna, 1쪽.
70) Samyutta Nikāya, 2권, 282쪽.

Kadāhaṃ Nandaṃ passeyyaṃ āraññaṃ paṃsukūlikaṃ
aññātuñchena yāpentaṃ kāmesu anapekkhinan ti.

Idaṃ nibbedhabhāgiyaṃ suttaṃ.

> 언제 누더기 옷을 입은 난다를 숲에서 볼 수 있을까?
> 가리지 않는 걸식[71]으로 연명하며 감각적 욕망을 바라지 않는 그를.[72]

이것은 통찰에 관련된 경이다.

Kiṃ su jhitvā sukhaṃ seti kiṃ su jhitvā na socati
kiss'assa ekadhammassa vadhaṃ rocesi Gotamā ti?

> 무엇을 없애고서[73] 즐거워하는가? 무엇을 없애고서 슬퍼하지 않는가?
> 고따마여, [당신은] 어떤 법의 파괴를 기뻐하는가?

Kodhaṃ jhitvā sukhaṃ seti kodhaṃ jhitvā na socati
kodhassa visamūlassa madhuraggassa brāhmaṇa
vadhaṃ ariyā pasaṃsanti taṃ hi jhivā na socatī ti.

Idaṃ nibbedhabhāgiyaṃ suttaṃ.

> 분노를 없애고서 즐거워한다.[74] 분노를 없애고서 슬퍼하지 않는다.

71) 주석서(233쪽)에 따르면, 부유한 집을 정해놓고 좋은 음식물을 얻는 걸식을 '알고 하는 걸식(ñātuñchana),' 즉 '가리는 걸식'이라 하는 반면, 집이 있는 순서대로 음식물을 얻어 연명하는 걸식을 '모르고 하는 걸식(aññātuñchana),' 즉 '가리지 않는 걸식'이라 한다.

72) Samyutta Nikāya, 2권, 281쪽.

73) '없애고'의 PTS 본의 표기 Jhitvā는 jhatvā의 잘못된 표기이다. CHS 본은 chetvā로 되어 있으며 주석서(233쪽)의 표기도 CHS 본과 같다.

> 바라문이여, 독을 뿌리로 하고 달콤함을 절정으로 하는[75] 분노,
> 그것의 파괴를 거룩한 이들은 칭찬한다.
> 그것을 없애고서 슬퍼하지 않는다.[76]

이것은 통찰에 관련된 경이다.

Kiṃ su hane uppaṭitaṃ kiṃ su jātaṃ vinodaye
kiñ c'assu pajahe dhīro kissābhisamayo sukho? [p.146]

> 치솟은 무엇을 죽여야 하는가? 생겨난 무엇을 쫓아내야 하는가?
> 현자는 무엇을 버려야 하는가? 무엇을 증득하는 것이 즐거움인가?
> [146쪽]

Kodhaṃ hane uppaṭitaṃ rāgaṃ jātaṃ vinodaye
avijjaṃ pajahe dhīro saccābhisamayo sukho ti.

Idaṃ nibbedhabhāgiyaṃ suttaṃ.

> 치솟은 분노를 죽여야 한다. 생겨난 탐냄을 쫓아내야 한다.
> 현자는 무명을 버려야 한다. 진리의 증득이 즐거움이다.

이것은 통찰에 관련된 경이다.

Sattiyā viya omaṭṭho dayhamāne va matthake

74) 주석서(233쪽)에 따르면, 분노로 인한 열이 주위를 태우지 않으므로 즐거워한다.
75) 주석서(233쪽)에 따르면, 비난을 돌려주고 맞받아침으로써 즐거움이 생기는 것이 달콤함의 절정(madhuragga)이다.
76) Saṃyutta Nikāya, 1권, 161쪽.

kāmarāgappahānāya sato bhikkhu paribbaje.
Sattiyā viya omaṭṭho ḍayhamāne va matthake
sakkāyadiṭṭhippahānāya sato bhikkhu paribbaje ti.

Idaṃ nibbedhabhāgiyaṃ suttaṃ.

> 칼로 내리치듯이,[77] 머리에 불이 붙은 듯이,
> 감각적 욕망에 대한 탐냄을 없애기 위해
> 사띠를 지닌 비구는 속세를 떠난다.
> 칼로 내리치듯이, 머리에 불이 붙은 듯이,
> 현재의 몸에 대한 견해를 버리기 위해
> 사띠를 지닌 비구는 속세를 떠난다.[78]

이것은 통찰에 관련된 경이다.

Khayantā nicayā sabbe patanantā samussayā
sabbesaṃ maraṇam āgamma sabbesaṃ jīvitam addhuvaṃ.
Etaṃ bhayaṃ maraṇaṃ pekkhamāno
puññāni kayirātha sukhāvahāni.

> 모은 것은 무엇이나 고갈되어 끝나고,
> 쌓은 것은 무엇이나 무너져서 끝난다.
> 누구에게나 죽음은 오고 누구에게나 삶은 영원하지 않다.
> 이 두려운 죽음을 살필 때
> 그는 즐거움을 가져오는 복덕을 지을 것이다.

77) 주석서(233쪽)에 따르면, 썩은 고름과 피는 그대로 두면 상처를 더욱 심하게 하므로 죽을 만큼의 고통이 있더라도 칼로 내리쳐서 도려내야 한다는 뜻이다.
78) Saṃyutta Nikāya, 1권, 13쪽, 53쪽.

Khayantā nicayā sabbe patanantā samussayā
sabbesaṃ maraṇam āgamma sabbesaṃ jīvitam addhuvaṃ
Etaṃ bhayaṃ maraṇaṃ pekkhamāno
lokāmisaṃ pajahe santi-pekkho ti.

Idaṃ nibbedhabhāgiyaṃ suttaṃ.

> 모은 것은 무엇이나 고갈되어 끝나고,
> 쌓은 것은 무엇이나 무너져서 끝난다.
> 누구에게나 죽음은 오고 누구에게나 삶은 영원하지 않다.
> 이 두려운 죽음을 살필 때
> 그는 고요를 바라는 자[79]가 되어 세간의 재물[80]을 버릴 것이다.

이것은 통찰에 관련된 경이다.

Sukhaṃ sayanti munayo na te socanti Māvidha
yesaṃ jhānarataṃ cittaṃ paññavā susamāhito
āraddhavīriyo pahitatto oghaṃ tarati duttaraṃ
virato kāmasaññāya sabbasaṃyojanātito
nandibhavaparikkhīṇo so gambhīre na sīdatī ti.

Idaṃ nibbedhabhāgiyaṃ suttaṃ.

> 마위다여, 성인은 즐거움에 차있다.
> 그들의 마음은 선정에서 기쁨을 지니고, 슬퍼하지 않는다.

79) 주석서(234쪽)에 따르면, 모든 지음의 평온(sabbasaṅkhārūpasama)인 열반을 바라는 자이다.
80) 주석서(234쪽)에 따르면, 일종의 감각적 욕망(kāmaguṇa)을 뜻한다.

반야를 지닌 자, 삼매에 잘 드는 자, 노력을 시작한 자, 전념하는 자로서[81] 건너기 힘든 거센 물을 건넌다.
감각적 욕망의 지각을 버리고, 모든 결박을 넘어서고,
존재의 기쁨을 끝낸 자로서,[82] 깊은 곳에 가라앉지 않는다.[83]

이것은 통찰에 관련된 경이다.

Saddahāno arahataṃ dhammaṃ nibbānapattiyā
sussūsaṃ labhate paññaṃ appamatto vicakkhaṇo. [p.147]

열반에 도달하기 위하여 아라한들이 지닌 법을 믿는 자,
부지런한 자, 주의 깊은 자는 잘 들음으로써[84] 반야를 얻는다.[85] [147쪽]

Paṭirūpakārī dhuravā uṭṭhātā vindate dhanaṃ
saccena kittiṃ pappoti dadaṃ mittāni ganthati

81) 주석서(234쪽)에 따르면, '전념하는 자'란 마음이 열반으로 향한 자를 말한다.
82) 주석서(234쪽)에 따르면, 세 가지 갈애 중에서 존재에 대한 갈애를 끝냈으므로 존재에 대한 기쁨을 끝낸 자가 된다.
83) Saṃyutta Nikāya, 1권, 53쪽 참조. 여기의 게송에는 '계를 갖춘 자(sīlasampanno)'라는 내용이 추가되어 있다. 그리고 게송에 나오는 '모든 결박(sabbasaṃyojana)'이 '물질현상으로 인한 결박(rūpasaṃyojana)'으로 바뀌어 있다. Bhikkhu Bodhi역, The Connected Discourses of the Buddha, 389-390쪽, 미주 165 참조.
84) Saṃyutta Nikāya, 1권, 214쪽; Bhikkhu Bodhi는 sussūsaṃ(잘 들음)을 sussūsā로 읽는다. PTS본의 표기인 sussūsaṃ을 따르면 sussūsaṃ이 같은 목적격인 paññaṃ(반야)을 수식함으로써 '들음으로 이루어진 반야'의 뜻이 되지만, 이 게송의 맥락에서 볼 때 수단격인 sussūsāya가 합당하고 이의 줄임형인 sussūsā가 적절하다고 보기 때문이다. 왜냐하면 붓다는 이 게송에서 반야를 얻는 네 가지 근거, 즉 믿음(saddahā), 들음의 욕구(sussūsāya), 부지런함(appamatta), 주의 깊음(vicakkhaṇa)을 설하기 때문이다. Bhikkhu Bodhi역, The Connected Discourses of the Buddha, 486쪽, 미주600 참조.
85) Saṃyutta Nikāya, 1권, 214쪽.

asmā lokā paraṃ lokaṃ evaṃ pecca na socatī ti.

Idaṃ nibbedhabhāgiyaṃ suttaṃ.

> 적절한 행동을 하고 책임감 있고 활동적인 사람은 재산을 얻는다.
> 진실로써 명성을 얻는다. 나누면서 우정을 맺는다
> 이 세간에서 다음 세간으로 간 뒤 이와 같이 슬퍼하지 않는다.[86]

이것은 통찰에 관련된 경이다.

Sabbaganthapahīnassa vippamuttassa te sato
samaṇassa na taṃ sādhu yad aññam anusāsati.

> 모든 매임이 없어지고 해탈한 그대 사문이
> 다른 사람을 가르치는 것은 좋지 않다.

Yena kenaci vaṇṇena saṃvāso sakka jāyati
na taṃ aharati sappañño manasā anukampituṃ
Manasā ce pasannena yad aññam anusāsati
na tena hoti saṃyutto yānukampā anuddayā ti.

Idaṃ nibbedhabhāgiyaṃ suttaṃ.

> 삭까여, 이런저런 모습으로 친교는 생겨날 것이다.
> 반야를 지닌 자는 정신으로 그[87]에 대해 흔들리지 않는다.[88]

86) Saṃyutta Nikāya, 1권, 214쪽.
87) 주석서(235쪽)에 따르면, '그'란 '그렇게 친교를 맺은 동정해야 할 사람(tathā samāgataṃ anukampitabbaṃ purisaṃ)'을 가리킨다.

> 만약 신심을 다한 정신으로 다른 사람을 가르친다면
> 동정과 인정이 있을 뿐 그것으로 묶이지는 않는다.[89]

이것은 통찰에 관련된 경이다.

Rāgo ca doso ca kuto nidānā
arati rati lomahaṃso kutojā
kuto samuṭṭhāya manovitakkā
kumārakā dhaṅkam iv'ossajanti.

> 탐냄과 성냄은 어떤 근거로부터 있습니까?
> 애착 없음, 애착,[90] 털이 곤두서는 [무서움은] 어디에서 생깁니까?
> 아이들이 까마귀를 날리며 [놀 때의] 경우처럼
> 정신과 생각[91]은 어디로부터 일어나 나타납니까?[92]

Rāgo ca doso ca itonidānā
arati rati lomahaṃso itojā
ito samuṭṭhāya manovitakkā

88) PTS본에 표기된 aharati는 arahati의 오자이다.

89) Saṃyutta Nikāya, 1권, 206쪽. Bhikkhu Bodhi는 지혜로운 이가 만약 집착할 위험이 있다면 다른 사람을 가르쳐서는 안되지만, 그의 정신이 깨끗하고 동정심이 세속적 애정으로 오염되지 않을 때는 연민으로 그렇게 할 수 있다고 해석한다. Bhikkhu Bodhi역, The Connected Discourses of the Buddha, 475쪽, 미주562 참조.

90) 주석서(235쪽)에 따르면, 애착 없음이란 옳은 법에 대해 불만족을 갖는 것이고, 애착이란 다섯 가지 감각적 욕망에 대해 애착하고 즐겨하는 것이다.

91) 주석서(235쪽)에 따르면, 정신은 옳은 마음(kusalacittaṃ)을 말하고, 생각은 감각적 욕망의 생각, 악의의 생각, 해침의 생각을 말한다.

92) 주석서(235쪽)에 따르면, 이것은 "아이들이 까마귀의 발을 끈으로 묶어서 날리고 던지고 하면서 놀 때처럼 옳은 정신과 잘못된 생각들은 어디에서 일어나 나타나는가"라는 질문이다.

kumārakā dhaṅkam iv' ossajanti.

탐냄과 성냄은 이러한 근거로부터 있다.
애착 없음, 애착, 털이 곤두서는 [무서움은] 이것에서 생긴다.
아이들이 까마귀를 날리며 [놀 때의] 경우처럼
정신과 생각은 이것으로부터 일어나 나타난다.

Snehajā attasambhūtā
nigrodhasseva khandhajā
puthū visattā kāmesu
māluvāva vitatā vane.

애정에서 생겼고 자신으로부터 생긴 것이다.
벵골 보리수의 줄기에서 생긴 [싹]처럼.
다양한 감각적 욕망에의 얽힘은 복잡하다.
마치 넝쿨식물이 숲에서 뻗어나가는 것처럼.

Ye naṃ pajānanti ito nidānaṃ
te naṃ vinodenti suṇohi yakkha
te duttaraṃ ogham imaṃ taranti
atiṇṇapubbaṃ apunabbhavāyā ti.

Idaṃ nibbedhabhāgiyaṃ suttaṃ. [p.148]

근거가 되는 그것을 잘 아는 자들,
그들은 그것을 쫓아내버린다. 들으시오, 약카여!
그들은 이 건너기 어렵고 이전에 건너보지 못한 거센 물을 건넌다.
다음 존재를 갖지 않기 위해.[93)]

이것은 통찰에 관련된 경이다. [148쪽]

Dukkaraṃ Bhagavā sudukkaraṃ Bhagavā ti.
Dukkaraṃ vā pi karonti (Kāmadā ti Bhagavā) sekkhā sīla-samāhitā thitattā
anagāriyupetassa tuṭṭhi hoti sukhāvahā ti.

"세존이시여, [이것은] 하기 어렵습니다. 세존이시여 [이것은] 아주 하기 어렵습니다."
세존께서 말씀하셨다. "까마다여, [그들은] 하기 어려운 것도 한다. 배울 것이 남은 자들은 계에 집중하여 확립된 자들이다. 집 없는 삶을 선택한 자에게 만족은 즐거움을 부른다."

Dullabhaṃ Bhagavā yad idaṃ tuṭṭhī ti.
Dullabhaṃ vā pi labhanti (Kāmadā ti Bhagavā) cittavūpasame ratā
yesaṃ divā ca ratto ca bhāvanāya rato mano ti.

"세존이시여, 이 만족이라는 것은 얻기 어렵습니다."
세존께서 말씀하셨다. "까마다여, [그들은] 얻기 어려운 것도 얻는다. 마음의 평온에서 기쁨을 갖는 자들, 밤낮으로 닦음으로써 정신은 기쁨을 지닌다."

Dussamādahaṃ Bhagavā yadidaṃ cittan ti
Dussamādahaṃ vā pi samādahanti (Kāmadā ti Bhagavā) indri-

93) Saṃyutta Nikāya, 1권, 207쪽.

yūpasame ratā
te chetvā maccuno jālaṃ ariyā gacchanti Kāmadā ti.

"세존이시여, 이 마음이라는 것은 집중하기 어렵습니다."
세존께서 말씀하셨다.
"까마다여, [그들은] 집중하기 어려운 것도 집중한다. 감각기능의 평온에서 기쁨을 갖는 자들, 그들은 죽음의 그물을 끊고 거룩한 자로서 간다."

Duggamo Bhagavā visamo maggo ti.
Duggame visame vā pi ariyā gacchanti Kāmada
anariyā visame magge papatanti avaṃsirā
ariyānaṃ so samo maggo ariyā hi visame samā ti.

Idaṃ nibbedhabhāgiyaṃ suttaṃ.

"세존이시여, 험한 길은 가기 어렵습니다."
"까마다여, 거룩한 자들은 가기 어렵고 험한 길도 간다.
거룩하지 못한 자들은 험한 길에서 머리를 떨구고 넘어진다.
거룩한 자들에게 그 길은 평평하다. 거룩한 자들은 험한 [길에서] 바르게 [가기] 때문이다."[94]

이것은 통찰에 관련된 경이다.

Idaṃ hi taṃ Jetavanaṃ isisaṅghanisevitaṃ
āvutthaṃ dhammarājena pītisañjananaṃ mama.

94) Saṃyutta nikāya, 1권, 48쪽.

> 이곳은 선인의 상가가 수행했던 바로 그 제따와나이다.
> 법의 왕이 살았던 이곳은 나에게 희열을 일으킨다.[95]

Kammaṃ vijjā ca dhammo ca sīlaṃ jīvitam uttamaṃ
etena maccā sujjhanti na gottena dhanena vā.
Tasmā hi paṇḍito poso sampassaṃ atthaṃ attano
yoniso vicine dhammaṃ evaṃ tattha visujjhati.

> 가문이나 재산에 의해서가 아닌, 업, 밝은 앎, 법, 계, 최상의 삶,
> 이것에 의해 인간은 청정해진다.
> 그러므로 현명한 사람은 자신의 이익을 살필 때
> 법을 합당하게 분간해야 한다. 그와 같이 거기에서 그는 청정해진다.

Sāriputto'va paññāya sīlena upasamena ca
yo pi pāraṅgato bhikkhu etāva paramo siyā ti.

Idaṃ nibbedhabhāgiyaṃ suttaṃ.

> 사리뿟따는 반야와 계와 평온을 갖춘 자 이다.
> 저쪽 언덕에 도달한[96] 비구로서 이것을 갖춘 자라면 최상이라고 할 수 있다.[97]

이것은 통찰에 관련된 경이다.

95) 주석서(238쪽)에 따르면, 이 게송은 신의 아들이 된 아나타삔디까가 제타와나와 붓다를 찬탄하기 위해 읊은 것이다.
96) 주석서(238쪽)에 따르면, 열반에 도달한 것을 말한다.
97) 주석서(238쪽)에 따르면, 사리뿟따 존자 보다 훌륭한 제자는 없다는 뜻이다. Saṃyutta Nikāya, 1권, 33-34쪽, 2권, 277쪽 참조; Majjhima Nikāya, 3권, 262쪽 참조.

Atītaṃ nānvāgameyya nappaṭikaṅkhe anāgataṃ
yad atītaṃ pahīnan taṃ appattañ ca anāgataṃ. [p.149]
Paccuppannañca yo dhammaṃ tattha tattha vipassati
asaṃhīraṃ asaṃkuppaṃ taṃ vidvā-m-anubrūhaye.

> 과거를 가져오지 말라. 미래를 기대하지 말라.
> 과거는 지나갔고 미래는 아직 오지 않았다. [149쪽]
> 일어난 [현재의] 법을 그때 그때 통찰하는 자,
> 정복되지 않고 흔들리지 말고 그 [법]을 알고서 실천해야 한다.

Ajj'eva kiccaṃ ātappaṃ ko jaññā maraṇaṃ suve?
na hi no saṅkar'antena mahāsenena maccunā.
Evaṃ vihāriṃ ātāpi ahorattam atanditaṃ
taṃ ve 'bhadd'ekaratto' ti santo ācikkhate munī ti.

Idaṃ nibbedhabhāgiyaṃ suttaṃ.

> 바로 오늘 열심히 행해야 한다. 내일 죽을 지 누가 알겠는가?
> 그대들은 죽음의 커다란 군대와의 싸움에 [굴복하지] 말라.
> 이와 같이 밤낮으로 열심히 노력하며 머무는 자,
> 그를 '상서로운 하룻밤을 지낸 이', 고요한 성인이라고 부른다.[98]

이것은 통찰에 관련된 경이다.

Cattār'imāni bhikkhave sacchikātabbāni. Katamāni cattāri?

98) Majjhima Nikāya, 3권, 187쪽; Ñāṇamoli, The Guide, 198쪽 각주 참조.

비구들이여, 이 네 가지는 실현해야 한다. 무엇이 네 가지인가?

Atthi bhikkhave dhammā cakkhunā paññāya ca sacchikātabbā. Atthi dhammā satiyā paññāya ca sacchikātabbā. Atthi dhammā kāyena paññāya ca sacchikātabbā. Atthi dhammā paññāya veditabbā. paññāya ca sacchikātabbā.

비구들이여, 눈과 반야로 실현해야 할 법이 있다. 사띠와 반야로 실현해야 할 법이 있다. 몸과 반야로 실현해야 할 법이 있다. 반야로 알아야 하고 반야로 실현해야 할 법이 있다.

Katame ca bhikkhave dhammā cakkhunā paññāya ca sacchikātabbā? Dibbacakkhu suvisuddhaṃ atikkantamānusakaṃ cakkhunā paññāya ca sacchikātabbaṃ.

비구들이여, 어떤 법을 눈과 반야로 실현해야 하는가? 청정하고 인간을 초월한 천안은 눈과 반야로 실현해야 할 [법]이다.

Katame ca bhikkhave dhammā satiyā paññāya ca sacchikātabbā? Pubbenivāsānussati satiyā paññāya ca sacchikātabbā.

그리고 비구들이여, 어떤 법을 사띠와 반야로 실현해야 하는가? 전생에 대한 기억은 사띠와 반야로 실현해야 할 [법]이다.

Katame ca bhikkhave dhammā kāyena paññāya ca sacchikātabbā? Iddhividhā nirodho kāyena paññāya ca sacchikātabbā.

그리고 비구들이여, 어떤 법을 몸[99]과 반야로 실현해야 하는가? 각종의 신통과 소멸은 몸과 반야로 실현해야 할 [법]이다.

Katame ca bhikkhave dhammā paññāya veditabbā, paññāya sacchikātabbā? Āsavānaṃ khaye ñāṇaṃ paññāya veditabbaṃ paññāya ca sacchikātabban ti.

Idaṃ nibbedhabhāgiyaṃ suttaṃ.

비구들이여, 어떤 법을 반야로 알아야 하고 반야로 실현해야 하는가? 번뇌의 그침에 대한 앎은 반야로 알아야 하고 반야로 실현해야 할 [법]이다.[100]

이것은 통찰에 관련된 경이다.

4) 배울 것이 없는 이에 관련된 경

Tattha katamaṃ asekhabhāgiyaṃ suttaṃ?

그 [열여섯 가지 가르침의 유형] 중에서 배울 것이 없는 이에 관련된 경이란 어떤 것인가?

Yassa selūpamaṃ cittaṃ ṭhitaṃ nānupakampati
virattaṃ rajanīyesu kopaneyye na kuppati
yass'evaṃ bhāvitaṃ cittaṃ kuto naṃ dukkhamessatī ti. [p.150]

99) 주석서(240쪽)에 따르면, 여기서의 몸이란 정신현상의 더미(nāmakāya)를 뜻한다.
100) Aṅguttara Nikāya, 2권, 182-183쪽 참조.

Idaṃ asekhabhāgiyaṃ suttaṃ.

> 마음이 바위처럼 굳건하여 흔들림이 없고,
> 매혹 당할 만한 것에 매혹을 여의었고, 화낼 만한 것에 화내지 않는다.
> 이와 같이 마음을 닦은 그에게 어떻게 괴로움이 오겠는가?[101) [150쪽]

이것은 배울 것이 없는 이에 관련된 경이다.

Āyasmato ca Sāriputtassa cārikā dasamaṃ veyyākaraṇaṃ kātabban ti.

Idaṃ asekhabhāgiyaṃ suttaṃ.

> 사리뿟따 존자의 유행을 통해 열 번째 해명이 이루어질 것이다.[102)]

이것은 배울 것이 없는 이에 관련된 경이다.

Yo brāhmaṇo bāhitapāpadhammo
nihuhuṃko nikkasāvo yatatto
vedantagū vusitabrahmacariyo

---

101) Udāna, 41쪽.

102) 주석서에는 이 구절에 대한 설명이 없다. 그러나 Aṅguttara Nikāya, 4권, 373-378쪽을 통해 이 구절의 앞뒤 맥락을 생각해 볼 수 있다. 사리뿟다 존자가 유행을 떠났을 때 한 비구가 '사리뿟따 존자에게 모욕을 당했지만 그는 사과하지 않고 유행을 떠났다.'고 거짓으로 세존께 말씀드렸다. 세존은 사리뿟따 존자를 불렀고, 사리뿟따 존자는 아홉 가지 예를 들어 자신이 그렇지 않았음을 설명하면서 사자후를 토했다. 이후 그 비구는 사리뿟따 존자를 거짓말로 비방하였음을 참회하고 용서를 빌었다. 그러나 이 내용에는 아홉 가지만 나올 뿐이다. 따라서 본문의 열 번째는 사리뿟따의 유행 그 자체를 뜻하는 것으로 짐작된다.

dhammena so brāhmaṇo brahmavādaṃ vadeyya
yass'ussadā n'atthi kuhiñci loke ti.

Idaṃ asekhabhāgiyaṃ suttaṃ.

> 악한 법을 멀리하고,
> '흥흥'거리면서 경멸하지 않고, 때가 없고, 자제하며,
> 아는 것의 궁극적 경지에 도달하여 고귀한 삶을 사는 바라문,
> 그는 법에 따라 브라흐마의 교리를 말할 수 있을 것이다.[103)]
> 그에게 세간 어느 것에 대해서도 튀어나옴[104)]이란 없다.[105)]

이것은 배울 것이 없는 이에 관련된 경이다.

Bāhitvā pāpake dhamme ye caranti sadā satā
khīṇasaṃyojanā buddhā te ve lokasmiṃ brāhmaṇā ti.

Idaṃ asekhabhāgiyaṃ suttaṃ.

> 악한 법들을 멀리하고서 항상 사띠를 지니고 유행하는 이들,
> 결박을 없앤 붓다들, 그들이 바로 세간에 바라문이다.[106)]

이것은 배울 것이 없는 이에 관련된 경이다.

103)) 주석서(240)쪽에 따르면, "브라흐마 교리를 말할 수 있다."란 "'나는 바라문이다.' 라는 말을 할 수 있다(so brāhmaṇo ahanti etaṃ vādaṃ vadeyya)"라는 뜻이다.

104)) 주석서(240)쪽에 따르면, 튀어나옴이란 탐냄의 튀어나옴, 성냄의 튀어나옴, 어리석음의 튀어나옴, 자만의 튀어나옴, 견해의 튀어나옴을 말한다.

105)) Vinaya, 1권, 3쪽; Udāna, 3쪽. 이 게송은 어떻게 바라문이 되고 어떤 성품이 바라문을 만드는 것인지를 '흥흥'거리는 가문의 한 바라문이 세존께 물었을 때 세존께서 하신 대답이다.

106)) Udāna, 4쪽.

Yattha āpo ca pathavī tejo vāyo na gādhati.
Na tattha sukkā jotanti ādicco nappakāsati
na tattha candimā bhāti tamo tattha na vijjati.
Yadā ca attanā vedi muni monena brāhmaṇo
atha rūpā arūpā ca sukhadukkhā pamuccatī ti.

Idaṃ asekhabhāgiyaṃ suttaṃ.

> 물과 땅과 불과 공기가 발판을 마련하지 못하는 곳,[107]
> 그곳에 별들은 빛나지 않는다. 해도 보이지 않는다.
> 또한 그곳에 보름달도 나타나지 않는다. 거기에는 어둠도 없다.[108]
> 성인인 바라문이 자신의 지혜로 [이것을] 알 때,
> 물질현상과 물질현상이 아닌 것, 즐거움과 괴로움으로부터 자유롭다.[109]

이것은 배울 것이 없는 이에 관련된 경이다.

Yadā sakesu dhammesu pāragū hoti brāhmaṇo
atha etaṃ pisācañca pakkulañ cātivattatī ti.

Idaṃ asekhabhāgiyaṃ suttaṃ.

> 바라문이 자신이라는 법[110]에 대해 달통하게 되었을 때
> 그는 악귀와 [악귀가 만든] 큰 소란을 초월한다.[111]

107) Saṃyutta Nikāya, 1권, 15쪽; Dīgha Nikāya, 1권, 223쪽 참조.
108) 주석서(240)쪽에 따르면, 게송에서 "거기에는 어둠도 없다."라고 언급한 이유는 "만약 해와 달 등이 빛나지 않는다면 거기에 어둠은 있을 것이다."라고 의심할 것이기 때문이다.
109) Udāna, 9쪽.
110) 주석서(241)쪽에 따르면, '자신이라는 법'이란 자신이라고 여기는 집착된 더미(取蘊)를 가리킨다.

이것은 배울 것이 없는 이에 관련된 경이다.

Nābhinandati āyantiṃ pakkamantiṃ na socati
saṅgā Saṅgāmajiṃ muttaṃ tam ahaṃ brūmi brāhmaṇan ti.

Idaṃ asekhabhāgiyaṃ suttaṃ. [p.151]

> 오는 것을 기뻐하지 않고 가는 것을 슬퍼하지 않는다.
> 끄달림에서 벗어난 상가마지, 나는 그를 바라문이라고 부른다.112)

이것은 배울 것이 없는 이에 관련된 경이다. [151쪽]

Na udakena sucī hoti bahvettha nhāyatī jano
yamhi saccañ ca dhammo ca so sucī so ca brāhmaṇo ti.

Idaṃ asekhabhāgiyaṃ suttaṃ.

> 여기에서 많은 사람들이 목욕한다.
> [그러나] 물로 청정해지는 것은 아니다.
> 진리와 법 안에 있는 자, 그가 청정한 사람이며 바라문이다.113)

이것은 배울 것이 없는 이에 관련된 경이다.

Yadā have pātubhavanti dhammā

---

111) Udāna, 5쪽.
112) Udāna, 6쪽.
113) Udāna, 6쪽.

ātāpino jhāyato brāhmaṇassa
vidhūpayaṃ tiṭṭhati Mārasenaṃ
sūriyo va obhāsayam antalikkhan ti.

Idaṃ asekhabhāgiyaṃ suttaṃ.

> 열심히 선정수행하는 바라문에게 법들이 명백해질 때
> 마라의 군대를 쫓아 버리고서 그는 서있다.
> 해가 하늘을 빛으로 가득 채우듯.114)

이것은 배울 것이 없는 이에 관련된 경이다.

Santindriyaṃ passatha iriyamānaṃ
tevijjapattaṃ apahānadhammaṃ
sabbāni yogāni upātivatto
akiñcano iriyati paṃsukūliko.

> 보라. 고요한 감각기능을, [존엄한] 거동(威儀)을,
> 세 가지 밝은 앎에 이르른 것을, 제거된 법을.
> 모든 묶임을 넘고,
> 누더기 옷을 입은, 어느 것도 소유하지 않은 자가 움직인다.

Taṃ devatā sambahulā uḷārā
brahmavimānaupasaṅkamitvā
ājāniyaṃ jātibalanisedhaṃ
n-idha namassanti pasannacittā:

114) Vinaya, 1권, 2쪽; Udāna, 2쪽.

> 많은 뛰어난 신들이 고귀한 저택으로 갔다.
> 고귀한 혈통이 지닌 힘을 자제하는 그에게 신심을 지닌 마음으로 경배했다.

Namo te purisājañña namo te purisuttama
yassa te nābhijānāma kiṃ tvaṃ nissāya jhāyasī ti.

Idaṃ asekhabhāgiyaṃ suttaṃ.

> "사람 중에 고귀한 분, 당신께 귀의합니다.
> 사람 중에 최고인 분, 당신께 귀의합니다.
> 저희는 잘 모릅니다. 당신은 무엇에 의존하여 선정수행을 합니까?"

이것은 배울 것이 없는 이에 관련된 경이다.

Sahāyā vat' ime bhikkhū, cirarattaṃ sametikā
sameti nesaṃ saddhammo dhamme buddhappavedite.
Suvinītā Kappinena, dhamme ariyappavedite
dhārenti antimaṃ dehaṃ jetvā Māraṃ savāhanan ti

Idaṃ asekhabhāgiyaṃ suttaṃ.

> 이 비구들은 오랫동안 만났던 도반[115]이다.
> 붓다에 의해 알려진 법에서 그들의 참된 법이 만난다.
> 거룩한 이에 의해 알려진 법을 깝삐나로부터 잘 배운 그들은
> 군대의 힘(軍勢)을 지닌 마라를 이기고 최후의 몸을 지닌다.[116]

115) 주석서(241)쪽에 따르면, 도반이란 "사마타와 위빠사나를 닦기 위하여 함께 길을 가는 친구이며, 때때로 유익한 법을 들음으로써 그들의 오랜 만남은 이루어진다.

이것은 배울 것이 없는 이에 관련된 경이다.

Na yidaṃ sithilamārabbha na yidaṃ appena thāmasā
nnbbānaṃ adhigantabbaṃ sabbaganthappamocanaṃ. [p.152]
Ayañca daharo bhikkhu ayam uttamapuriso
dhāreti antimaṃ dehaṃ jetvā Māraṃ savāhanan ti.

Idaṃ asekhabhāgiyaṃ suttaṃ.

> 느슨하게 시작하지 않았고, 조금만 강한 것이 아니므로,
> 그는 모든 매임에서 풀려난 열반으로 갈 것이다. [152쪽]
> 이 어린 비구가 이러한 최상의 사람이다.
> 그는 군대의 힘(軍勢)을 지닌 마라를 이기고 최후의 몸을 지닌다.[117]

이것은 배울 것이 없는 이에 관련된 경이다.

Dubbaṇṇako lūkhacīvaro Mogharājā sadā sato
khīṇāsavo visaṃyutto katakicco anāsavo
tevijjo iddhippatto ca cetopariyāyakovido
dhāreti antimaṃ dehaṃ jetvā Māraṃ savāhinin ti.

Idaṃ asekhabhāgiyaṃ suttaṃ.

> 모가라자여, 보기 싫은 거친 옷을 입은 자, 항상 사띠를 지닌 자,
> 번뇌를 그친 자, 결박을 푼 자, 해야 할 일을 다한 자, 번뇌 없는 자,

116) Saṃyutta Nikāya, 2권, 285쪽.
117) Saṃyutta Nikāya, 2권, 278쪽.

> 세 가지 밝은 앎을 지닌 자, 신통을 얻은 자, 마음의 흐름을 아는 자,[118]
> 그는 군대의 힘(軍勢)을 지닌 마라를 이기고 최후의 몸을 지닌다.

이것은 배울 것이 없는 이에 관련된 경이다.

Tathāgato bhikkhave arahaṃ sammāsambuddho rūpassa nibbidā virāgā nirodhā anupādā vimutto sammāsambuddho ti vuccati.
Bhikkhu pi bhikkhave paññāvimutto rūpassa nibbidā virāgā nirodhā anupādā vimutto paññāvimutto ti vuccati.

> "비구들이여, 여래이며 아라한으로서 올바로 완전히 깨달은 이는 물질현상에 대한 싫어하여 떠남, 탐냄의 여읨, 소멸, 집착하지 않음을 통하여 해탈한 분으로서, '올바로 완전히 깨달은 자'라고 불린다.
> 비구들이여, 반야에 의해 해탈한 비구도 물질현상에 대한 싫어하여 떠남, 탐냄의 여읨, 소멸, 집착하지 않음을 통하여 해탈한 분으로서, '반야에 의해 해탈한 자'라고 불린다.

Tathāgato bhikkhave arahaṃ sammāsambuddho vedanāya… saññāya… saṁkhārānaṃ… viññāṇassa nibbidā virāgā nirodhā anupādā vimutto sammāsambuddho ti vuccati.
Bhikkhu pi bhikkhave paññāvimutto … viññāṇassa nibbidā virāgā nirodhā anupādā vimutto paññāvimutto ti vuccati.

> 비구들이여, 여래이며 아라한으로서 올바로 완전히 깨달은 이는 느낌에 대한 …지각에 대한 …지음에 대한 …의식에 대한 싫어하여 떠남, 탐냄

118) Saṃyutta Nikāya, 1권, 146쪽 참조.

의 여읨, 소멸, 집착하지 않음을 통하여 해탈한 분으로서, '올바로 완전히 깨달은 자'라고 불린다.
비구들이여, 반야에 의해 해탈한 비구도 느낌에 대한 … 의식에 대한 싫어하여 떠남, 탐냄의 여읨, 소멸, 집착하지 않음을 통하여 해탈한 분으로서, '반야에 의해 해탈한 자'라고 불린다.

Tatra kho bhikkhave ko viseso ko adhippāyoso kiṃ nānākaraṇaṃ Tathāgatassa arahato sammāsambuddhassa paññāvimuttena bhikkhunā ti?
Bhagavaṃmūlakā no bhante dhammā …

비구들이여, 거기에서 반야에 의해 해탈한 비구에 비해, 여래이며 아라한으로서 올바로 완전히 깨달은 분에게는 어떤 점이 탁월한가? 어떤 차이가 있는가? 어떤 다른 이유가 있는가?"
"존자시여, 저희들의 법은 세존을 뿌리로 하고, …"119)

Tathāgato bhikkhave arahaṃ sammāsambuddho anuppannassa maggassa uppādetā, asañjātassa maggassa sañjanetā anakkhātassa maggassa akkhātā maggaññū maggavidū maggakovido. Maggānugā ca bhikkhave etarahi sāvakā viharanti pacchāsamannāgatā.

"비구들이여, 여래이며 아라한으로서 올바로 완전히 깨달은 분은 아직 일어나지 않은 길을 일어나도록 하기 때문에, 아직 생기지 않은 길을

119) 이 부분은 전형적인 반복구로서 그 전문은 다음과 같다. "저희들의 법은 세존을 뿌리로 하고, 세존께서 이끄시고, 세존을 의지처로 합니다. 참으로 좋은 일입니다. 존자시여, 이 설해진 것의 의미가 세존에 의해 명백해 진다면 세존의 말씀을 듣고서 비구들은 기억할 것입니다." "비구들이여, 그렇다면 잘 듣고 마음을 기울이라. 내가 말하리라." "그렇게 하겠습니다. 스승이시여."

> 생기도록 하기 때문에, 말할 수 없는 길을 말하기 때문에, 길을 아는 분, 길에 현명한 분, 길에 달통한 분이다. 비구들이여, 그러나 제자들이란 지금 길을 따르는 자이며 나중에 갖추는 자로서 머문다.

Ayaṃ kho bhikkhave viseso ayaṃ adhippayāso idaṃ nānākaraṇaṃ Tathāgatassa arahato sammāsambuddhassa paññāvimuttena bhikkhunā ti.

Idaṃ asekhabhāgiyaṃ suttaṃ.

> 비구들이여, 반야에 의해 해탈한 비구에 비해 여래이며 아라한으로서 올바로 완전히 깨달은 분에게는 이러한 탁월함이 있다. 이러한 차이가 있다. 이러한 다른 이유가 있다."120)

이것은 배울 것이 없는 이에 관련된 경이다.

5) 오염과 훈습의 둘 다에 관련된 경

Tattha katamaṃ saṃkilesabhāgiyañ ca vāsanābhāgiyañ ca suttaṃ? [p.153]

그 [열여섯 가지 가르침의 유형] 중에서 오염과 훈습의 [둘 다에] 관련된 경이란 어떤 것인가? [153쪽]

Channam ativassati vivaṭaṃ nātivassati
Tasmā channaṃ vivaretha evaṃ taṃ nātivassatī ti.

120) Saṃyutta Nikāya, 3권, 65-66쪽.

덮어 둔 것은 비를 세차게 맞는다.[121]
열어 둔 것은 비를 세차게 맞지 않는다.[122]
그러므로 덮어 둔 것을 열어라.
그렇게 하면 그것은 비를 세차게 맞지 않는다.[123]

Channam ativassatī ti saṃkileso. Vivaṭaṃ nātivassatī ti vāsanā. Tasmā channaṃ vivaretha, evaṃ taṃ nātivassatī ti ayaṃ saṃkileso ca vāsanā ca.

Idaṃ saṃkilesabhāgiyañ ca vāsanābhāgiyañ ca suttaṃ.

'덮어 둔 것은 비를 세차게 맞는다.'는 오염에 관련된 [경구이다.] '열어 둔 것은 비를 세차게 맞지 않는다.'는 훈습에 관련된 [경구이다.] '그러므로 덮어 둔 것을 열어라. 그렇게 하면 그것은 비를 세차게 맞지 않는다.'는 오염과 훈습에 관련된 [경구이다.]

따라서 이것은 오염과 훈습의 [둘 다에] 관련된 경이다.

Cattāro'me mahārāja, puggalā santo saṃvijjamānā lokasmiṃ.

---

121) Udāna의 주석서(306쪽)에 따르면, '덮어 둔 것'이란 '계를 어기고서 덮은 것'을 말한다. 계를 어기고도 그것을 덮은 새내기 비구는 또다른 계를 어기는 비를 맞게 된다.

122) Udāna의 주석서(306쪽)에 따르면, '열어 둔 것'이란 '계를 어긴 것을 보여주는 것'을 말한다. 계를 어긴 것을 덮지 않고, 고귀한 삶을 사는 이에게 보여주고, 법대로 율대로 행동하고, 참회하고, 승단에 돌아온 새내기 비구는 나중에 다시 계를 어기는 비를 맞지 않게 된다.

123) Udāna, 56쪽.

Katame cattāro?
Tamo tamaparāyaṇo tamo jotiparāyaṇo joti tamaparāyaṇo joti jotiparāyaṇo ti.

> 위대한 왕이여, 세간에는 이러한 네 부류의 사람이 있음을 발견합니다. 무엇이 넷 입니까?
> 어둠으로 향하는 어둠을 지닌 사람, 밝음으로 향하는 어둠을 지닌 사람, 어둠으로 향하는 밝음을 지닌 사람, 밝음으로 향하는 밝음을 지닌 사람 입니다.[124)]

Tattha yo ca puggalo joti tamaparāyano yo ca puggalo tamo tamaparāyaṇo, ime dve puggalā saṃkilesabhāgiyā.

Yo ca puggalo tamo jotiparāyaṇo yo ca puggalo joti jotiparāyaṇo, ime dve puggalā vāsanābhāgiyā.

Idaṃ saṃkilesabhāgiyañ ca vāsanābhāgiyañ ca suttaṃ.

거기에서 어둠으로 향하는 밝음을 지닌 사람과 어둠으로 향하는 어둠을 지닌 사람, 이 두 부류의 사람은 오염에 관련된다.

밝음으로 향하는 어둠을 지닌 사람과 밝음으로 향하는 밝음을 지닌 사람, 이 두 부류의 사람은 훈습에 관련된다.

따라서 이것은 오염과 훈습의 [둘 다에] 관련된 경이다.

124) 주석서(242쪽)에 따르면, '어둠으로 향함'이란 몸으로 하는 나쁜 행동 등으로 지옥이라는 어둠에 다가가는 것이다. 반면에 '밝음으로 향함'이란 몸으로 하는 좋은 행동 등을 통해 다음에 천상에 태어나는 상태로 다가가는 것이다. 또한 '어둠'이란 낮은 집안에 태어나는 등 어둠과 연결되는 것이고, '밝음'이란 부유한 집안에 태어나는 것 등 밝음에 연결되는 것이다. Aṅguttara Nikāya, 2권, 85쪽 참조.

6) 오염과 통찰의 둘 다에 관련된 경

Tattha katamaṃ saṃkilesabhāgiyañ ca nibbedhabhāgiyañ ca suttaṃ?

그 [열여섯 가지 가르침의 유형] 중에서 오염과 통찰의 [둘 다에] 관련된 경이란 어떤 것인가?

Na taṃ daḷhaṃ bandhanam āhu dhīrā
yad āyasaṃ dārujaṃ pabbajañ ca
sārattarattā maṇikuṇḍalesu
puttesu dāresu ca yā apekkhā ti.

Ayaṃ saṃkileso.

> 쇠로 된 것, 나무로 된 것, 돌로 된 것,
> 현자들은 그것을 단단한 족쇄라고 말하지 않는다.
> [그러나] 보석과 귀걸이에 매혹되고 탐착하는 것,
> 자식과 젊은 여인에 대한 애착,
> [현자들은 이것을 단단한 족쇄라고 말한다.][125]

이것은 오염[에 관련된 경이다.]

Etaṃ daḷhaṃ bandhanamāhu dhīrā
ohārinaṃ sithilaṃ duppamuñcaṃ

---

125) Saṃyutta Nikāya, 1권, 77쪽; Dhmmapada. 게송 345; Jātaka. 2권, 140쪽; 이 책 150쪽.

etam pi chetvāna paribbajanti
anapekkhino kāmasukhaṃ pahāyā ti.

> 현자들은 이것을 단단한 족쇄라고 말한다.
> 이 [단단한 족쇄는] 끌어내리는 것이고 느슨하며 벗어나기 어려운 것이다.[126)]
> [그렇지만] 애착이 없는 자들은 이것도 끊어버리고 속세를 떠난다.
> 감각적 욕망의 즐거움을 없애고서.[127)]

Ayaṃ nibbedho.

이것은 통찰[에 관련된 경이다.]

Idaṃ saṃkilesabhāgiyañ ca nibbedhabhāgiyañ ca suttaṃ.

따라서 이러한 것은 오염과 통찰의 [둘 다에] 관련된 경이다.

Yañ ca bhikkhave ceteti yañ ca pakappeti yañ ca anuseti, ārammaṇam etaṃ hoti viññāṇassa ṭhitiyā.
Ārammaṇe sati patiṭṭhā viññāṇassa hoti. Tasmiṃ patiṭṭhite viññāṇe [p.154] *virūḷhe āyati punabbhavābhinibbatti hoti.*

> 비구들이여, 생각하고,[128)] 계획하고,[129)] 잠재되는[130)]것, 그것은 의식의

126) 주석서(242쪽)에 따르면, 이 족쇄는 끌어당겨 지옥에 떨어뜨리고 아래로 데려가므로 끌어내리는 것이고, 묶였는데도 묶인 상태 조차 모르고 행동하게 하므로 느슨한 것이며, 탐욕 때문에 일어난 오염의 족쇄에 걸리면 빠져나오기 어려우므로 벗어나기 힘든 것이다.
127) Saṃyutta Nikāya, 1권, 77쪽; Dhammapada, 게송 346; 이 책 151쪽.
128) 주석서(242쪽)에 따르면, 이것은 옳지 않은 의도로 생각하는 것이다.

뿌리내림을[131] 위한 대상이다.
대상이 있을 때 의식의 자리잡음이 있다. [154쪽] 거기에서 의식이 자리잡고 자랄 때 미래에 다음 존재의 재생이 있다.

Āyati punabbhavābhinibbattiyā sati āyati jātijarāmaraṇasokaparidevadukkhadomanassūpāyāsā sambhavanti. Evam etassa kevalassa dukkhakkhandhassa samudayo hoti.

미래에 다음 존재의 재생이 있을 때 미래에 태어남·노쇠·죽음·근심·슬픔·괴로움·불쾌함·절망이 생겨난다. 이와 같이 이 순전한 괴로움의 다발(苦蘊)이 일어난다.

No ce bhikkhav, ceteti, no ce pakappeti, atha ce anuseti, ārammaṇam etaṃ hoti viññāṇassa ṭhitiyā.
Ārammaṇe sati patiṭṭhā hoti. Tasmiṃ patiṭṭhite viññāṇe virūḷhe āyati punabbhavābhinibbatti hoti.

비구들이여, 만약 생각하지 않는다 하더라도 계획하지 않는다 하더라도 잠재된다면, 이것은 의식의 뿌리내림을 위한 대상이다.
대상이 있을 때 의식의 자리잡음이 있다. 거기에서 의식이 자리잡고 자랄 때 미래에 다음 존재의 재생이 있다.

129) 주석서(242쪽)에 따르면, 이것은 옳지 않은 의도로 몸과 언어와 행위를 악하게 계획하는 것이다.
130) 주석서(242쪽)에 따르면, 탐냄 등의 잠재된 것이 계속 없어지지 않고 잠재되는 것이다.
131) 주석서(242쪽)에 따르면, 이러한 의도와 계획과 잠재는 지음을 위한 의식의 뿌리내림과 나아감의 조건이다.

Āyati punabbhavābhinibbattiyā sati āyati jātijarāmaraṇasokaparidevadukkhadomanassūpāyāsā sambhavanti. Evam etassa kevalassa dukkhakkhandhassa samudayo hotī ti.

Ayaṃ saṃkileso.

> 미래에 다음 존재의 재생이 있을 때 미래에 태어남・노쇠・죽음・근심・슬픔・괴로움・불쾌함・절망이 생겨난다. 이와 같이 이 순전한 괴로움의 다발(苦蘊)이 일어난다.[132)]

이것은 오염[에 관련된 경이다.]

Yato ca bhikkhave no ca ceteti no ca kappeti no ca anuseti, ārammaṇam etaṃ na hoti viññāṇassa ṭhitiyā. Ārammaṇe asati patiṭṭhā viññāṇassa na hoti.

> 생각하지 않고 계획하지 않고 잠재되지 않기 때문에 의식의 뿌리내림을 위한 그 대상은 없다. 대상이 없을 때 의식의 자리잡음도 없다.

Tasmiṃ appatiṭṭhite viññāṇe avirūḷhe āyati punabbhavābhinibbatti na hoti. Āyati punabbhavābhinibbattiyā asati āyati jātijarāmaraṇasokaparidevadukkhadomanassūpāyāsā nirujjhanti. Evam etassa kevalassa dukkhakkhandhassa nirodho hotī ti.

> 의식이 거기에서 자리잡지 못하고 자라지 못하면 미래에 다음 존재의 재생은 없다. 미래에 다음 존재의 재생이 없을 때 미래에 태어남・노쇠・죽음・근심・슬픔・괴로움・불쾌함・절망이 소멸한다. 이와 같이

132) Saṃyutta Nikāya, 2권, 65쪽.

이 순전한 괴로움의 다발(苦蘊)이 소멸한다.[133]

Ayaṃ nibbedho.

이것은 통찰[에 관련된 경이다.]

Idaṃ saṃkilesabhāgiyañ ca nibbedhabhāgiyañ ca suttaṃ.

따라서 이것은 오염과 통찰의 [둘 다에] 관련된 경이다.

7) 오염과 배울 것이 없는 이의 둘 다에 관련된 경

Tattha katamaṃ saṃkilesabhāgiyañ ca asekhabhāgiyañ ca suttaṃ?

그 [열여섯 가지 가르침의 유형] 중에서 오염과 배울 것이 없는 이의 [둘 다에] 관련된 경이란 어떤 것인가?

Samuddo samuddo ti kho bhikkhave assutavā puthujjano bhāsati. N'eso bhikkhave ariyassa vinaye samuddo, mahā eso bhikkhave udakarāsi mahā udakaṇṇavo. Cakkhuṃ bhikkhave purisassa samuddo, tassa rūpamayo vego ti.

Ayaṃ saṃkileso.

비구들이여, 배우지 않은 보통 사람들은 '바다, 바다'라고 말한다. 비구들이여, 거룩한 이의 율에서 그것은 바다가 아니다.[134] 비구들이여, 그

133) Saṃyutta Nikāya, 2권, 65쪽.

> 것은 커다란 물의 더미, 거대한 물을 지닌 것이다. 비구들이여, 사람에게 눈은 바다[에 비할 수 있다.] 그 [눈이라는 바다에는] 물질현상으로 이루어진 흐름이 있다.[135)]

이것은 오염[에 관련된 경이다.]

Yo taṃ rūpamayaṃ vegaṃ sahati, ayaṃ vuccati bhikkhave atāri cakkhu samuddaṃ sa-ūmiṃ sāvaṭṭaṃ sagahaṃ [p.155] *sarakkhasaṃ tiṇṇo pāraṅgato thale tiṭṭhati brāhmaṇo ti.*

Ayaṃ asekho.

> 물질현상으로 이루어진 그 흐름을 정복한 자[136)]를 이렇게 일컫는다. "비구들이여, 그는 파도 치는,[137)] 소용돌이 치는,[138)] 포획자가[139)] 있는, [155쪽] 나찰이 있는 눈이라는 바다를 건넜다. 건너간 자, 저쪽 언덕에 도착한 자는 바라문으로서 단단한 땅 위에 섰다."[140)]

134) 주석서(243쪽)에 따르면, 채우기 어렵고 가라앉고 건너기 힘들다는 의미에서 바다, 즉 'samuddo'라고 부르는 것이라면, 눈[귀, 코, 혀, 몸, 정신] 등에서도 이런 방식이 가능하기 때문에 바다만이 바다가 되는 것은 아니다.

135) Saṃyutta Nikāya, 4권, 157쪽.

136) 주석서(243쪽)에 따르면, 눈과 눈의 고유영역인 물질현상을 무상한 것, 괴로운 것, 자아가 아닌 것으로 알고, 그것에 대해 싫어하여 떠난, 탐냄을 여읜, 묶임과 오염의 그물로부터 자유로운 자를 뜻한다.

137) 주석서(244쪽)에 따르면, 오염의 파도로 인한 파도(kilesaūmīhi saūmiṃ), 분노와 절망으로 인한 파도(Kodhupāyāsassa vasena saūmiṃ)를 말한다.

138) 주석서(244쪽)에 따르면, 번뇌가 순환하는 소용돌이(kilesavaṭṭehi sāvaṭṭa), 감각적 욕망으로 인한 소용돌이(kāmaguṇavasena sāvaṭṭa)를 말한다.

139) 주석서(244쪽)에 따르면, 번뇌라는 포획자(kilesagaha)를 말한다.

140) Saṃyutta Nikāya, 4권, 157쪽.

이것은 배울 것이 없는 이[에 관련된 경이다.]

Sotaṃ bhikkhave / pe / ghānaṃ··· jivhā··· kāyo··· mano bhikkhave purisassa samuddo, tassa dhammamayo vego ti.

Ayaṃ saṃkileso

> "비구들이여, 사람에게 귀는 ···[중략]···. 비구들이여, 사람에게 코는 ···. 비구들이여, 사람에게 혀는 ···. 비구들이여, 사람에게 몸은 ···. 비구들이여, 사람에게 정신은 바다[에 비할 수 있다.] 그 [정신이라는 바다에는] 법으로 이루어진 흐름이 있다."141)

이것은 오염[에 관련된 경이다.]

Yo taṃ dhammamayaṃ vegaṃ sahati, ayaṃ vuccati bhikkhave atāri mano samuddaṃ sa-ūmiṃ sāvaṭṭaṃ sagahaṃ sarakkhasaṃ tiṇṇo pāraṅgato thale tiṭṭhati brāhmaṇo ti.

Ayaṃ asekho.

> 법으로 이루어진 그 흐름을 정복한 자를 이렇게 일컫는다. "비구들이여, 그는 파도 치는, 소용돌이 치는, 포획자가 있는, 나찰이 있는, 정신이라는 바다를 건넜다. 건너간, 저쪽 언덕에 도착한 그는 바라문으로서 단단한 땅 위에 섰다."142)

141) Saṃyutta Nikāya, 4권, 157쪽.
142) Saṃyutta Nikāya, 4권, 157쪽.

이것은 배울 것이 없는 이[에 관련된 경이다.]

Idam avoca Bhagavā, idaṃ vatvāna Sugato athāparaṃ etad avoca Satthā:
Yo imaṃ samuddaṃ sagahaṃ sarakkhasaṃ
sa-ūmiṃ sāvaṭṭaṃ sabhayaṃ duttaraṃ accatāri
savedantagū vusitabrahmacariyo
lokantagū pāragato ti vuccatī ti.

> 세존께서 그것을 말씀하셨다. 잘 가신 분은 그것을 말씀하시고, 스승으로서 다시 또 그것을 [게송으로] 말씀하셨다.
> 포획자가 있는, 나찰이 있는, 파도 치는, 무서운, 건너기 힘든
> 이 바다를 건너간 자를
> 앎의 궁극에 도달한 자, 고귀한 삶을 사는 자,
> 세간의 끝에 도달한 자, 저쪽 언덕에 도달한 자라고 부른다."[143]

Ayaṃ asekho.

이것은 배울 것이 없는 이[에 관련된 경이다.]

Idaṃ saṃkilesabhāgiyañ ca asekhabhāgiyañ ca suttaṃ.

따라서 이것은 오염과 배울 것이 없는 이의 [둘 다에] 관련된 경이다.

143) Saṃyutta Nikāya, 4권, 157쪽.

Chayime bhikkhave baḷisā lokasmiṃ anayāya sattānaṃ byāpādāya pāṇīnaṃ. Katame cha?

비구들이여, 세간에 중생들이 잘못된 길을 가도록 하고 생명있는 것들이 악의를 갖도록 하는 여섯 가지 미끼가 있다. 무엇이 여섯인가?

Santi bhikkhave cakkhuviññeyyā rūpā iṭṭhā kantā manāpā piyarūpā kāmūpasaṃhitā rajanīyā. Tañ ce bhikkhu abhinandati abhivadati ajjhosāya tiṭṭhati, ayaṃ vuccati bhikkhave bhikkhu gilabaḷiso Mārassa anayaṃ āpanno byasanaṃ āpanno yathākāmaṃ karaṇīyo pāpimato.

비구들이여, 내키는, 즐겨하는, 마음에 드는, 사랑스러운, 감각적 욕망에 관련된, 매혹적인, 눈에 의해 의식되는 물질현상이 있다. 비구들이여, 만약 비구가 그것을 기뻐하고 환영하고 매달려 있다면, 이렇게 말한다. "마라의 미끼를 삼킨 비구는 재난에 빠진 자, 불행으로 들어간 자, 빠삐만의 욕망대로 행하는 자이다."

Santi bhikkhave sotaviññeyyā saddā / pe / ghānaviññeyyā gandhā… jivhāviññeyyā rasā… kāyaviññeyyā phoṭṭhabbā… manoviññeyyā dhammā iṭṭhā kantā manāpā piyarūpā kāmūpasaṃhitā rajanīyā. Tañ ce bhikkhu abhinandati abhivadati [p.156] *ajjhosāya tiṭṭhati, ayaṃ vuccati bhikkhave bhikkhu gilibaḷiso Mārassa anayaṃ āpanno byasanaṃ āpanno yathākāmaṃ karaṇīyo pāpimato ti.*

Ayaṃ saṃkileso.

비구들이여, …[중략]… 귀에 의해 의식되는 소리가 있다. … 코에 의해 의식되는 냄새가 있다. … 혀에 의해 의식되는 맛이 있다. … 몸에 의해 의식되는 촉감이 있다. …[중략]… 내키는, 즐겨하는, 마음에 드는, 사랑스러운, 감각적 욕망에 관련된, 매혹적인, 정신에 의해 의식되는 법들이 있다. 비구들이여, 만약 비구가 그것을 기뻐하고 환영하고 [156쪽] 매달려 있다면, 이렇게 말한다. "마라의 미끼를 삼킨 비구는 재난에 빠진 자, 불행으로 들어간 자, 빠삐만의 욕망대로 행하는 자이다."[144)]

이것은 오염[에 관련된 경이다].

Santi ca bhikkhave cakkhuviññeyyā rūpā iṭṭhā kantā manāpā piyarūpā kāmūpasaṃhitā rajanīyā. Tañ ce bhikkhu nābhinandati nābhivadati nājjhosāya tiṭṭhati ayaṃ vuccati bhikkhave bhikkhu na gilibaḷiso Mārassa abhedi baḷisaṃ paribhedi baḷisaṃ na anayaṃ āpanno na byasanaṃ āpanno na yathākāmaṃ karaṇīyo pāpimato.

비구들이여, 내키는, 즐겨하는, 마음에 드는, 사랑스러운, 감각적 욕망에 관련된, 매혹적인, 눈에 의해 의식되는 물질현상이 있다. 비구들이여, 만약 비구가 그것을 기뻐하지 않고 환영하지 않고 매달려 있지 않다면, 이렇게 말한다. "마라의 미끼를 삼키지 않는 비구는 미끼를 부수고 미끼를 박살낸다. [그는] 재난에 빠지지 않는 자, 불행으로 들어가지 않는 자, 빠삐만의 욕망대로 행하지 않는 자이다."

Santi ca bhikkhave sotaviññeyyā saddā / pe / ghāna-jivhā-kāya-manoviññeyyā dhammā iṭṭhā kantā manāpā piyarūpā kāmūpasaṃhitā rajanīyā. Tañ ce bhikkhu nābhinandati nābhivadati nā-

144) Saṃyutta Nikāya, 4권, 159쪽.

jjhosāya tiṭṭhati. Ayaṃ vuccati bhikkhave bhikkhu na gilitabaḷiso Mārassa abhedi baḷisaṃ paribhedi baḷisaṃ na anayaṃ āpanno na byasanaṃ āpanno na yathākāmaṃ karaṇīyo pāpimato ti.

> 비구들이여, 귀에 의해 의식되는 소리가 있다. …[중략]… 코에 의해 … 혀에 의해 … 몸에 의해 … 내키는, 즐겨하는, 마음에 드는, 사랑스러운, 감각적 욕망에 관련된, 매혹적인, 정신에 의해 의식되는 법들이 있다. 비구들이여, 만약 비구가 그것을 기뻐하지 않고 환영하지 않고 매달려 있지 않다면, 이렇게 말한다. "마라의 미끼를 삼키지 않는 비구는 미끼를 부수고 미끼를 박살낸다. [그는] 재난에 빠지지 않는 자, 불행으로 들어가지 않는 자, 빠삐만의 욕망대로 행하지 않는 자이다."145)

Ayaṃ asekkho.

이것은 배울 것이 없는 이[에 관련된 경이다.]

Idaṃ saṃkilesabhāgiyañ ca asekhabhāgiyañ ca suttaṃ.

따라서 이것은 오염과 배울 것이 없는 이의 [둘 다에] 관련된 경이다.

8) 오염과 통찰과 배울 것이 없는 이의 셋 다에 관련된 경

Tattha katamaṃ saṃkilesabhāgiyañ ca nibbedhabhāgiyañ ca asekhabhāgiyañ ca suttaṃ?

145) Saṃyutta Nikāya, 4권, 159쪽.

그 [열여섯 가지 가르침의 유형] 중에서 오염과 통찰과 배울 것이 없는 이의 [셋 다에] 관련된 경이란 어떤 것인가?

Ayaṃ loko santāpajāto phassapareto rodaṃ vadati attano
yena yena hi maññanti tato taṃ hoti aññathā.

> 이 세간은 뜨거운 고통에서 생긴 것이고,[146] 접촉[147]에 의해 제압된 것이다. 그리고 질병인 것[148]을 자신이라고 말한다. 어떻게 생각하든 그것은 그것과는 다른 것이다.[149]

Aññathābhāvī bhavasatto loko [bhavapareto] bhavam evābhinandati
yad abhinandati taṃ bhayaṃ,
yassa bhāyati taṃ dukkhan ti.

Ayaṃ saṃkileso.

> 다른 상태를 지니고서 존재에 끄달리는 세간은 [존재에 제압되어][150] 존재에 대해 기뻐한다. [존재를] 기뻐하는 것, 그것은 두려움[의 대상]이다. 두려워하는 자에게 그것은 괴로움이다.[151]

146) 주석서(245쪽)에 따르면, 세간이 고통에서 생긴 것은 친척의 불행 따위로 인해 슬픔과 고통이 일어나고 탐냄 등으로 인해 열뇌와 고통이 일어나기 때문이다.
147) 주석서(245쪽)에 따르면, 여러가지 괴로운 접촉(aneka dukkhaphassa)을 뜻한다.
148) PTS 본의 roda는 roga(질병)의 잘못된 표기이다. Udāna, 32쪽. 질병은 오온을 가리키는 용어이다. Majjhima Nikāya, 1권, 435쪽 참조.
149) Saṃyutta Nikāya, 4권, 22쪽, 64쪽 참조.
150) PTS본에는 '존재에 제압되어'에 해당하는 문장 'bhavapareto'가 없지만, 이 게송의 원본인 Udāna, 32쪽에 따라 본 구문을 삽입하였다.
151) Udāna, 32쪽.

이것은 오염[에 관련된 경이다.]

Bhavavippahānāya kho pan'idaṃ brahmacariyaṃ vussatī ti.

Ayaṃ nibbedho. [p.157]

존재를 극복하기 위해 이 고귀한 삶을 산다.[152)]

이것은 통찰[에 관련된 경이다.] [157쪽]

Ye hi keci samaṇā vā brāhmaṇā vā bhavena bhavassa vippamokkham āhaṃsu, sabbe te avippamuttā bhavasmā ti vadāmi. Ye vā pana keci samaṇā vā brāhmaṇā vā vibhavena bhavassa nissaraṇam āhaṃsu, sabbe te anissaṭā bhavasmā ti vadāmi. Upadhiṃ hi paṭicca dukkham idaṃ sambhotī ti.

'사문이든 바라문이든 존재를 통하여 존재의 자유로움을 말하는 자들이라면 누구든 존재로부터 자유롭지 않다.'라고 나는 말한다.
또한 '사문이든 바라문이든 존재하지 않음을 통하여 존재로부터 떠남을 말하는 자들이라면 누구든 존재로부터 떠나지 못했다.'라고 나는 말한다. 집착의 대상을 조건으로 이 괴로움은 생겨난다.[153)]

Ayaṃ saṃkileso.

이것은 오염[에 관련된 경이다.]

152) Udāna, 33쪽.
153) Udāna, 33쪽.

Sabbupādānakkhayā n'atthi dukkhassa sambhavo ti.

Ayaṃ nibbedho.

> 모든 집착이 그침으로써 괴로움의 생겨남은 없다.[154]

이것은 통찰[에 관련된 경이다.]

Lokam imaṃ passa puthu avijjāya paretṃ bhūtāṃ bhūtaratāṃ bhavā aparimuttṃ. Ye hi keci bhavā sabbadhi sabbatthatāya sabbe te bhavā aniccā dukkhā vipariṇāmadhammā ti.

Ayaṃ saṃkileso.

> 이 세간을 보라. 무명에 제압되어 생겨난 각각의 것들은[155] 존재에 탐착하여 존재로부터 풀려나지 못한다.[156] 어떤 곳에 있든 어떤 상태에 있든 그 모든 존재는 무상하고 괴로움이고 변화하는 법이다.[157]

이것은 오염[에 관련된 경이다.]

Evam etaṃ yathābhūtaṃ sammappaññāya passato
bhavataṇhā pahīyati vibhavaṃ nābhinandati.
Sabbaso taṇhāsaṃkhayo asesavirāganirodho nibbānan ti.

---

154) Udāna, 33쪽.
155) 주석서(247쪽)에 따르면, 생겨난 것들이란 오온(khandhapañcaka)을 가리킨다.
156) 주석서(247쪽)에 따르면, 여자는 남자에 대해, 남자는 여자에 대해, 서로의 존재에 대해 즐거워하기 때문에 존재로부터 풀려나지 못한다.
157) Udāna, 33쪽.

Ayaṃ nibbedho.

> 이와 같이 이것을 바른 반야로 있는 그대로 볼 때 그에게는 존재에 대한 갈애가 없어진다. 존재하지 않음에 대해서도 기뻐하지 않는다. 모든 갈애가 그침으로써 남김 없는 탐냄의 여읨과 소멸, 열반이 있다.[158]

이것은 통찰[에 관련된 경이다.]

Tassa nibbutassa bhikkhuno anupādā punabbhavo na hoti. Abhibhūto māro vijito saṅgāmo. upaccagā sabbabhavāni tādī ti.

Ayaṃ asekho.

> 비구에게 그것이 꺼지면 집착하지 않는 까닭에 다음 존재란 없다. 마라는 정복되었다. 전쟁은 이겼다. 그는 모든 존재들을 초월하였다.[159].

이것은 배울 것이 없는 이[에 관련된 경이다.]

Idaṃ saṃkilesabhāgiyañ ca nibbedhabhāgiyañ ca asekhabhāgiyañ ca suttaṃ.

따라서 이것은 오염과 통찰과 배울 것이 없는 이의 [셋 다에] 관련된 경이다.

158) udāna, 33쪽.
159) udāna, 33쪽.

Cattāro'me bhikkhave puggalā. Katame cattāro? Anusotagāmī, paṭisotagāmī, ṭhitatto, tiṇṇo pāraṅgato thale tiṭṭhati brāhmaṇo ti.

> 비구들이여, 이러한 네 부류의 사람들이 있다. 무엇이 넷 인가? 흐름160)을 따라가는 자, 흐름을 거슬러 가는 자, 서있는 자, 저쪽 언덕으로 건너가 단단한 땅 위에 선 바라문161)이다.

Tattha yo'yaṃ puggalo anusotagāmī, ayaṃ puggalo saṃkilesabhāgiyo. Tattha yo'yaṃ puggalo paṭisotagāmī yo ca ṭhitatto, ime dve puggalā nibbedhabhāgiyā. [p.158]

Tattha yo'yaṃ puggalo tiṇṇo pāraṅgato thale tiṭṭhati brāhmaṇo, ayaṃ asekho.

Idaṃ saṃkilesabhāgiyañ ca nibbedhabhāgiyañ ca asekhabhāgiyañ ca suttaṃ.

그 중에서 흐름을 따라가는 사람, 그는 오염에 관련된다.

그 중에서 흐름을 거슬러 가는 사람과 서있는 사람, 이 둘은 통찰에 관련된다. [158쪽].

그 중에서 저쪽 언덕으로 건너간 사람, 단단한 땅 위에 선 바라문, 그는 배울 것이 없는 이에 관련된다.

따라서 이것은 오염과 통찰과 배울 것이 없는 이의 [셋 다에] 관련된 경이다.

160) 이 책 59쪽, 각주 40 참조.
161) Aṅguttara Nikāya, 2권, 5쪽.

9) 오염과 훈습과 통찰의 셋 다에 관련된 경

Tattha katamaṃ saṃkilesabhāgiyañ ca vāsanābhāgiyañ ca nibbedhabhāgiyañ ca suttaṃ?

그 [열여섯 가지 가르침의 유형] 중에서 오염과 훈습과 통찰의 [셋 다에] 관련된 경이란 어떤 것인가?

Chaḷābhijātiyo.
Atthi puggalo kaṇho kaṇhābhijātiko kaṇhaṃ dhammaṃ abhijāyati. Atthi puggalo kaṇho kaṇhābhijātiko sukkaṃ dhammaṃ abhijāyati. Atthi puggalo kaṇho kaṇhābhijātiko akaṇhaṃ asukkaṃ akaṇha-asukkavipākaṃ accantaṃ niṭṭhaṃ nibbānaṃ ārādheti. Atthi puggalo sukko sukkābhijātiko kaṇhaṃ dhammaṃ abhijāyati. Atthi puggalo sukko sukkābhijātiko sukkaṃ dhammaṃ abhijāyati. Atthi puggalo sukko sukkābhijātiko akaṇhaṃ asukkaṃ akaṇha-asukkavipākaṃ accantaṃ niṭṭhaṃ nibbānaṃ ārādheti.

> 여섯 부류의 혈통이 있다.
> 검은 혈통을 갖고[162] 검은 법을 생기게 하는[163] 검은 사람이 있다. 검은 혈통을 갖고 흰 법을 생기게 하는 검은 사람[164]이 있다. 검은 혈통을 갖고서 검지도 않고 희지도 않고 또한 검지도 희지도 않은 과보를 지닌, 궁극의 완성인 열반[165]에 도달하는 검은 사람이 있다.[166]

---

162) 주석서(248쪽)에 따르면, 낮은 집안에서 태어난 자를 말한다.
163) 주석서(248쪽)에 따르면, 열 가지 계를 어기는 법을 발생시키고 지옥에 태어나게 하는 것이다.
164) 주석서(248쪽)에 따르면, 이전에 복덕을 쌓지 않았기 때문에 낮은 집안에 태어났지만 이제 복덕이라는 흰 법을 생기게 하고 그것 때문에 천상에 태어나는 자를 말한다.
165) 주석서(248쪽)에 따르면, 검은 것을 닦으면 검은 과보를 얻고 흰 것을 닦으면 흰

> 흰 혈통을 갖고[167] 검은 법을 생기게 하는 흰 사람이 있다. 흰 혈통을 갖고 흰 법을 생기게 하는 흰 사람이 있다. 흰 혈통을 갖고서 검지도 않고 희지도 않고 또한 검지도 희지도 않은 과보를 지닌 궁극의 완성인 열반에 도달하는 흰 사람이 있다.[168]

Tattha yo ca puggalo kaṇho kaṇhābhijātiko kaṇhaṃ dhammaṃ abhijāyati, yo ca puggalo sukko sukkābhijātiko kaṇhaṃ dhammaṃ abhijāyati, ime dve puggalā saṃkilesabhāgiyā.

그 [여섯 부류] 중에서 검은 혈통을 가진 자로서 검은 법을 생기게 하는 검은 사람, 흰 혈통을 가진 자로서 검은 법을 생기게 하는 흰 사람, 이 두 부류의 사람들은 오염에 관련된다.

Tattha yo ca puggalo kaṇho kaṇhābhijātiko sukkaṃ dhammaṃ abhijāyati, yo ca puggalo sukko sukkābhijātiko sukkaṃ dhammaṃ abhijāyati, ime dve puggalā vāsanābhāgiyā.

그 [여섯 부류] 중에서 검은 혈통을 가진 자로서 흰 법을 생기게 하는 검은 사람, 흰 혈통을 가진 자로서 흰 법을 생기게 하는 흰 사람, 이 두 부류의 사람들은 훈습에 관련된다.

과보를 얻지만, 검지도 않고 희지도 않고 또한 검지도 희지도 않은 과보를 지닌 열반은 이 두 가지가 없다.

166) 이 책 370쪽 참조.

167) 주석서(248쪽)에 따르면, 높은 집안에서 태어난 자를 말한다.

168) Aṅguttara Nikāya, 3권, 384쪽 참조.

Tattha yo ca puggalo kaṇho kaṇhābhijātiko akaṇhaṃ asukkaṃ akaṇha asukkavipākaṃ accantaṃ niṭṭhaṃ nibbānaṃ ārādheti, yo ca puggalo sukko sukkābhijātiko akaṇhaṃ asukkaṃ akaṇha-asukkavipākaṃ accantaṃ niṭṭaṃ nibbānaṃ ārādheti, ime dve puggalā nibbedhabhāgiyā. Idaṃ saṃkilesabhāgiyañ ca vāsanābhāgiyañ ca nibbedhabhāgiyañ ca suttaṃ.

그 [여섯 부류] 중에서 검은 혈통을 가진 자로서 검지도 않고 희지도 않고 또한 검지도 희지도 않은 과보를 지닌 궁극의 완성인 열반에 도달하는 검은 사람, 흰 혈통을 가진 자로서 검지도 않고 희지도 않고 또한 검지도 희지도 않은 과보를 지닌 궁극의 완성인 열반에 도달하는 흰 사람, 이 두 부류의 사람들은 통찰에 관련된다.

이것은 오염과 훈습과 통찰의 [셋 다에] 관련된 경이다.

Cattārimāni bhikkhave kammāni. Katamāni cattāri? [p.159]

비구들이여, 이러한 네 가지 업이 있다. 무엇이 넷 인가? [159쪽]

Atthi kammaṃ kaṇhaṃ kaṇhavipākaṃ. Atthi kammaṃ sukkaṃ sukkavipākaṃ. Atthi kammaṃ kaṇhasukkaṃ kaṇhasukkavipākaṃ. Atthi kammaṃ akaṇhaṃ asukkaṃ akaṇha-asukkavipākaṃ kammuttamaṃ kammaseṭṭhaṃ kammakkhayāya saṃvattati.

검은 과보를 지닌 검은 업이 있다. 흰 과보를 지닌 흰 업이 있다. 검고

> 도 흰 과보를 지닌 검고도 흰 업이 있다. 검지도 희지도 않은 과보를 지닌, 최상의 업, 뛰어난 업, 업의 그침으로 이끄는 검지도 희지도 않은 업이 있다.[169]

Tattha yañ ca kammaṃ kaṇhaṃ kaṇhavipākaṃ, yañ ca kammaṃ kaṇhaṃ sukkaṃ kaṇhasukkavipākaṃ, ayaṃ saṃkileso, yañ ca kammaṃ sukkaṃ sukkavipākaṃ, ayaṃ vāsanā, yañ ca kammaṃ akaṇhaṃ asukkaṃ akaṇha-asukkavipākaṃ kammuttamaṃ kammaseṭṭhaṃ kammakkhayāya saṃvattati, ayaṃ nibbedho.

Idaṃ saṃkilesabhāgiyañ ca vāsanābhāgiyañ ca nibbedhabhāgiyañ ca suttaṃ.

그 중에서 검은 과보를 지닌 검은 업과 검고도 흰 과보를 지닌 검고도 흰 업, 이것은 오염에 관련된다. 흰 과보를 지닌 흰 업, 이것은 훈습에 관련된다. 검지도 희지도 않은 과보를 지닌 최상의 업, 뛰어난 업, 업의 그침으로 이끄는 검지도 희지도 않은 업, 이것은 통찰이다.

이것은 오염과 훈습과 통찰의 [셋 다에] 관련된 경이다.

10) 훈습과 통찰의 둘 다에 관련된 경

Tattha katamaṃ vāsanābhāgiyañ ca nibbedhabhāgiyañ ca suttaṃ?

169) Aṅguttara Nikāya, 2권, 230쪽; 이 책 370쪽.

그 [열여섯 가지 가르침의 유형] 중에서 훈습과 통찰의 [둘 다에] 관련된 경이란 어떤 것인가?

Laddhāna mānusattaṃ dve kiccaṃ akiccam eva ca
sukiccañ c'eva puññāni saṃyojanavippahānaṃ vā ti.

> 인간의 상태를 얻은 후,
> 해야 할 일과 해서는 안 될 일이라는 두 가지가 있다.
> 잘 해야 할 일은 복덕[을 쌓는 일과] 결박의 제거이다.

Sukiccaṃ c'eva puññānī ti vāsanā. Saṃyojanavippahānaṃ vā ti nibbedho.

'잘 해야 할 일은 복덕[을 쌓는 일]'은 훈습[에 관련된다.] '결박의 제거'는 통찰[에 관련된다.][170)]

Puññāni karitvāna saggā saggaṃ vajanti katapuññā
saṃyojanappahānā jarāmaraṇā vippamuccantī ti.

> 복덕을 행하고서 행한 복덕 때문에 그들은 천상에서 천상으로 간다.
> 결박을 없앤 이들은 노쇠와 죽음으로부터 자유롭게 된다.

Puññāni karitvāna saggā saggaṃ vajanti katapuññā ti vāsanā. Saṃyojanappahānā jarāmaraṇā vippamuccantī ti nibbedho.

170) 이 책 593쪽 참조.

Idaṃ vāsanābhāgiyañ ca nibbedhabhāgiyañ ca suttaṃ.

'복덕을 행하고서 행한 복덕 때문에 그들은 천상에서 천상으로 간다.'는 훈습[에 관련된다.] '결박을 없앤 이들은 노쇠와 죽음으로부터 자유롭게 된다.'는 통찰[에 관련된다.]

따라서 이것은 훈습과 통찰의 [둘 다에] 관련된 경이다.

Dve'māni bhikkhave padhānāni. Katamāni dve? Yo ca agārasmā anagāriyaṃ pabbajitesu cīvarapiṇḍapātasenāsanagilānapaccaya-bhesajjaparikkhāraṃ pariccajati, yo ca agārasmā anagāriyaṃ pabbajitesu sabbūpadhipaṭinissaggo taṇhakkhayo virāgo nirodho nibbānan ti. [p.160]

> 비구들이여, 이러한 두 가지 정근이 있다. 무엇이 둘인가? 집에서 집 없는 곳으로 속세를 떠난 자들 가운데 [그들의] 필수품인 옷, 탁발 음식, 잠자리, 아플 때 필요한 약을 포기하는 자가 있다. 그리고 집에서 집 없는 곳으로 속세를 떠난 자들 가운데 모든 집착의 대상을 버리고 갈애를 그치고 탐냄을 여의고 소멸하고 열반에 든 자가 있다.[171] [160쪽]

Tattha yo agārasmā anagāriyaṃ pabbajitesu cīvarapiṇḍapāta / pe / parikkhāraṃ pariccajati, ayaṃ vāsanā. Yo agārasmā anagāriyaṃ pabbajitesu sabbūpadhipaṭinissaggo taṇhakkhayo virāgo nirodho nibbānaṃ, ayaṃ nibbedho.

Idaṃ vāsanābhāgiyañ ca nibbedhabhāgiyañ ca suttaṃ.

171) Aṅguttara Nikāya, 1권, 49쪽 참조.

그 [둘 중에서] '집에서 집 없는 곳으로 속세를 떠난 자들 가운데 [그들의] 필수품인 옷, 탁발 음식, …[중략]… 포기하는 자' 이것은 훈습[에 관련된다.] '집에서 집 없는 곳으로 속세를 떠난 자들 가운데 모든 집착의 대상을 버리고 갈애를 그치고 탐냄을 여의고 소멸하고 열반에 든 자' 이것은 통찰[에 관련된다.]

따라서 이것은 훈습과 통찰의 [둘 다에] 관련된 경이다.

11) 갈애에 의한 오염에 관련된 경

Tattha taṇhāsaṃkilesabhāgiyaṃ suttaṃ taṇhāpakkhen' eva niddisitabbaṃ. Tīhi taṇhāhi: kāmataṇhāya bhavataṇhāya vibhavataṇhāya, yena yena vā pana vatthunā ajjhositā, tena ten'eva niddisitabbaṃ. Tassā vitthāro: chattiṃsa taṇhājāliniyā vicaritāni.

그 [열여섯 가지 가르침의 유형 중 열한 번째에 해당하는] 갈애에 의한 오염에 관련된 경은 갈애의 측면에서 설명되어야 한다. 세 가지 갈애, 즉 감각적 욕망에 대한 갈애, 존재에 대한 갈애, 존재하지 않음에 대한 갈애라는 매달림의 대상에 따라 각각 설명되어야 한다. 그것에 대한 상세한 [설명은] '서른여섯 가지 갈애의 그물에서 맴돔'172)에 관한 것이다.

172) Aṅguttara Nikāya, 2권, 211쪽, 이 책 156쪽 참조.

12) 견해에 의한 오염에 관련된 경

Tattha diṭṭhisaṃkilesabhāgiyaṃ suttaṃ diṭṭhipakkhen'eva niddisitabbaṃ. Ucchedasassatena, yena yena vā pana vatthunā diṭṭhivasena abhinivisati 'idam eva saccaṃ mogham aññan ti, tena ten'eva niddisitabbaṃ. Tassa vitthāro: dvāsaṭṭhidiṭṭhigatāni.

그 [열여섯 가지 가르침의 유형 중 열두 번째에 해당하는] 견해에 의한 오염에 관련된 경은 견해의 측면에서 설명되어야 한다. '이것이 진리이다. 다른 것은 헛된 것이다.'라고 고집하는 단절[의 견해](斷見)와 영원함[의 견해](常見)라는 견해의 근거에 따라 각각 설명되어야 한다. 그것에 대한 상세한 [설명은] '예순두 가지 견해'[173]에 관한 것이다.

13) 나쁜 행동에 의한 오염에 관련된 경

Tattha duccaritasaṃkilesabhāgiyaṃ suttaṃ cetanāya cetasikakammena niddisitabbaṃ, tīhi duccaritehi: kāyaduccaritena vacīduccaritena manoduccaritena. Tassa vitthāro: dasa akusalakammapathā.

그 [열여섯 가지 가르침의 유형 중 열세 번째에 해당하는] 나쁜 행동에 의한 오염에 관련된 경은 몸으로 하는 나쁜 행동, 언어로 하는 나쁜 행동, 정신으로 하는 나쁜 행동이라는 세 가지

173) Dīgha Nikāya, 1권, 1쪽, Brahmajāla Sutta 참조. 이 책 421쪽 참조.

나쁜 행동을 지닌 의도와 마음에 속하는 업에 의해 설명되어야 한다. 그것에 대한 상세한 [설명은] '열 가지 옳지 않은 업의 통로'[174]에 관한 것이다.

14) 갈애의 정화에 관련된 경

Tattha taṇhāvodānabhāgiyaṃ suttaṃ samathena niddisitabbaṃ.

그 [열여섯 가지 가르침의 유형 중 열네 번째에 해당하는] 갈애의 정화에 관련된 경은 사마타에 의해 설명되어야 한다.

15) 견해의 정화에 관련된 경

Diṭṭhivodānabhāgiyaṃ suttaṃ vipassanā niddisitabbaṃ.

그 [열여섯 가지 가르침의 유형 중 열다섯 번째에 해당하는] 견해의 정화에 관련된 경은 위빠사나에 의해 설명되어야 한다.

16) 나쁜 행동의 정화에 관련된 경

Duccaritavodānabhāgiyaṃ suttaṃ sucaritena niddisitabbaṃ.

그 [열여섯 가지 가르침의 유형 중 열여섯 번째에 해당하는] 나쁜 행동의 정화에 관련된 경은 좋은 행동에 의해 설명되어야 한다.

174) 이 책 179쪽 참조.

Tīṇi akusalamūlāni⋯ Taṃ kissa hetu? Saṃsārassa nibbattiyā tathā nibbatte saṃsāre kāyaduccaritaṃ⋯ kāyasucaritaṃ⋯. vacīduccaritaṃ⋯ vacīsucaritaṃ⋯ manoduccaritaṃ⋯ manosucaritaṃ⋯

Iminā asubhena kammavipākena idaṃ bālalakkhaṇaṃ nibbattatī ti. [p.161]

Idaṃ saṃkilesabhāgiyaṃ suttaṃ.

> 옳지 않음의 세 가지 뿌리가 있다. 그것은 무엇의 원인인가? 윤회 발생[의 원인이다.] 그와 같이 윤회가 발생할 때 몸으로 하는 나쁜 행동 ⋯ 몸으로 하는 좋은 행동 ⋯ 언어로 하는 나쁜 행동 ⋯ 언어로 하는 좋은 행동 ⋯ 정신으로 하는 나쁜 행동 ⋯ 정신으로 하는 좋은 행동 ⋯ 이 아름답지 못한 업의 과보로 이 어리석은 특성을 지닌 자가 태어난다. [161쪽]

이것은 오염에 관련된 경이다.

Iminā subhena kammavipākena idaṃ mahāpurisalakkhaṇaṃ nibbattatī ti.

Idaṃ vāsanābhāgiyaṃ suttaṃ.

> 이 아름다운 업의 과보로 이 위대한 특성을 지닌 자가 태어난다.

이것은 훈습에 관련된 경이다.

Tattha saṃkilesabhāgiyaṃ suttaṃ catūhi kilesabhūmīhi niddisitabbaṃ: anusayabhūmiyā, pariyuṭṭhānabhūmiyā, saṃyojanabhūmiyā, upādānabhūmiyā.

그 중에서 오염에 관련된 경은 네 가지 오염의 단계, 즉 잠재성향의 단계, 사로잡힘의 단계, 결박의 단계, 집착의 단계에 따라 설명되어야 한다.

Sānusayassa pariyuṭṭhānaṃ jāyati, pariyuṭṭhito saṃyujjati, saṃyujjanto upādiyati.

Upādānapaccayā bhavo, bhavapaccayā jāti, jātipaccayā jarāmaraṇasokaparidevadukkhadomanassūpāyāsā sambhavanti. Eevam etassa kevalassa dukkhakkhandhassa samudayo hoti.

Imāhi catūhi kilesabhūmīhi sabbe kilesā saṅgahaṃ samosaraṇaṃ gacchanti.

잠재성향을 지닌 자에게 사로잡힘이 생긴다. 사로잡힌 자는 결박된다. 결박된 자는 집착한다. 집착을 조건으로 존재가 있다. 존재를 조건으로 태어남이 있다. 태어남을 조건으로 노쇠·죽음·근심·슬픔·괴로움·불쾌함·절망이 생겨난다. 이와같이 이 순전한 괴로움의 다발(苦蘊)이 일어난다.

이 네 가지 오염의 단계에 따라 모든 오염들은 모이고 결합되어 간다.

Idaṃ saṃkilesabhāgiyaṃ suttaṃ.

이것은 오염에 관련된 경이다.

Vāsanābhāgiyaṃ suttaṃ tīhi sucaritehi niddisitabbaṃ. Nibbedhabhāgiyaṃ suttaṃ catūhi saccehi niddisitabbaṃ. asekhabhāgiyaṃ suttaṃ tīhi dhammehi niddisitabbaṃ. Buddhadhammehi paccekabuddhadhammehi sāvakabhūmiyā jhāyivisaye niddisitabban ti.

훈습에 관련된 경은 세 가지 좋은 행동에 의해 설명되어야 한다. 통찰에 관련된 경은 네 가지 진리에 의해 설명되어야 한다. 배울 것이 없는 이에 관련된 경은 세 가지 법에 의해 설명되어야 한다. 즉 붓다의 법에 의해, 홀로 깨달은 이의 법에 의해, 선정수행자의 고유영역(對境)에 있는 제자들의 경지에 의해 설명되어야 한다.

2. 열여덟 가지 가르침의 유형[175)]

Tattha katame aṭṭhārasa mūlapadā?

Lokikaṃ lokuttaraṃ lokikañ ca lokuttarañ ca, sattādhiṭṭhānaṃ dhammādhiṭṭhānaṃ sattādhiṭṭhānañ ca dhammādhiṭṭhānañ ca, ñāṇaṃ ñeyyaṃ ñāṇañ ca ñeyyañ ca, dassanaṃ bhāvanā dassanañ

175) 본문에 나타나는 이 부분의 소제목은 '열여덟 가지 뿌리가 되는 구문(aṭṭhārasamūlapada)'이지만 여기의 내용은 뿌리가 되는 구문을 설명하는 것이 아니라 뿌리가 되는 구문이 나타나는 가르침의 유형을 열여섯 가지에 이어 열여덟 가지로 나열, 설명한 것이다. 따라서 이 부분은 '열여덟 가지 가르침의 유형'으로 목차를 설정하였다.

ca bhāvanā ca, sakavacanaṃ paravacanaṃ sakavacanañ ca paravacanañ ca, visajjanīyaṃ avisajjanīyaṃ visajjanīyañ ca avisajjanīyañ ca, kammaṃ vipāko kammañ ca vipāko ca, kusalaṃ akusalaṃ kusalañ ca akusalañ ca, anuññātaṃ paṭikkhittaṃ anuññātañ ca paṭikkhittañ ca, thavo cā ti.

거기에서 열여덟 가지 뿌리가 되는 구문[이 나타나는 열여덟 가지 가르침의 유형이란] 무엇인가?

세간에 속한 것, 세간을 넘어선 것, 세간에 속한 것과 세간을 넘어선 것의 [둘 다에 해당하는 것,] 중생이라는 관점, 법이라는 관점, 중생과 법이라는 관점의 [둘 다에 해당하는 것,] 앎, 알아야 할 것, 앎과 알아야 할 것의 [둘 다에 해당하는 것,] 봄, 닦음, 봄과 닦음의 [둘 다에 해당하는 것,] 자신의 말, 다른 자의 말, 자신의 말과 다른 자의 말의 [둘 다에 해당하는 것,] 대답되어야 하는 것, 대답되지 않아야 하는 것, 대답되어야 하는 것과 대답되지 않아야 하는 것의 [둘 다에 해당하는 것,] 업, 과보, 업과 과보의 [둘 다에 해당하는 것,] 옳음, 옳지 않음, 옳음과 옳지 않음의 [둘 다에 해당하는 것,] 받아들여진 것, 받아들여지지 않은 것, 받아들여진 것과 받아들여지지 않은 것의 [둘 다에 해당하는 것,] 찬탄[176]이다.[177]

176) 주석서(248쪽)에 따르면, 붓다 등의 덕성을 찬탄하면서 진행되는 경을 말한다.
177) 여기부터는 가르침의 유형을 보여주는 열여덟 가지를 나열한다. 그러나 실제로 여기에 나열된 것은 두 가지씩 아홉 쌍에 이 두 가지를 공통으로 지닌 아홉 가지와 찬탄의 글을 추가함으로써 스물 여덟 가지이다.

1) 세간에 속한 것

Tattha katamaṃ lokikaṃ?

그 [열여덟 가지 가르침의 유형] 중에서 '세간에 속한 것'이란 어떤 것인가?

Na hi pāpaṃ kataṃ kammaṃ sajjukhīraṃ va muccati
dahantaṃ bālam anveti bhasmāchanno va pāvako ti. [p.162]

Idaṃ lokikaṃ.

> 행해진 나쁜 업이 [금방] 변하는 것은 아니다. 막 짠 우유가 그렇듯.[178]
> 재에 덮인 불씨처럼 그것은 어리석은 자를 태우면서 따라온다.[179] [162쪽]

이 [경구는] '세간에 속한 것'에 해당한다.

Cattār'imāni bhikkhave agatigamanāni. Sabbaṃ / pe / nihīyate tassa yaso kāḷapakkh eva candimā ti.

Idaṃ lokikaṃ.

> 비구들이여, 이러한 네 가지 잘못된 길로 감이 있다. [무엇이 그 넷인가? 의욕에서 비롯된 잘못된 길로 간다. 성냄에서 비롯된 잘못된 길로 간다. 두려움에서 비롯된 잘못된 길로 간다. 어리석음에서 비롯된 잘못

178) 주석서(249쪽)에 따르면, 우유가 시간이 지난 후 응유로 되듯 악한 업도 시간이 흐른 후 열매를 맺는다.
179) Dhammapada, 게송 7.

> 된 길로 간다. 비구들이여, 이것이 네 가지 잘못된 길로 감이다.
> 세존께서 그것을 말씀하셨다. 잘 가신 분은 그것을 말씀하시고, 스승으로서 다시 또 그것을 게송으로 말씀하셨다.[180]
> 의욕, 성냄, 두려움, 어리석음 때문에 법을 거스린 이,] 그의 명성은 그믐달처럼 스러진다.[181]

이 [경구는] '세간에 속한 것'에 해당한다.

Aṭṭh'ime bhikkhave lokadhammā. Katame aṭṭha?
Lābho alābho yaso ayaso nindā pasaṃsā sukhaṃ dukkhaṃ.
Ime kho bhikkhave aṭṭha lokadhammāti.

Idaṃ lokikaṃ.

> 비구들이여, 이 여덟 가지는 세간의 법이다. 무엇이 여덟인가?
> 이득, 손실, 명성, 명성 없음, 비난, 칭찬, 즐거움, 괴로움이다.
> 이 여덟 가지는 세간의 법이다.[182]

이 [경구는] '세간에 속한 것'에 해당한다.

2) 세간을 넘어선 것

Tattha katamaṃ lokuttaraṃ?

180) 이 책 487쪽.
181) Aṅguttara Nikāya, 2권, 18쪽.
182) Aṅguttara Nikāya, 4권, 157쪽.

그 [열여덟 가지 가르침의 유형] 중에서 '세간을 넘어선 것'이란 어떤 것인가?

Yass'indriyāni samathaṅgatāni
assā yathā sārathinā sudantā
pahīnamānassa anāsavassa
devā pi tassa pihayanti tādino ti.

Idaṃ lokuttaraṃ.

> 사마타에 이른 그의 기능들,
> 마치 마부에 의해 잘 훈련된 말과 같다.
> 자만이 없어진, 번뇌가 없는,
> 그러한 그를 천신들도 부러워한다.183)

이 [경구는] '세간을 넘어선 것'에 해당한다.

Pañc'imāni bhikkhave indriyāni lokuttarāni. Katamāni pañca? Saddhindriyaṃ vīriyindriyaṃ satindriyaṃ samādhindriyaṃ paññindriyaṃ.
Imāni kho bhikkhave pañc'indriyāni lokuttarānī ti.

Idaṃ lokuttaraṃ.

> 비구들이여, 이 다섯 기능은 세간을 넘어선 것이다. 다섯은 무엇인가? 믿음의 기능, 노력의 기능, 사띠의 기능, 삼매의 기능, 반야의 기능이다. 비구들이여, 이 다섯 기능은 세간을 넘어선 것이다.184)

183) Dhammapada, 게송 94; Theragāthā, 게송 205 참조.

이 [경구는] '세간을 넘어선 것'에 해당한다.

2–1) 세간에 속한 것과 세간을 넘어선 것의 둘 다에 해당하는 것

Tattha katamaṃ lokikañ ca lokuttarañ ca?

그와 관련하여 세간에 속한 것과 세간을 넘어선 것의 [둘 다에 해당하는 것은] 어떤 것인가?

Laddhāna mānusattaṃ dve kiccaṃ akiccam eva cā ti.

> 인간의 상태를 얻은 후,
> 해야 할 일과 해서는 안 될 일이라는 두 가지가 있다. [잘 해야 할 일은 복덕을 행하는 일과 결박의 제거이다.
>
> 복덕을 행하고서 행한 복덕 때문에 그들은 천상에서 천상으로 간다.
> 결박을 없앤 이들은 노쇠와 죽음으로부터 자유롭게 된다.][185]

dve gāthā. Yaṃ iha sukiccañ c'eva puññānī ti ca puññāni karitvāna saggā saggaṃ vajanti katapuññā ti ca, idaṃ lokikaṃ. Yaṃ iha saṃyojanavippahānaṃ vā ti ca saṃyojanappahānā jarāmaraṇā vippamuccantī ti ca, idaṃ lokuttaraṃ.

Idaṃ lokikañ ca lokuttarañ ca. [p.163]

[위와 같은] 두 게송이 있다.

184) Saṃyutta Nikāya, 5권, 193쪽.
185) 이 책 581쪽.

여기에서 '잘 해야 할 일은 복덕'이라는 것과 '복덕을 행하고서 행한 복덕 때문에 그들은 천상에서 천상으로 간다.'는 '세간에 속한 것'에 해당한다. 여기에서 '결박의 제거'와 '결박을 없앤 이들은 노쇠와 죽음으로부터 자유롭게 된다.'는 '세간을 넘어선 것'에 해당한다.

따라서 이 [경구는] 세간에 속한 것과 세간을 넘어선 것의 [둘 다에] 해당한다. [163쪽]

Viññāṇe hi bhikkhave āhāre sati nāmarūpassa avakkanti hoti. Nāmarūpassa avakkantiyā sati punabbhavo hoti. Punabbhave sati jāti hoti. Jātiyā sati jarāmaraṇasokaparidevadukkhadomanassūpāyāsā sambhavanti. Evam etassa kevalassa dukkhakkhandhassa samudayo hoti.

> 비구들이여, 의식자양분이 있을 때 정신·물질현상의 출현이 있다. 정신·물질현상의 출현이 있을 때 다음 존재가 있다. 다음 존재가 있을 때 태어남이 있다. 태어남이 있을 때 노쇠·죽음·근심·슬픔·괴로움·불쾌함·절망이 생겨난다. 이와 같이 이 순전한 괴로움의 다발(苦蘊)이 일어난다.[186]

Seyyathā pi bhikkhave mahārukkho, tassa yāni c'eva mūlāni adho gamāni yāni ca tiriyaṃ gamāni sabbāni tāni uddhaṃ ojaṃ abhiharanti, evaṃ hi so bhikkhave mahārukkho tadāhāro tadupādāno ciraṃ dīgha maddhānaṃ tiṭṭheyya:

186) 이 책 229쪽.

비구들이여, 예를 들면 큰 나무가 있다. 그것의 뿌리는 아래로 뻗고 사방으로 뻗어 있다. 그 모든 것들은 영양분을 위로 가져온다. 비구들이여, 그런 식으로 자양분을 지닌, 생명의 연료를 가진 그 큰 나무는 오랜 시간동안 살 수 있다.

evam eva kho bhikkhave viññāṇe āhāre sati nāmarūpassa avakkanti hoti. Sabbaṃ / pe / Evam etassa kevalassa dukkhakkhandhassa samudayo hotī ti.

Idaṃ lokikaṃ.

비구들이여, 이와 같이 의식자양분이 있을 때 정신·물질현상의 출현이 있다. …[중략]… 이와 같이 이 순전한 괴로움의 다발(苦蘊)이 일어난다.[187)]

이 [경구는] '세간에 속한 것'에 해당한다.

Viññāṇe ce bhikkhave āhāre asati nāmarūpassa avakkanti na hoti. Nāmarūpassa avakkantiyā asati punabbhavo na hoti. Punabbhave asati jāti na hoti. Jātiyā asati jarāmaraṇasokaparidevadukkhadomanassūpāyāsā nirujjhanti. Evam etassa kevalassa dukkhakkhandhassa nirodho hoti.

비구들이여, 의식자양분이 없을 때 정신·물질현상의 출현이 없다. 정신·물질현상의 출현이 없을 때 다음 존재는 없다. 다음 존재가 없을 때 태어남이 없다. 태어남이 없을 때 노쇠·죽음·근심·슬픔·괴로움·불쾌함·절망이 소멸한다. 이와 같이 이 순전한 괴로움의 다발(苦蘊)이 소멸한다.

187) Saṃyutta Nikāya, 2권, 92쪽.

Seyyathā pi bhikkhave mahārukkho atha puriso āgaccheyya kuddālapiṭakaṃ ādāya, so taṃ rukkhaṃ mūle chindeyya mūle chetvā palikhaṇeyya palikhaṇitvā mūlāni uddhareyya antamaso usīranāḷimattām pi, so taṃ rukkhaṃ khaṇḍākhaṇḍikaṃ chindeyya khaṇḍākhaṇḍikaṃ chetvā phāleyya phāletvā sakalikaṃ sakalikaṃ kareyya sakalikaṃ sakalikaṃ karitvā vātātape visoseyya vātātape visosetvā agginā ḍaheyya agginā ḍahetvā maṃsiṃ kareyya maṃsiṃ karitvā mahāvāte vā ophuneyya nadiyā vā sīghasotāya pavāheyya, evaṃ hi so bhikkhave mahārukkho ucchinnamūlo assa tālāvatthukato anabhāvaṃ kato āyatiṃ anuppādadhammo:

비구들이여, 예를 들면 큰 나무가 있다. 그런데 한 사람이 호미와 바구니를 가지고 왔다. 그는 그 나무를 뿌리에서 자를 수 있다. 자르고 나서 그 뿌리를 파낼 수 있다. 파낸 후에 풀뿌리까지도 뽑아낼 수 있다. 그는 그 뿌리를 조각조각 자를 수 있다. 조각조각으로 자른 후에 부술 수 있다 부수어서 작은 조각으로 만들 수 있다. 산산조각으로 만든 후에 바람과 햇빛에 말릴 수 있다. 바람과 햇빛에 말린 후에 불로 태울 수 있다. 불로 태운 후에 재로 만들 수 있다 재로 만든 후에 센 바람에 흩어버리거나 강이나 물살에 떠내려 보낼 수도 있다.
비구들이여, 이런 식으로 그 큰 나무는 뿌리가 잘릴 수 있고, 종려나무의 [잘려진] 밑둥치처럼 될 수 있고, 존재가 없게 될 수 있고, 미래에 생기지 않는 법이 될 수 있다.

evam eva kho, bhikkhave viññāṇe āhāre asati [p.164] *nāmarūpassa avakkanti na hoti nāmarūpassa avakkantiyā asati. Sabbaṃ / pe / Evam etassa kevalassa dukkhakkhandhassa nirodho hotī ti.*

Idaṃ lokuttaraṃ.

> 비구들이여, 그와 같이 의식 자양분이 없을 때 [164쪽] 정신·물질현상의 출현은 없다. 정신·물질현상의 출현이 없을 때 …[중략]… 이와 같이 이 순전한 괴로움의 다발(苦蘊)이 소멸한다.[188]

이 [경구는] '세간을 넘어선 것'에 해당한다.

Idaṃ lokikañ ca lokuttarañ ca.

따라서 이러한 [경은] 세간에 속한 것과 세간을 넘어선 것의 [둘 다에] 해당한다.

3) 중생이라는 관점

Tattha katamaṃ sattādhiṭṭhānaṃ?

그 [열여덟 가지 가르침의 유형] 중에서 '중생이라는 관점'이란 어떤 것인가?

Sabbā disā anuparigamma cetasā
nev'ajjhagā piyataramattanā kvaci
evaṃ piyo puthu attā paresaṃ
tasmā na hiṃse paraṃ attakāmo ti.

Idaṃ sattādhiṭṭhānaṃ.

188) Saṃyutta Nikāya, 2권, 93쪽.

> 마음으로 모든 방향을 두루 돌아다녔지만
> 어디에도 자신보다 사랑스러운 것을 찾지 못했다.
> 다른 사람들도 이와 같이 각각 자신이 [가장] 사랑스럽다.
> 그러므로 자신에 대해 욕망을 지닌 자는 다른 자를 해치지 말라.189)

이 [경구는] '중생이라는 관점'에 해당한다.

Ye keci bhūtā bhavissanti ye ca
sabbe gamissanti pahāya dehaṃ
taṃ sabbajāniṃ kusalo viditvā
ātāpī so brahmacariyaṃ careyyā ti.

Idaṃ sattādhiṭṭhānaṃ.

> [이미] 생겨난, 그리고 [앞으로] 생겨날 누구든
> 몸을 버리고 갈 것이다.
> 능숙한 이는 그 모든 잃음을190) 알기 때문에,
> 열심히 하는 자가 되어 고귀한 삶을 살 것이다.

이 [경구는] '중생이라는 관점'에 해당한다.

Sattahi bhikkhave aṅgehi samannāgataṃ kalyāṇamittaṃ api vive-ciyamānena paṇāmiyamānena gale pi panujjamānena yāvajīvaṃ

189) Saṃyutta Nikāya, 1권, 75쪽; Udāna, 47쪽.
190) PTS본은 '능숙한 이는 그 모든 잃음'을 sabbaṃ jātikusalo로 표기하고 있다. 그러나 CHS 본과 Udāna는 sabbajāniṃ kusalo로 같게 표기하고 있으므로, 여기에서는 이를 따랐다. Udāna, 48쪽.

na vijahitabbaṃ.
Katamehi sattahi?

"비구들이여, 일곱 요소를 갖춘 착한 친구는 헤어져 있는 동안에도, 쫓아낸다 하더라도, 내몰린다 하더라도[191] 생명이 있는 한 포기하지 말아야 한다.
무엇이 일곱인가?

Piyo ca hoti ca garu ca bhāvanīyo ca vattā ca vacanakkhamo ca gambhīrañ ca kathaṃ kattā na ca aṭṭhāne niyojako.
Imehi kho bhikkhave sattahi / pe / na vijahitabbaṃ.
Idam avoca Bhagavā, idaṃ vatvāna Sugato athāparaṃ etad avoca Satthā:

그는 사랑스럽다. 훌륭하다. 존경받을 만하다. [적절하게] 말한다. 말에 대해 너그럽다. 심오한 말을 하는 자이다. 또한 그는 잘못된 곳으로 선동하지 않는다. 비구들이여, 이러한 일곱 …[중략]… 포기하지 말아야 한다." 이렇게 세존께서 말씀하셨다.
잘 가신 분은 그것을 말씀하시고, 스승으로서 다시 또 그것을 [게송으로] 말씀하셨다

Piyo garu bhāvanīyo vattā ca vacanakkhamo
gambhīrañ ca kathaṃ kattā na caṭṭhāne niyojako
taṃ mittaṃ mittakāmena yāva jīvam pi seviyan ti.

Idaṃ sattādhiṭṭhānaṃ. [p.165]

191) PTS본은 '내몰리다'를 '부주의한, 게으른'의 뜻을 지닌 pamajjamānena로 표기하고 있으나, 본문과 유사한 경구가 있는 Aṅguttara Nikāya, 4권, 32쪽에 따라 '내몰다'의 뜻을 지닌 panujjamānena를 따랐다.

> "사랑스러운, 훌륭한, 존경받을 만한, [적절하게] 말하는, 말에 대해 너그러운, 심오한 말을 하는, 잘못된 곳으로 선동하지 않는 자가 있다. 그런 친구를 친구로 원하여 생명이 있는 한 사귀어야 한다."192)

이 [경구는] '중생이라는 관점'에 해당한다. [165쪽]

4) 법이라는 관점

Tattha katamaṃ dhammādhiṭṭhānaṃ?

그 [열여덟 가지 가르침의 유형] 중에서 '법이라는 관점'이란 어떤 것인가?

Yañ ca kāmasukhaṃ loke yañ'c idaṃ diviyaṃ sukhaṃ taṇhakkhayasukhass'ete kalaṃ n'agghanti soḷasin ti.

Idaṃ dhammādhiṭṭhānaṃ.

> 이 세간에 대한 감각적 욕망의 즐거움이나 천신의 즐거움,
> 그것은 갈애의 그침이 주는 즐거움에 비해 십육분의 일의 가치도 없다.193)

이 [경구는] '법이라는 관점'에 해당한다.

192) Aṅguttara Nikāya, 4권, 32쪽 참조.

193) Udāna, 11쪽. 십육분의 일이라는 것은 베다시대의 제사장을 포함한 열여섯 제관에 관련된 말이다.(전재성, 빠알리-한글사전, 2005, 689쪽) 열여섯 제관 중 한 제관만 빠져도 제사를 지낼 수 없었다고 한다. 따라서 전체가 아닌 각각 하나는 아무런 가치가 없다.

Susukhaṃ vata nibbānaṃ sammāsambuddhadesitaṃ
asokaṃ virajaṃ khemaṃ yattha dukkhaṃ nirujjhatī ti.

Idaṃ dhammādhiṭṭhānaṃ.

> 괴로움이 소멸할 때
> 참으로 즐겁고 근심이 없고 먼지가 없는 평온한 열반을
> 올바로 완전히 깨달은 분께서 드러내셨다.[194]

이 [경구는] '법이라는 관점'에 해당한다.

4-1) 중생이라는 관점과 법이라는 관점의 둘 다에 해당하는 것

Tattha katamaṃ sattādhiṭṭhānañ ca dhammādhiṭṭhānañ ca?

그와 관련하여 중생이라는 관점과 법이라는 관점의 [둘 다에 해당하는 것이란] 어떤 것인가?

Mātaraṃ pitaraṃ hantvā rājāno dve ca khattiye
raṭṭhaṃ sānucaraṃ hantvā ti.

Idaṃ dhammādhiṭṭhānaṃ.

> 어머니와 아버지를[195] 죽이고, 왕족 중의 두 왕을[196] 죽이고 왕국과 함

194) Theragāthā, 게송 227.

195) Dhammapada 주석서(3권 453쪽)에 따르면, 갈애는 사람을 태어나게 만듦으로 어머니에 해당하고, 자만은 아버지의 높은 지위에 의존하여 일어나므로 아버지에 해당한다.

196) Dhammapada 주석서(3권 453쪽)에 따르면, 왕족 중의 두 왕은 영원함의 견해와 단절의 견해를 가리킨다. 견해를 가진 이들은 누구나 이 두 가지 견해를 따르기 때문이다.

께 시종을[197] 죽이고.[198]

이 [경구는] '법이라는 관점'에 해당한다.

Anīgho yāti brāhmaṇo ti.

Idaṃ sattādhiṭṭhānaṃ

안정된 바라문은 나아간다.[199]

이 [경구는] '중생이라는 관점'에 해당한다.

Idaṃ sattādhiṭṭhānañ ca dhammādhiṭṭhānañ ca.

따라서 이러한 [경구는] 중생이라는 관점과 법이라는 관점의 [둘 다에] 해당한다.

Cattāro'me bhikkhave iddhipādā. Katame cattāro? Chandasamādhipadhānasaṃkhārasamannāgato iddhipādo. Vīriya / pe / citta··· vīmaṃsāsamādhipadhānasaṃkhārasamannāgato iddhipādo ti.

197) Dhammapada 주석서(3권 453쪽)에 따르면, 왕국이란 열두 가지 영역(十二處, dvādasāyatana)을, 시종이란 기쁨과 탐냄(nandirāga)을 가리킨다.

198) Dhammapada, 게송 294 참조.

199) Dhammapada 주석서(3권 453쪽)에 따르면, 안정된 바라문이란 번뇌가 그침으로써 괴로움이 없는 자를 가리킨다. 그는 갈애를 아라한의 길에 대한 앎의 칼로 없애고 번뇌를 그쳤으므로 괴로움 없이 나아간다. Dhammapada, 게송 294.

Idaṃ dhammādhiṭṭhānaṃ.

> 비구들이여, 이 네 가지는 신통의 기반이다. 무엇이 넷인가? 의욕에 의한 삼매에서의 정근과 지음을 갖춘 신통의 기반, 노력에 의한 [삼매에서의 정근과 지음을 갖춘 신통의 기반,] 마음에 의한 [삼매에서의 정근과 지음을 갖춘 신통의 기반,] 고찰에 의한 삼매에서의 정근과 지음을 갖춘 신통의 기반이다.[200]

이 [경구는] '법이라는 관점'에 해당한다.

So kāye pi cittaṃ samodahati, citte pi kāyaṃ samodahati. kāye sukhasaññañ ca lahusaññañ ca okkamitvā upasampajja viharatī ti.

Idaṃ sattādhiṭṭhānaṃ,

> 그는 몸에 마음을 모은다. 마음에 몸을 모은다. 몸에 대한 즐거움의 지각과 가벼움의 지각이 나타난 후 도달하여 머문다.

idaṃ sattādhiṭṭhānañ ca dhammādhiṭṭhānañ ca.

이 [경구는] '중생이라는 관점'에 해당한다.

따라서 이러한 [경은] 중생이라는 관점과 법이라는 관점의 [둘 다에] 해당한다.

200) Aṅguttara Nikāya, 2권, 256쪽; 4권, 463쪽; 이 책 71-73쪽 참조.

5) 앎

Tattha katamaṃ ñāṇaṃ?

그 [열여덟 가지 가르침의 유형] 중에서 '앎'이란 어떤 것인가?

Yaṃ taṃ lokuttaraṃ ñāṇaṃ sabbaññū yena vuccati
na tassa parihān'atthi sabbakāle pavattatī ti.

Idaṃ ñāṇaṃ. [p.166]

> 세간을 건너간 앎,[201] 그것 때문에 '모든 것에 대해 아는 이'라고 불린다.
> 그것의 쇠퇴는 없다. 어떤 때에든 진행된다.[202]

이 [경구는] '앎'에 해당한다. [166쪽]

Paññā hi seṭṭhā lokasmiṃ yāya nibbānagāmini
yāya sammappajānāti jātimaraṇasaṅkhayan ti.

---

201) lokuttara는 보통 '세간에 속하지 않는, 즉 세간의 초월'로 번역되지만 여기에서는 글자대로 '세간을 건너감'으로 보고 lokuttara ñāṇa를 '세간을 건너간 앎'으로 번역하였다. 주석서(252쪽)에 따르면, '세간을 건너간 앎'이란 모든 세간을 건너고 정복한 후 확립된 앎를 말하며 세간을 넘어선 경지에 관한 앎은 아니다(na lokuttarabhūmikattā). 모든 것을 아는 앎은 세간에 속한 것이며 세간을 떠난 것이 아니다. 따라서 lokuttara ñāṇa는 '건너감으로써 모든 세간에 대해 알게 된 것'이지 열반을 알기 위해 모든 세간을 넘어선 것'은 아니다. Bhikkhu Ñāṇamoli, The Guide, 219쪽, 각주375/1 참조.

202) 주석서(252쪽)에 따르면, 세존의 모든 것에 대한 앎은 계속 일어나는 것이 아니라 주의를 기울일 때마다(āvajjanapaṭibaddha) 진행된다. 따라서 여기의 '어떤 때에든 진행된다.'란 '언제든지 접근할 수 있다'의 뜻이다. Majjhima Nikāya, 2권, 127쪽 및 Bhikkhu Ñāṇamoli, The Guide, 219쪽, 각주 375/2 참조.

Idaṃ ñāṇaṃ.

> 반야가 세간에서 최상이다. 그것으로 열반에 간다.
> 그것을 통해 태어남과 죽음의 그침을 바르게 잘 안다.[203)]

이 [경구는] '앎'에 해당한다.

6) 알아야 할 것

Tattha katamaṃ ñeyyaṃ?

그 [열여덟 가지 가르침의 유형] 중에서 '알아야 할 것'이란 어떤 것인가?

Kittayissāmi vo santiṃ (Dhotakā ti Bhagavā)
diṭṭhe dhamme anītihaṃ
yaṃ viditvā sato caraṃ
tare loke visattikaṃ.

> ("도따까여." 세존께서 말씀하셨다.)
> 그대에게 고요를 설명하겠다.
> 전해 내려오는 것이 아닌[204)] 현재의 법에서.[205)]
> 사띠를 지니고 유행하는 이는 [고요를] 알고서[206)]

203) Itivuttaka, 35쪽 참조.
204) 주석서(252쪽)에 따르면, '이렇게 있었다.'와 같이 전해들은 것이 아닌 자신의 눈앞에 있는 것을 뜻한다.
205) 주석서(252쪽)에 따르면, 현재의 법(diṭṭhe dhamme)이란 바로 지금 자신이 본 괴로움 등의 법을 말한다.
206) 주석서(252쪽)에 따르면, '모든 지음은 무상하다. 모든 지음은 괴로움이다. 모든

세간에 대한 얽힘을 건널 것이다.

Tañ cāhaṃ abhinandāmi
mahesi santimuttamaṃ
yaṃ viditvā sato caraṃ
tare loke visattikaṃ.

위대한 성인이시여, 저는 그것을 기뻐합니다.
최상의 고요.
사띠를 지니고 유행하는 이는 [고요를] 알고서
세간에 대한 얽힘을 건널 것입니다.

Yaṃ kiñci sampajānāsi (Dhotakā ti Bhagavā)
uddhaṃ adho tiriyañcā pi majjhe
etaṃ viditvā saṅgo ti loke
bhavābhavāya mākāsi taṇhan ti.

Idaṃ ñeyyaṃ.

("도따까여." 세존께서 말씀하셨다.)
위든 아래든 가로지른 것이든 중간의 것이든
그대가 아는 것은 무엇이든
'세간에 대한 끄달림이다.'라고 알고서,
존재와 존재가 없는 것에 대한[207] 갈애를 만들지 말라.'[208]

법은 자아가 아니다'의 방식으로 사띠를 지닌 자가 되어 거룩한 길을 따라 유행하는 자는 고요를 알게 된다.

207) 주석서(252쪽)에 따르면, 사소한 존재만이 아닌 큰 존재에 대한 것도 포함하는 것이다. 또는 영원과 단멸에 대한 것을 말하기도 한다.

이 [경구는] '알아야 할 것'에 해당한다.

Catunnaṃ bhikkhave ariyasaccānaṃ ananubodhā appaṭivedhā evam idaṃ dīghamaddhānaṃ sandhāvitaṃ saṃsaritaṃ mamañ c'eva tumhākañ ca.

비구들이여, 사성제를 깨닫지 못하고 꿰뚫지 못해서 이와 같이 이 긴 세월 동안 나만이 아니라 그대들도 유전하고 윤회하였다.

Tayidaṃ bhikkhave dukkhaṃ ariyasaccaṃ anubuddhaṃ paṭividdhaṃ, dukkhasamudayo ariyasaccaṃ anubuddhaṃ paṭividdhaṃ, dukkhanirodho ariyasaccaṃ / pe / dukkhanirodhagāminī paṭipadā ariyasaccaṃ anubuddhaṃ paṭividdhaṃ. Ucchinnā bhavataṇhā khīṇā bhavanetti n'atthi dāni punabbhavo ti.

비구들이여, 이 고성제를 깨닫고 꿰뚫었다. 고집성제를 깨닫고 꿰뚫었다. 고멸성제를 [깨닫고 꿰뚫었다.] 고멸도성제를 깨닫고 꿰뚫었다. 존재에 대한 갈애가 끊어짐으로써, 존재에 대한 이끌림이 그침으로써 이제 다음 존재란 없다.

Idam avoca Bhagavā, idaṃ vatvāna Sugato athāparaṃ etad avoca Satthā:

세존께서 그것을 말씀하셨다. 잘 가신 분은 그것을 말씀하시고, 스승으로서 다시 또 그것을 [게송으로] 말씀하셨다.

Catunnaṃ ariyasaccānaṃ yathābhūtaṃ adassanā

208) Suttanipāta, 게송 1066-1068.

saṃsitaṃ dīgham addhānaṃ tāsu tāsveva jātisu.
Tāni etāni diṭṭhāni bhavanetti samūhatā
ucchinnaṃ mūlaṃ dukkhassa n'atthi dāni punabbhavo ti. [p.167]

Idaṃ ñeyyaṃ.

> 사성제를 있는 그대로 보지 못하는 까닭에
> 긴 세월동안 갖가지 태어남에 의존하였다.
> 그것을 보았다. 존재로의 이끎은 뽑혀버렸다.
> 괴로움의 뿌리는 잘렸다. 이제 다음 존재란 없다.209) [167쪽]

이 [경구는] '알아야 할 것'에 해당한다.

6-1) 앎과 알아야 할 것의 둘 다에 해당하는 것

Tattha katamaṃ ñāṇañ ca ñeyyañ ca?

그와 관련하여 앎과 알아야 할 것의 [둘 다에 해당하는 것이란] 어떤 것인가?

Rūpaṃ aniccaṃ vedanā aniccā saññā aniccā saṃkhārā aniccā viññāṇaṃ aniccan ti.

Idaṃ ñeyyaṃ.

> 물질현상은 무상하다., 느낌은 무상하다. 지각은 무상하다. 지음은 무상하다. 의식은 무상하다.

209) Saṃyutta Nikāya, 5권, 431-432쪽.

이 [경구는] '알아야 할 것'에 해당한다.

Evaṃ jānaṃ evaṃ passaṃ ariyasāvako rūpaṃ aniccan ti passati, vedanaṃ aniccā ti passati, saññaṃ… saṃkhāre… viññāṇaṃ aniccan ti passatī ti.

Idaṃ ñāṇaṃ.

> 이와 같이 알고 이와 같이 보는 거룩한 제자는 '물질현상은 무상하다.' 라고 본다. '느낌은 무상하다.'라고 본다. '지각은 [무상하다.'라고 본다.] '지음은 [무상하다.'라고 본다.] '의식은 무상하다.'라고 본다.

이 [경구는] '앎'에 해당한다.

So parimuccati rūpena parimuccati vedanāya parimuccati saññāya parimuccati saṅkhārehi parimuccati viññāṇamhā parimuccati dukkhasmā ti vadāmī ti.

Idaṃ ñāṇañ ca ñeyyañ ca.

> '그는 물질현상으로부터 자유롭다. 느낌으로부터 자유롭다. 지각으로부터 자유롭다. 지음으로부터 자유롭다. 의식으로부터 자유롭다.'라고 나는 말한다.

이 [경구는] 앎과 알아야 할 것의 [둘 다에] 해당한다.

Sabbe saṃkhārā aniccā ti.

Idaṃ ñeyyaṃ.

Yadā paññāya passatī ti.

Idaṃ ñāṇaṃ.

Atha nibbindati dukkhe, esa maggo visuddhiyā ti.

Idaṃ ñāṇañ ca ñeyyañ ca.

'모든 지음은 무상하다.'[210]는 '알아야 할 것'에 해당한다.

'반야로써 볼 때'[211]는 '앎'에 해당한다.

'그는 괴로움에 대해 싫어하여 떠난다.'[212]는 청정을 위한 길이다.

따라서 이 [경구는] 앎과 알아야 할 것의 [둘 다에] 해당한다.

Sabbe saṃkhārā dukkhā ti.

Idaṃ ñeyyaṃ.

Yadā paññāya passatī ti.

Idaṃ ñāṇaṃ.

Atha nibbindati dukkhe, esa maggo visuddhiyā ti.

Idaṃ ñāṇañ ca ñeyyañ ca.

'모든 지음은 괴로움이다.'[213]는 '알아야 할 것'에 해당한다.

'반야로써 볼 때'[214]는 '앎'에 해당한다.

210) Dhammapada, 게송 277; 이 책 258쪽.
211) Dhammapada, 게송 277.
212) Dhammapada, 게송 277.
213) Dhammapada, 게송 278.
214) Dhammapada, 게송 278.

'그는 괴로움에 대해 싫어하여 떠난다.'는 청정을 위한 길이다.[215]

따라서 이 [경구는] 앎과 알아야 할 것의 [둘 다에] 해당한다.

Sabbe dhammā anattā ti.

Idaṃ ñeyyaṃ.

Yadā paññāya passatī ti.

Idaṃ ñāṇaṃ.

Atha nibbindati dukkhe, esa maggo visuddhiyā ti.

Idaṃ ñāṇañ ca ñeyyañ ca. [p.168]

'모든 법은 자아가 아니다.'[216]는 '알아야 할 것'에 해당한다.

'반야로써 볼 때'[217]는 '앎'에 해당한다.

'그는 괴로움에 대해 싫어하여 떠난다.'는 청정을 위한 길이다.[218]

따라서 이 [경구는] 앎과 알아야 할 것의 [둘 다에] 해당한다. [168쪽]

Ye hi keci Soṇa samaṇā vā brāhmaṇā vā aniccena rūpena dukkhena vipariṇāmadhammena seyyo'ham asmī ti vā samanupassanti, sadiso'ham asmī ti vā samanupassanti, hīno'ham asmī

215) Dhammapada, 게송 278.
216) Dhammapada, 게송 279.
217) Dhammapada, 게송 277.
218) Dhammapada, 게송 277.

ti vā samanupassanti, kimaññatra yathābhūtassa adassanā?

소나여, 어떤 사문이나 바라문이든 괴롭고 변화하는 법으로서의 무상한 물질현상을 두고 '내가 우월하다.'라고 여기거나, '내가 동등하다.'라고 여기거나, '내가 열등하다.'라고 여긴다면, [그는] 있는 그대로 보지 못하는 자가 아니고 과연 누구이겠는가?

Aniccāya vedanāya… aniccāya saññāya… aniccehi saṃkhārehi… aniccena viññāṇena dukkhena vipariṇāmadhammena seyyo'ham asmī ti vā samanupassanti, sadiso'ham asmī ti vā samanupassanti, hīno'ham asmī ti vā samanupassanti, kim aññatra yathābhūtassa adassanā ti.

Idaṃ ñeyyaṃ.

무상한 느낌을 두고 … 무상한 지각을 두고 … 무상한 지음을 두고 … 무상한 의식을 두고 '내가 우월하다.'라고 여기거나, '내가 동등하다.'라고 여기거나, '내가 열등하다.'라고 여긴다면, [그는] 있는 그대로 보지 못하는 자가 아니고 과연 누구이겠는가?[219)]

이 [경구는] '알아야 할 것'에 해당한다.

Ye ca kho keci Soṇa samaṇā vā brāhmaṇā vā aniccena rūpena dukkhena vipariṇāmadhammena seyyo'ham asmī ti pi na samanupassanti, sadiso'ham asmī ti pi na samanupassanti, hīno'ham asmī ti pi na samanupassanti, kimaññatra yathābhūtassa da-

219) Saṃyutta Nikāya, 3권, 48쪽.

ssanā?

> 소나여, 어떤 사문이나 바라문이든 괴롭고 변화하는 법으로서의 무상한 물질현상을 두고 '내가 우월하다.'라고 여기지 않거나, '내가 동등하다.' 라고 여기지 않거나, '내가 열등하다.'라고 여기지 않는다면, [그는] 있는 그대로 보는 자가 아니고 과연 누구이겠는가?

Aniccāya vedanāya … aniccāya saññāya … aniccehi saṃkhārehi … aniccena viññāṇena dukkhena vipariṇāmadhammena seyyo'ham asmī ti pi na samanupassanti, sadiso'ham asmī ti pi na samanupassanti, hīno'ham asmī ti pi na samanupassanti, kimaññatra yathābhūtassa dassanā ti?

Idaṃ ñāṇaṃ.

> 무상한 느낌을 두고 … 무상한 지각을 두고 … 무상한 지음을 두고 … 괴롭고 변화하는 법인 무상한 의식을 두고 '내가 우월하다.'라고 여기지 않거나, '내가 동등하다.'라고 여기지 않거나, '내가 열등하다.'라고 여기지 않는다면, [그는] 있는 그대로 보는 자가 아니고 과연 누구이겠는가?[220)]

이 [경구는] '앎'에 해당한다.

Idaṃ ñāṇañ ca ñeyyañ ca.

따라서 이 [경은] 앎과 알아야 할 것의 [둘 다에] 해당한다.

220) Saṃyutta Nikāya, 3권, 48-49쪽.

7) 봄

Tattha katamaṃ dassanaṃ?

그 [열여덟 가지 가르침의 유형] 중에서 '봄'이란 어떤 것인가?

Ye ariyasaccāni vibhāvayanti gambhīrapaññena sudesitāni kiñcāpi te honti bhusaṃ pamattā na te bhavaṃ aṭṭhamam ādiyantī ti.

Idaṃ dassanaṃ.

> 잘 드러난 거룩한 진리를 깊은 반야로 분명히 이해한 자는
> 설사 무척 게으르다 하더라도 여덟 번째 존재를 잡지 않는다.[221)]

이 [경구는] '봄'에 해당한다.

Yath'indakhīlo pathavissito siyā
catubbhi vātehi asampakampiyo [p.169]
tathūpamaṃ sappurisaṃ vadāmi
yo ariyasaccāni avecca passatī ti.

Idaṃ dassanaṃ.

> 인다의 쐐기[222)]가 네 [방향]의 바람에 흔들리지 않고 땅에 박혀있듯이, [169쪽]

221) Suttanipāta, 게송 230. 주석서(253쪽)에 따르면, 이들은 '흐름에 든 이'로서, 게으르다 하더라도 일곱 번째 존재 때 위빠사나를 하여 아라한에 도달하므로, 이들에게 여덟 번째 태어남의 윤회는 없다.

222) 주석서(253쪽)에 따르면, 성의 문을 단단하게 하기 위하여 여덟이나 열 완척만큼 땅을 파서 두드려 넣은 단단한 심재로 만든 기둥을 가리킨다.

그러한 비유로 '거룩한 진리를 확실히 보는 자'를 '훌륭한 자'라고[223] 나는 말한다.

이 [경구는] '봄'에 해당한다.

Catūhi bhikkhave sotāpattiyaṅgehi samannāgato ariyasāvako ākaṅkhamāno attanā va attānaṃ byākareyya 'khīṇanirayo'mhi khīṇatiracchānayoni khīṇapettivisayo khīṇāpāyaduggativinipāto sotāpanno'ham'asmi avinipātadhammo niyato sambodhiparāyano sattakkhattu paramaṃ deve ca manusse ca sandhāvitvā saṃsaritvā dukkhass'antaṃ karissāmī' ti. Katamehi catūhi?

비구들이여, 흐름에 드는 네 요소를 갖춘[224] 거룩한 제자는 그가 원할 때 스스로 자신에게 선언할 수 있다. "나는 지옥을 파괴한 자 이다. 짐승의 태에 듦을 파괴한 자 이다. 아귀 영역을 파괴한 자 이다. 괴로운 곳, 나쁜 곳, 험난한 곳을 파괴한 자 이다. 나는 흐름에 든 자, [나쁜 곳으로] 떨어지지 않는 법을 지닌 자, 완전한 깨달음이라는 마지막 목표가 확정된 자 이다.[225] 일곱 번 최고의 천신과 인간으로 유전하고 윤회하고서 나는 괴로움의 끝에 이를 것이다."[226] 무엇이 넷 인가?

Idha bhikkhave ariyasāvakassa Tathāgate saddhā niviṭṭhā patiṭṭhitā virūḷhamūlajātā asaṃhāriyā samaṇena vā brāhmaṇena vā

223) Suttanipāta, 게송 229.
224) 이 책 83쪽 각주 71; 이 책 219-225 참조.
225) Aṅguttara Nikāya, 5권, 182쪽. 흐름에 든 자는 [나쁜 곳으로] 떨어지지 않는 법을 지닌 자, 완전한 깨달음이라는 마지막 목표가 확정된 자라는 표현은 Saṃyutta Nikāya, 3권, 225쪽 참조.
226) Aṅguttara Nikāya, 1권, 233쪽.

devena vā Mārena vā Brahmunā vā kenaci vā lokasmiṃ saha dhammena.

비구들이여, 여기 거룩한 제자의 여래에 대한 믿음은 자리잡고 뿌리가 생겼고 자라서 굳게 섰으므로, 사문이나 바라문이나 마라나 범천이나 이 세간에 법을 지닌 무엇에 의해서도 움직이지 않는다.

Dhamme kho pana niṭṭhaṃgato hoti, svākkhāto Bhagavatā dhammo sandiṭṭhiko akāliko ehipassiko opanayiko paccattaṃ veditabbo viññūhi, yad idaṃ madanimmadano / pe / nirodho nibbānaṃ.

법에 대해 완성에 다다른 자가 있다:[227] 세존께서 잘 설하신 법은 지금 여기에서 경험되는 것이고, 시간이 걸리지 않는 것이고, '와서 보라'고 하는 것이며, 향상으로 이끄는 것이고, 지혜로운 이들 각각이 알게 되는 것이다.[228] 즉 [이 법은] 교만을 파괴하고, …[중략]… 소멸이며 열반이다.[229]

Sahadhammiyā kho pan'assa honti iṭṭhā kantā piyā manāpā gihī c'eva pabbajitā ca.

법과 함께 하는,[230] 내키는, 즐겨하는, 사랑스러운, 마음에 드는 재가자와 출자가가 있다.

227) Majjihima Nikāya, 1권, 320쪽.
228) Aṅguttara Nikāya, 3권, 285쪽.
229) Aṅguttara Nikāya, 2권, 34쪽; 이 책 221-223쪽 참조.
230) 주석서(254쪽)에 따르면, 법과 함께 함이란 고귀한 생활을 하는 자(sabrahmacārin)이다.

Ariyakantehi kho pana sīlehi samannāgato hoti akhaṇḍehi acchiddehi asabalehi akammāsehi bhujissehi viññuppasatthehi aparāmaṭṭhehi samādhisaṃvattanikehi.

부족함이 없는, 단단한, 깨끗한, 순수한, 자유로운, 슬기로운 이가 칭찬하는, 비난받지 않는, 삼매로 이끄는, 거룩한 이가 즐겨하는 계를 갖춘 자가 있다.231)

Imehi kho bhikkhave catūhi sotāpattiyaṅgehi samannāgato ariyasāvako ākaṅkhamāno attanā'va attānaṃ byākareyya 'khīṇanirayo'mhi khīṇatiracchānayoni khīṇapettivisayo khīṇāpāyaduggativinipāto sotāpanno'ham asmi avinipātadhammo niyato sambodhiparāyaṇo sattakkhattuparamaṃ deve ca manusse ca sandhāvitvā saṃsaritvā dukkhass'antaṃ karissāmī' ti. [p.170]

Idaṃ dassanaṃ.

비구들이여, 흐름에 드는 네 요소를 갖춘 거룩한 제자는 그가 원할 때 스스로 자신에게 선언할 수 있다. "나는 지옥을 파괴한 자 이다. 짐승의 태에 듦을 파괴한 자 이다. 아귀 영역을 파괴한 자 이다. 괴로운 곳, 나쁜 곳, 험난한 곳을 파괴한 자 이다. 나는 흐름에 든 자, [나쁜 곳으로] 떨어지지 않는 법을 가진 자, 완전한 깨달음이라는 마지막 목표가 확정된 자 이다. 일곱 번 최고의 천신과 인간으로 유전하고 윤회하고서 나는 괴로움의 끝에 이를 것이다." [170쪽]

이 [경구는] '봄'에 해당한다.

231) 이 책 224-225쪽.

8) 닦음

Tattha katamā bhāvanā?

그 [열여덟 가지 가르침의 유형] 중에서 '닦음'이란 어떤 것인가?

Yass'indriyāni subhāvitāni
ajjhattaṃ bahiddhā ca sabbaloke
nibbijjha imaṃ parañ ca lokaṃ
kālaṃ kaṅkhati bhāvito sadanto ti.

Ayaṃ bhāvanā.

> 안으로, 밖으로 모든 세간[232]에 대하여
> 잘 닦은 기능[233]을 지닌 자.
> 그는 이 세간과 저 세간을 통찰하고서 시간을 기다린다.
> [그렇게] 닦은 자가 길들여진 자 이다.[234]

이 [경구는] '닦음'에 해당한다.

Cattār'imāni bhikkhave dhammapadāni. Katamāni cattāri? Anabhijjhā dhammapadaṃ, abyāpādo dhammapadaṃ, sammāsati dhammapadaṃ, sammāsamādhi dhammapadaṃ.

---

232) 주석서(254쪽)에 따르면, '안으로, 밖으로'란 위쪽에 속하는 다섯 결박(五上分結)과 아래쪽에 속하는 다섯 결박(五下分結)이 제거되었음을 뜻한다. 이러한 뜻에서 '모든 세간'이라 한다.

233) 주석서(254쪽)에 따르면, 거룩한 이의 다섯 기능을 가리킨다.

234) Suttanipāta, 게송 516.

Imāni kho bhikkhave cattāri dhammapadānī ti.

Ayaṃ bhāvanā.

> 비구들이여, 이 네 가지는 법의 부분이다. 무엇이 넷 인가?
> 욕심 없음이라는 법의 부분[235] 악의 없음이라는 법의 부분[236] 바른 사띠라는 법의 부분[237] 바른 삼매라는 법의 부분[238]이다.
> 비구들이여, 이 네 가지가 법의 부분이다.[239]

이 [경구는] '닦음'에 해당한다.

8-1) 봄과 닦음의 둘 다에 해당하는 것

Tattha katamaṃ dassanañ ca bhāvanā ca?

그와 관련하여 봄과 닦음의 [둘 다에 해당하는 것이란] 어떤 것인가?

Pañca chinde pañca jahe pañca vuttari bhāvaye
pañca saṃgātigo bhikkhu oghatiṇṇo ti vuccatī ti.

---

235) 주석서(255쪽)에 따르면, '탐욕 없음'을 말한다. 또는 탐욕 없음으로 인해 선정과 위빠사나의 길을 통해 결실인 열반에 도달하는 것, 열가지 추함을 통해 선정에 도달하는 것을 말한다.

236) 주석서(255쪽)에 따르면, 네 가지 거룩한 머뭄(catubrahmavihāra)을 통해 도달한다.

237) 주석서(255쪽)에 따르면, 열 가지 기억과 자양분에 대한 싫어함의 지각을 통해 도달한다.

238) 주석서(255쪽)에 따르면, 열가지 까시나와 호흡을 통해 도달한다.

239) Aṅguttara Nikāya, 2권, 29쪽.

> 다섯[240]을 잘라내야 한다. 다섯[241]을 버려야 한다.
> 다섯[242]을 더욱 더 닦아야 한다.
> 다섯 끄달림[243]을 넘어선 비구를 '거센 물을 건넌 자'라고 부른다.[244]

Pañca chinde pañca jahe ti idaṃ dassanaṃ. Pañca vuttari bhāvaye pañca saṅgātigo bhikkhu oghatiṇṇo ti vuccatī ti ayaṃ bhāvanā.

Idaṃ dassanañ ca bhāvanā ca.

'다섯을 잘라내야 한다. 다섯을 버려야 한다.'는 '봄'에 해당한다. '다섯을 더욱 더 닦아야 한다. 다섯 끄달림을 넘어선 비구를 '거센 물을 건넌 이'라 부른다.'는 '닦음'에 해당한다.

따라서 이 [경구는] 봄과 닦음의 [둘 다에] 해당한다.

Tīṇ'imāni bhikkhave indriyāni. Katamāni tīṇi?
Anaññātaññassāmītindriyaṃ aññindriyaṃ aññātāvindriyaṃ.

> 비구들이여, 이 세 가지는 기능이다. 무엇이 셋인가?
> 완전한 앎을 이루고자 하는 기능(未智當智根), 완전한 앎에 이르는 기능(已智根), 완전한 앎을 갖춘 기능(具智根)[245]이다.

---

240) 주석서(255쪽)에 따르면, 아래쪽에 속하는 다섯 결박(五下分結)을 가리킨다.
241) 주석서(255쪽)에 따르면, 위쪽에 속하는 다섯 결박(五上分結)을 가리킨다.
242) 주석서(255쪽)에 따르면, 위쪽에 속하는 다섯 결박을 없애기 위해 더욱 닦아야 하는 다섯 기능을 가리킨다.
243) 주석서(255쪽)에 따르면, 다섯 끄달림은 탐냄(rāga), 성냄(dosa), 어리석음(moha), 자만(māna), 견해(diṭṭhi)를 가리킨다.
244) Saṃyutta Nikāya, 1권, 3쪽; Dhmmapada, 게송 370.

Katamañ ca bhikkhave anaññātaññassāmītindriyaṃ?
Idha bhikkhav bhikkhu anabhisametassa dukkhassa ariyasaccassa abhisamayāya chandaṃ janeti vāyamati viriyaṃ ārabhati cittaṃ paggaṇhāti padahati. Anabhisametassa [p.171] *dukkhasamudayassa ariyasaccassa… dukkhanirodhassa… dukkhanirodhagāminiyā paṭipadāya ariyasaccassa abhisamayāya chandaṃ janeti vāyamati vīriyaṃ ārabhati cittaṃ paggaṇhāti padahati.*
Idaṃ bhikkhave anaññātaññassāmītindriyan ti.

Idaṃ dassanaṃ.

> 비구들이여, 무엇이 완전한 앎을 이루고자 하는 기능(未智當智根)인가?
> 비구들이여, 여기 잘 이해되지 않은 고성제를 잘 이해하기 위해 비구는 의욕을 일으키고, 정진하고, 노력을 시작하며, 마음을 다잡고, 정근한다. [171쪽] 잘 이해되지 않은 고집성제를 … 고멸성제를 … 고멸도성제를 잘 이해하기 위해 비구는 의욕을 일으키고, 정진하고, 노력을 시작하며, 마음을 다잡고, 정근한다.
> 비구들이여, 이것은 완전한 앎을 이루고자 하는 기능이다.

이 [경구는] '봄'에 해당한다.

Katamañ ca bhikkhave aññindriyaṃ?
Idha bhikkhave bhikkhu idaṃ dukkhan ti yathābhūtaṃ pajānāti, ayaṃ dukkhasamudayo ti yathābhūtaṃ pajānāti, ayaṃ dukkhanirodho … ayaṃ dukkhanirodhagāminī paṭipadā ti yathābhūtaṃ pajānāti.

245) 이 책 67-68쪽 참조.

Idaṃ bhikkhave aññindriyaṃ.

> 비구들이여, 무엇이 완전한 앎에 이르는 기능(已智根)인가?
> 비구들이여, 여기 비구가 '이것은 괴로움이다'라고 있는 그대로 잘 안다. '이것은 괴로움의 일어남이다'라고 있는 그대로 잘 안다. '이것은 괴로움의 소멸이다'라고 … '이것은 괴로움의 소멸에 이르는 방법이다'라고 있는 그대로 잘 안다.
> 비구들이여, 이것은 완전한 앎에 이르는 기능이다.

Katamañ ca bhikkhave aññātāvindriyaṃ?
Idha bhikkhave bhikkhu āsavānaṃ khayā anāsavaṃ cetovimuttiṃ paññāvimuttiṃ diṭṭhe'va dhamme sayaṃ abhiññā sacchikatvā upasampajja viharati, 'khīṇā jāti, vusitaṃ brahmacariyaṃ, kataṃ karaṇīyaṃ nāparaṃ itthattāyā' ti pajānāti.
Idaṃ bhikkhave aññātāvindriyan ti.

Ayaṃ bhāvanā.

> 비구들이여, 무엇이 완전한 앎을 갖춘 기능(具智根)인가?
> 비구들이여, 여기 비구가 번뇌들의 그침, 번뇌 없음, 마음의 해탈, 반야에 의한 해탈을 바로 현재의 법에서 스스로 뛰어난 앎으로써 실현하고 도달하여 머문다. '태어남은 끝났다. 고귀한 삶은 이루어졌으며 해야 할 일은 다했다. 더 이상 이런 상태는 없다'라고 잘 안다.
> 비구들이여, 이것은 완전한 앎을 갖춘 기능이다.

이 [경구는] '닦음'에 해당한다.

Idaṃ dassanañca bhāvanā ca.

따라서 이러한 [경구는] 봄과 닦음의 [둘 다에] 해당한다.

9) 자신의 말

Tattha katamaṃ sakavacanaṃ?

그 [열여덟 가지 가르침의 유형] 중에서 '자신의 말'이란 어떤 것인가?

Sabbapāpassa' akaraṇaṃ kusalass' ūpasampadā
sacittapariyodāpanaṃ etaṃ buddhāna sāsanan ti.

Idaṃ sakavacanaṃ.

> 모든 악함을 행하지 않는 것, 옳음을 구족하는 것,
> 자신의 마음을 깨끗이 하는 것, 이것이 붓다의 가르침이다.[246)]

이 [경구는] '자신의 말'에 해당한다.

Tīṇ'imāni bhikkhave bālassa bālalakkhaṇāni bālanimittāni bālapadānāni, yehi bālaṃ bālo ti pare sañjānanti. Katamāni tīṇi? Bālo bhikkhave duccintitacintī ca hoti, dubbhāsitabhāsī ca hoti, dukkaṭakammakārī ca hoti.
Imāni kho bhikkhave tīṇi bālassa bālalakkhaṇāni bālanimittāni bālāpadānāni. [p.172]

246) 이 책 179-184, 310-311쪽; Dhammapada, 게송 183.

비구들이여, 이 세 가지는 어리석은 자가 지닌 어리석음의 특징, 어리석음의 표상, 어리석음의 속성이다. 그 어리석음을 지녔기 때문에 다른 사람들은 [그를] '어리석은 자'라고 지각한다. 무엇이 셋인가?
비구들이여, 어리석은 자는 나쁜 사유를 하고, 나쁜 말을 하고, 나쁜 행동을 한다.
비구들이여, 이 세 가지가 어리석은 자가 지닌 어리석음의 특징, 어리석음의 표상, 어리석음의 속성이다. [172쪽]

Tīṇ'imāni bhikkhave paṇḍitassa paṇḍitalakkhaṇāni paṇḍitanimittāni paṇḍitāpadānāni, yehi paṇḍitaṃ paṇḍitoti pare sañjānanti. Katamāni tīṇi?
Paṇḍito bhikkhave sucintitacintī ca hoti, subhāsitabhāsī ca hoti, sukatakammakārī ca hoti.
Imāni kho bhikkhave tīṇi paṇḍitassa paṇḍitalakkhaṇāni paṇḍitanimittāni paṇḍitāpadānānī ti.

Idaṃ sakavacanaṃ.

비구들이여, 이 세 가지는 현명한 자가 지닌 현명함의 특징, 현명함의 표상, 현명함의 속성이다. 그 현명함을 지녔기 때문에 다른 사람들은 [그를] '현명한 자'라고 지각한다. 무엇이 셋인가?
비구들이여, 현명한 자는 좋은 사유를 하고, 좋은 말을 하고, 좋은 행동을 한다.
비구들이여, 이 세 가지가 현명한 자가 지닌 현명함의 특징, 현명함의 표상, 현명함의 속성이다.[247]

247) Aṅguttara Nikāya, 1권, 102쪽 참조.

이 [경구는] '자신의 말'에 해당한다.

10) 다른 자의 말

Tattha katamaṃ paravacanaṃ?

그 [열여덟 가지 가르침의 유형] 중에서 '다른 자의 말'이란 어떤 것인가?

Paṭhavīsamo n'atthi vitthato
ninno pātālasamo na vijjati
Merusamo n'atthi unnato
cakkavattisadiso n'atthi poriso ti.

Idaṃ paravacanaṃ.

> 땅 같이 넓은 것은 없다.
> 절벽 같이 경사진 것은 볼 수 없다.
> 메루[산] 같이 높은 것은 없다.
> 전륜왕과 같은 사람은 없다.

이 [경구는] '다른 자의 말'에 해당한다.

Hotu devānam inda subhāsitena jayo ti.
Hotu Vepacitti subhāsitena jayo ti.
Bhaṇa Vepacitti gāthan ti.

> "신들의 왕이여, 좋은 말로써 승리 하시기를." [아수라의 왕, 베빠찟띠가

말했다.]
"베빠찟띠여, 좋은 말로써 승리 하시기를." [신들의 왕, 삭까가 말했다.]
"베빠찟띠여, 게송을 읊으시오."

Atha kho bhikkhave Vepacitti asurindo imaṃ gāthaṃ abhāsi:
Bhiyyo bālā pakujjheyyuṃ no c'assa paṭisedhako
tasmā bhusena daṇḍena dhīro bālaṃ nisedhaye ti.

비구들이여, 아수라의 왕 베빠찟띠가 이 게송을 말하였다.
"만약 막는 자가 없다면 어리석은 자들은 더욱 화를 낼 것이다.
그 때문에 현명한 자는 심한 벌로 어리석은 자를 막아야 한다."

Bhāsitāya kho pana bhikkhave Vepacittinā asurindena gāthāya asurā anumodiṃsu, devā tuṇhī ahesuṃ. Atha kho bhikkhave Vepacitti asurindo Sakkaṃ devānam indaṃ etad avoca: bhaṇa, devānaminda, gāthan ti.

비구들이여, 아수라의 왕 베빠찟띠가 이 게송을 말했을 때 아수라들은 만족했다. [그러나] 천신들은 침묵했다. 비구들이여, 아수라의 왕 베빠찟띠는 천신들의 왕 삭까에게 이렇게 말했다. "천신들의 왕이여, 게송을 읊으시오."

Atha kho bhikkhav Sakko devānamindo imaṃ gāthaṃ abhāsi:
Etad eva ahaṃ mañ̃e bālassa paṭisedhanaṃ
paraṃ saṅkupitaṃ ñatvā yo sato upasammatī ti.

비구들이여, 천신들의 왕 삭까는 이 게송을 말했다.
"어리석은 자를 막기 위해 나는 이렇게 생각한다.

다른 자[248]가 화났음을 알고서 그는 사띠를 지니고 고요해진다."[249]

Bhāsitāya kho pana bhikkhave Sakkena devānam indena gāthāya devā anumodiṃsu, asurā tuṇhī ahesuṃ. Atha kho bhikkhave Sakko devānam indo Vepacittiṃ asurindaṃ etad avoca: bhaṇa Vepacitti, gāthan ti.

비구들이여, 신들의 왕 삭까가 게송을 말했을 때 천신들은 만족했다. [그러나] 아수라들은 침묵했다. 비구들이여, 천신들의 왕 삭까는 아수라의 왕 베빠찟띠에게 이렇게 말했다. "베빠찟띠여, 게송을 읊으시오."

Atha kho bhikkhave Vepacitti asurindo imaṃ gāthaṃ abhāsi: [p.173]
Etad eva titikkhāya vajjaṃ passāmi Vāsava
yadā naṃ maññati bālo bhayā myāyaṃ titikkhati
ajjhāruhati dummedho go va bhiyyo palāyinan ti.

비구들이여, 아수라의 왕 베빠찟띠는 이 게송을 말했다. [173쪽]
"나는 참음으로 인한 이런 문제점을 본다. 바싸바여.[250]
그때 어리석은 자는 이렇게 생각할 것이다. '그는 나에 대한 두려움 때문에 참는다.'라고. [그래서] 어리석은 자는 더욱 심해진다.
마치 소가 도망치는 자를 더욱 [쫓아가듯.]"

Bhāsitāya kho pana bhikkhave Vepacittinā asurindena gāthāya

248) 주석서(255쪽)에 따르면, 다른 자란 적을 말한다.
249) 주석서(255쪽)에 따르면, 천신들의 왕 삭까는 사띠를 지니고 고요해지는 것만이 어리석은 자를 대처하는 방법이라고 말한다.
250) 바싸바(Vāsava)는 천신들의 왕, 삭까의 이름이다. DPPN 2권, 857쪽 참조.

asurā anumodiṃsu, devā tuṇhī ahesuṃ. Atha kho bhikkhave Vepacitti asurindo Sakkaṃ devānam indaṃ etad avoca: bhaṇa devānam inda gāthan ti.

비구들이여, 아수라의 왕 베빠찟띠가 게송을 말했을 때 아수라들은 만족했다. [그러나] 천신들은 침묵했다. 비구들이여, 아수라의 왕 베빠찟띠가 천신들의 왕 삭까에게 이렇게 말했다. "천신들의 왕이여, 게송을 읊으시오."

Atha kho bhikkhave Sakko devānam indo imā gāthāyo abhāsi:
Kāmaṃ maññatu vā mā vā bhayā myāyaṃ titikkhati
sadatthaparamā atthā khantā bhiyyo na vijjati.

비구들이여, 천신들의 왕 삭까는 이 게송을 말했다.
"그가 '나에 대한 두려움 때문에 참는다.'라고 마음대로 생각하든 말든 상관없다. [그러나] 나 자신을 위한 이익 중 최고의 이익으로 참음보다 나은 것은 찾을 수 없다.

Yo have balavā santo dubbalassa titikkhati
tam āhu paramaṃ khantiṃ niccaṃ khamati dubbalo.
Abalaṃ taṃ balaṃ āhu yassa bālabalaṃ balaṃ
balassa dhammaguttassa paṭivattā na vijjati.

참으로 강한 자들은 약한 자에 대하여 참는다.
[그들은] 그것을 최고의 참음이라고 말한다. 약한 자는 항상 참는다.
[그들은] 강함이 아닌 것을 강함이라고 말한다. 어리석은 강함[251)]을 강함이라고 말한다.

251) 주석서(255쪽)에 따르면, 무지로 인해 강한 것을 가리킨다.

[그러나] 법에 의해 지켜진 강함에 물러남이란 없다.

Tass'eva tena pāpiyo yo kuddhaṃ paṭikujjhati
kuddhaṃ appaṭikujjhanto saṅgāmaṃ jeti dujjayaṃ.

화를 화로 갚는 자, 그 때문에 그에게 더욱 악함이 있다.
화를 화로 갚지 않는 자, 이기기 어려운 싸움을 이긴다.

Ubhinnam atthaṃ carati attano ca parassa ca
paraṃ saṅkupitaṃ ñatvā yo sato upasammati.
Ubhinnaṃ tikicchantānaṃ attano ca parassa ca
janā maññanti bālo ti ye dhammassa akovidā ti.

[그는] 자신과 남, 양쪽 모두의 이익을 위해 행동한다.
다른 자가 화났음을 알고서 그는 사띠를 지니고 고요해진다.
[그가] 자신과 남, 양쪽 모두에 대하여 치료할 때
법에 대해 현명하지 못한 자들은 [그를] '어리석은 자'로 생각한다."

Bhāsitāsu kho pana bhikkhave Sakkena devānam indena gāthāsu
devā anumodiṃsu, asurā tuṇhī ahesun ti.

Idaṃ paravacanaṃ.

비구들이여, 신들의 왕 삭까가 게송을 말했을 때 천신들은 만족했다.
[그러나] 아수라들은 침묵했다.[252)]

252) Saṃyutta Nikāya, 1권, 221-222쪽.

이 [경구는] '다른 자의 말'에 해당한다.

10-1) 자신의 말과 다른 자의 말의 둘 다에 해당하는 것

Tattha katamaṃ sakavacanañ ca paravacanañ ca?

그와 관련하여 '자신의 말과 다른 자의 말' [둘 다에 해당하는 것이란] 어떤 것인가?

> *Yañ ca pattaṃ yañ ca pattabbaṃ ubhayam etaṃ rajānukiṇṇaṃ āturassānusikkhato. Ye ca sikkhāsārā sīlaṃ vataṃ jīvitaṃ brahmacariyaṃ upaṭṭhānasārā, ayam eko anto, ye ca evaṃvādino evaṃdiṭṭhino: n'atthi kāmesu doso ti, ayaṃ* [p.174] *dutiyo anto. Icc ete ubho antā kaṭasivaḍḍhanā kaṭasiyo diṭṭhiṃ vaḍḍhenti. Ete ubho ante anabhiññāya olīyanti eke atidhāvanti eke ti.*

Idaṃ paravacanaṃ.

> [탐냄 등으로 인해] 고통스러운 자 또는 [고행을] 수련하고 있는 자가[253) [이미] 이룩한 것이나 이루어야 하는 것은 둘 다 먼지로 덮힌 것에 불과하다. [고행] 수련을 핵심으로 하는 자, 규범과 금기와 연명과 청정한 삶을 확립하는 것을 핵심으로 하는 자,[254) 이것은 하나의 극단이다. 그리

253) 주석서(256쪽)에 따르면, 많은 오염을 지닌 사람을 따라 수련하고 있는 자를 가리킨다.

254) 주석서(256쪽)에 따르면, 이들은 규범과 금기 등을 갖추는 수련을 핵심으로 삼고 지킨다. 이들은 '나는 하지 않는다.'는 것을 즐기고 옷, 음식, 할 일, 행동 등을 금기한다. 여기에서 '연명'이란 야채를 먹는 등으로 연명하는 것을 일컫는다. 또한 '청정한 삶'이란 성욕의 절제를 뜻하며, 이 규범의 실천을 통한 윤회의 청정을 수련의 핵심으로 한다.

> 고 '감각적 욕망에는 잘못이 없다.'라고 그와 같이 말하는 자, 그와 같은 견해를 가진 자, 이것은 [174쪽] 두 번째 극단이다. 이러한 양극단들은 묘지[255]를 늘어나게 하고 묘지는 견해를 늘어나게 한다. 이 양극단을 뛰어나게 알지 못하므로, 한 쪽은 움츠리고 한 쪽은 지나치다.[256]

이 [경구는] '다른 자의 말'에 해당한다.

Ye ca kho te ubho ante abhiññāya tatra ca na ahesuṃ, te na ca amaññiṃsu, vaṭṭaṃ tesaṃ n'atthi paññāpanāyā ti.

Idaṃ sakavacanaṃ.

Ayaṃ udāno sakavacanañ ca paravacanañ ca.

> 그 양 극단을 뛰어나게 알고, 거기에 속하지 않는 자들, 그들은 생각을 버렸다.[257] 그들에게는 나타남을 위한 나아감이 없다.[258]

이 [경구는] '자신의 말'에 해당한다.

이 감흥어는 자신의 말과 다른 자의 말의 [둘 다에] 해당한다.

Rājā pasenadi Kosalo Bhagavantaṃ etad avoca:

---

255) Udāna의 주석서(350쪽)에 따르면, 묘지란 갈애와 무명을 가리킨다.

256) 주석서(257쪽)에 따르면, 한 쪽은 '자아와 세간은 영원하다.'라고 움츠려들고, 다른 한 쪽은 '자아와 세간은 남는 것이 없다.'라고 지나치게 된다. 한편, Udāna의 주석서(350쪽)에 따르면, 한 쪽은 '감각적 욕망의 즐거움에 대한 탐닉' 때문에 모자라고, 다른 한 쪽은 '자신에게 고통을 주는 수행(苦行)' 때문에 지나치게 된다.

257) Udāna 주석서(350쪽)에 따르면, 그들은 갈애, 견해, 자만에 따라 생각하지 않는다.

258) 주석서(257쪽)와 Udāna의 주석서(350쪽)에 따르면, 그들은 갈애 등을 버렸으므로 생명의 연료가 없는 열반을 얻는다. 그리고 번뇌와 업과 과보로서의 윤회가 없으므로 세 종류의 윤회가 없다. Udāna, 71-72쪽.

idha mayhaṃ bhante rahogatassa paṭisallīnassa evaṃ cetaso parivitakko udapādi: kesaṃ nu kho piyo attā kesaṃ appiyo attā ti?

꼬살라국의 왕 빠세나디가 세존께 이렇게 말했다.:
"스승이시여, 여기 제가 홀로 명상하고 있을 때 이와 같이 마음에 생각이 일어났습니다.: '자신은 누구에게 사랑스러울까? 자신은 누구에게 사랑스럽지 않을까?'

Tassa mayhaṃ bhante etad ahosi: ye ca kho keci kāyena duccaritaṃ caranti vācāya duccaritaṃ caranti manasā duccaritaṃ caranti, tesaṃ appiyo attā, kiñcāpi te evaṃ vadeyyuṃ 'piyo no attā' ti. Atha kho tesaṃ appiyo attā. Taṃ kissa hetu? Yaṃ hi appiyo appiyassa kareyya, tan te attanā'va attano karonti, tasmā tesaṃ appiyo attā.

그러한 저에게 이러한 것이 떠올랐습니다.: '몸으로 나쁜 행동을 하는, 언어로 나쁜 행동을 하는, 정신으로 나쁜 행동을 하는 자는 누구든 그들에게 자신은 사랑스럽지 않습니다. 그들이 이와 같이 '자신이 사랑스럽다.'라고 말할지라도 그들에게 자신은 사랑스럽지 않습니다. 무슨 까닭이겠습니까? 사랑스럽지 않은 사람이 사랑스럽지 않은 자에게 할만한 짓을 그들은 스스로 자기 자신에게 하기 때문입니다. 그러므로 그들에게 자신은 사랑스럽지 않습니다.

Ye ca kho keci kāyena sucaritaṃ caranti vācāya sucaritaṃ caranti manasā sucaritaṃ caranti, tesaṃ piyo attā, kiñcāpi te' ti. evaṃ vadeyyuṃ 'appiyo no attā' ti. Atha kho tesaṃ piyo attā Taṃ kissa hetu? Yaṃ hi piyo piyassa kareyya, taṃ te attanā'va attano karonti, tasmā tesaṃ piyo attā ti.

몸으로 좋은 행동을 하는, 언어로 좋은 행동을 하는, 정신으로 좋은 행동을 하는 자는 누구든 그들에게 자신은 사랑스럽습니다. 그들이 이와 같이 '자신이 사랑스럽지 않다.'라고 말할지라도 그들에게 자신은 사랑스럽습니다. 무슨 까닭이겠습니까? 사랑스러운 사람이 사랑스러운 자에게 할만한 것을 그들은 스스로 자기 자신에게 하기 때문입니다. 그러므로 그들에게 자신은 사랑스럽습니다."

Evam etaṃ mahārāja, evam etaṃ maharaja. Ye hi keci mahārāja kāyena duccaritaṃ caranti vācāya duccaritaṃ caranti manasā duccaritaṃ caranti tesaṃ appiyo attā, kiñcāpi te evaṃ vadeyyuṃ 'piyo no attā' ti, atha kho tesaṃ appiyo attā. Taṃ kissa hetu? Yaṃ hi mahārāja appiyo appiyassa kareyya, tan te attanā'va attano karonti, tasmā tesaṃ appiyo attā.

"위대한 왕이여, 그것은 그와 같습니다. 위대한 왕이여, 그것은 그와 같습니다. 위대한 왕이여, 몸으로 나쁜 행동을 하는, 언어로 나쁜 행동을 하는, 정신으로 나쁜 행동을 하는 자는 누구든 그들에게 자신은 사랑스럽지 않습니다. 그들이 이와 같이 '자신이 사랑스럽다.'라고 말할지라도 그들에게 자신은 사랑스럽지 않습니다. 무슨 까닭입니까?
위대한 왕이여, 사랑스럽지 않은 사람이 사랑스럽지 않은 자에게 할만한 짓을 그들은 스스로 자기 자신에게 하기 때문입니다. 그러므로 그들에게 자신은 사랑스럽지 않습니다.

Ye ca kho keci mahārāja kāyena sucaritaṃ caranti vācāya sucaritaṃ caranti manasā sucaritaṃ caranti, tesaṃ piyo attā, kiñcāpi te evaṃ vadeyyuṃ 'appiyo no attā' ti. Atha kho tesaṃ piyo attā. [p.175] *Taṃ kissa hetu? Yaṃ hi mahārāja piyo piyassa kareyya, taṃ te attanā'va attano karonti, tasmā tesaṃ piyo attā ti.*

위대한 왕이여, 몸으로 좋은 행동을 하는, 언어로 좋은 행동을 하는, 정신으로 좋은 행동을 하는 자는 누구든 자신이 사랑스럽습니다. 그들이 이와 같이 '자신이 사랑스럽지 않다.'라고 말할지라도 그들에게 자신은 사랑스럽습니다. [175쪽] 무슨 까닭입니까? 위대한 왕이여, 사랑스러운 사람이 사랑스러운 자에게 할만한 것을 그들은 스스로 자기 자신에게 하기 때문입니다. 그러므로 그들에게 자신은 사랑스럽습니다."

Idam avoca Bhagavā / pe / Satthā:

세존께서 그것을 말씀하셨다. …[중략]… 스승으로서 [다시 또 그것을 게송으로 말씀하셨다.]

Attānañ ce piyaṃ jaññā na naṃ pāpena saṃyuje
na hi taṃ sulabhaṃ hoti sukhaṃ dukkaṭakārinā.
Antakenādhipannassa jahato mānusaṃ bhavaṃ
Kiṃ hi tassa sakaṃ hoti kiñ ca ādāya gacchati
Kiñc'assa anugaṃ hoti chāyā va anapāyini?

만약 자신의 사랑스러움을 안다면 악함으로 그 [자신]을 묶지 말라.
나쁜 행동을 한 자는 즐거움을 얻지 못한다.
죽음의 신에게 잡혀 인간 존재를 버린 자에게
무엇이 자신의 것인가? 그는 무엇을 갖고 가는가?
떠나지 않는 그림자처럼 그를 따르는 것은 무엇인가?

Ubho puññañ ca pāpañ ca yaṃ macco kurute idha
tam hi tassa sakaṃ hoti tañ ca ādāya gacchati
tañ c'assa anugaṃ hoti chāyā va anapāyini.
Tasmā kareyya kalyāṇaṃ nicayaṃ samparāyikaṃ

puññāni paralokasmiṃ patiṭṭhā honti pāṇinan ti.

> 복덕과 악함, 둘 다 인간이 여기에서 만든 것이다.
> 그것이야말로 자신의 것이다. 그것을 갖고 간다.
> 떠나지 않는 그림자처럼 그를 따르는 것은 바로 그것이다.
> 그러므로 미래를 위해 착한 쌓음을 지어야 한다.
> 복덕은 다음 세간에서 생명을 지닌 자들의 버팀목이 된다.[259)]

Idaṃ suttaṃ paravacanaṃ.
Anugīti sakavacanaṃ.
Idaṃ sakavacanañ ca paravacanañ ca.

이 경은 '다른 자의 말'에 해당한다.
요약은 '자신의 말'에 해당한다.
따라서 이러한 [경은] 자신의 말과 다른 자의 말의 [둘 다에] 해당한다.

11) 대답되어야 하는 것

Tattha katamaṃ vissajjaniyaṃ?

그 [열여덟 가지 가르침의 유형] 중에서 '대답되어야 하는 것'이란 어떤 것인가?

Pañhe pucchite idaṃ abhiññeyyaṃ, idaṃ pariññeyyaṃ, idaṃ

259) Saṃyutta Nikāya, 1권, 71쪽.

pahātabbaṃ, idaṃ bhāvetabbaṃ, idaṃ sacchikātabbaṃ. Ime dhammā evaṃ gahitā idaṃ phalaṃ nibbattayanti. Tesaṃ evaṃ gahitānaṃ ayam attho iti.

Idaṃ vissajjaniyaṃ.

> 질문이 주어졌을 때 '이것에 대해서는 뛰어나게 알아야 한다,' '이것에 대해서는 두루 알아야 한다,' '이것을 버려야 한다,' '이것을 닦아야 한다,' '이것을 실현해야 한다,' '이와 같이 지닌 이 법들은 이러한 결과를 발생시킨다,' '그 [법들을] 이와 같이 지닐 때 이러한 이익이 있다.'[라고 설명해야 한다.][260]

이 [경구는] '대답되어야 하는 것'에 해당한다.

Uḷāro buddho Bhagavā ti Buddha-uḷārataṃ dhammasvākkhātataṃ saṅghasuppaṭipattiñ ca ekaṃsen'eva niddise, sabbe saṅkhārā aniccā ti sabbe saṅkhārā dukkhā ti sabbe dhammā anattā ti ekaṃsen'eva niddise, yaṃ vā pan'aññam pi evaṃ jātiyan ti.

> '위대하게 깨달으신 분이 세존이시다.'라고 위대하게 깨달은 분, 잘 설해진 법, 잘 실천하는 상가를 명확히 설명해야 한다. '모든 지음은 무상하다,' '모든 지음은 괴로움이다,' '모든 법은 자아가 아니다.'라고 명확히 설명해야 한다. 다른 것도 그와 같은 방식으로 [명확히 설명해야 한다.]

Idaṃ vissajjaniyaṃ. [p.176]

이 [경구는] '대답되어야 하는 것'에 해당한다. [176쪽]

260) 이 책 87쪽 참조.

12) 대답되지 않아야 하는 것

Tattha katamaṃ avissajjaniyaṃ?

그 [열여덟 가지 가르침의 유형] 중에서 '대답되지 않아야 하는 것'이란 어떤 것인가?

Ākaṅkhato te naradammasārathi devamanussā manasā vicintitaṃ sabbe na jaññā kasiṇāpi pāṇino santaṃ samādhiṃ araṇaṃ nisevato
kin taṃ Bhagavā ākaṅkhatī ti?

Idaṃ avissajjaniyaṃ.

> 사람을 이끄시는 분이시여, 당신이 홀로 떨어져 고요한 삼매에 들어 [무언가를] 원하면서 정신으로 사유하는 것을 신과 인간과 모든 생명은 알 수가 없습니다.
> 세존께서는 그 무엇을 원하십니까?

이 [경구는] '대답되지 않아야 하는 것'에 해당한다.

Ettako Bhagavā sīlakkhandhe samādhikkhandhe paññākkhandhe vimuttikkhandhe vimuttiñāṇadassanakkhandhe iriyāyaṃ pabhāve hitesitāyaṃ karuṇāyaṃ iddhiyan ti.

Idaṃ avissajjaniyaṃ.

> 계의 다발(戒蘊)에 대하여, 삼매의 다발(定蘊)에 대하여, 반야의 다발(慧

> 蘊)에 대하여, 해탈의 다발(解脫蘊)에 대하여, 해탈지견의 다발(解脫知見蘊)에 대하여, 자세에 대하여, 거동에 대하여, 유익함의 추구에 대하여, 연민에 대하여, 신통에 대하여, 세존께서는 이 정도의 분이시다.

이 [경구는] '대답되지 않아야 하는 것'에 해당한다.

Tathāgatassa bhikkhave arahato sammāsambuddhassa loke uppādā tiṇṇaṃ ratanānaṃ uppādā buddharatanassa dhammaratanassa saṅgharatanassa kiṃ pamāṇāni? Tīṇi ratanānī ti.

Idaṃ avissajjaniyaṃ.

> 비구들이여, 세간에서 여래, 아라한, 올바로 완전히 깨달은 분의 나타남 때문에 세 가지 보물의 나타남이 있다. 즉 붓다라는 보물, 법이라는 보물, 상가라는 보물이다.[261] 무엇이 세 가지 보물의 잣대인가?

이 [경구는] '대답되지 않아야 하는 것'에 해당한다.[262]

Buddhavisayo avissajjaniyo, puggalaparoparaññutā avissajjaniyā.

붓다의 고유영역은 '대답되지 않아야 하는 것'에 해당한다. 사람의 높고 낮음에 대한 앎은 '대답되지 않아야 하는 것'에 해당

---

261) Aṅguttara Nikāya, 2권, 80쪽.
262) 주석서(258쪽)에 따르면, 세가지 보물의 큰 위신력은 오직 세존 만의 영역이고 다른 자들의 영역이 아니기 때문이다.

한다.

> *Pubbā bhikkhave koṭi na paññāyati, avijjānīvaraṇānaṃ sattānaṃ taṇhāsaṃyojanānaṃ sakiṃ nirayaṃ sakiṃ tiracchānayoniṃ sakiṃ pettivisayaṃ sakiṃ asurayoniṃ sakiṃ deve sakiṃ manusse sandhāvitaṃ saṃsaritaṃ. Katamā pubbā koṭī ti?*

avissajjaniyaṃ.

> 비구들이여, 한 때는 지옥에, 한 때는 축생으로, 한 때는 아귀의 영역에, 한 때는 아수라의 몸으로, 한 때는 신들로, 한 때는 인간으로 유전하고 윤회하는, 무명에 덮이고 갈애에 결박된 중생들의 최초의 시작은 알려지지 않는다.263) '무엇이 최초 시작인가?'

[이 경구는] '대답되지 않아야 하는 것'에 해당한다.

Na paññāyatī ti sāvakānaṃ ñāṇavekallena. Duvidhā buddhānaṃ bhagavantānaṃ desanā: attūpanāyikā ca parūpanāyikā ca. Na paññāyatīti parūpanāyikā. N'atthi buddhānaṃ bhagavantānaṃ avijānanā ti attūpanāyikā, yathā Bhagavā Jokālikaṃ bhikkhuṃ ārabbha aññataraṃ bhikkhuṃ evam āha: [p.177]

'알려지지 않는다.'라고 말한 것은 제자들의 앎의 부족 때문이다. 붓다들, 세존들에게 두 종류의 가르침이 있다. 즉 [붓다] 자

263) Saṃyutta Nikāya, 2권, 178쪽; 5권, 326쪽; 이 책 327, 411쪽 참조.

신에 관련된 [가르침과] 다른 자에 관련된 [가르침이다.] '알려지지 않는다.'란 다른 자에 관련된 [가르침이다.] '붓다들, 세존들에게 의식하지 못함이란 없다.'란 자신에 관련된 [가르침이다.] [예컨대] 세존께서 꼬깔리까 비구에 관해 다른 비구에게 이와 같이 말씀하셨다. [177쪽]

Seyyathā pi bhikkhu vīsatikhāriko Kosalako tilavāho … na tveva eko abbudo nirayo.

> 비구여, 예를 들어 꼬살라 사람에게 스무 석의 참깨를 실은 수레가 있었다. [그로부터 한 사람이 백년이나 천년이 경과한 후에 한 알의 깨를 그 곳으로부터 집어낸다고 하자. 비구여, 그 꼬살라 사람의 스무 석의 참깨 짐이 이런 식으로 감소하여 없어질 수 있을 것이다.] 그렇지만 [이것은] 한 압부다 지옥이 [지나가는 것 보다 더 빨리 줄어서 없어지는 것이다.]

Seyyathā pi bhikkhu vīsati abbudā nirayā, evam eko nirabbudo nirayo. Seyyathā pi bhikkhu vīsati nirabbudā nirayā, evam eko ababo nirayo. Seyyathā pi bhikkhu vīsati ababā nirayā, evam eko aṭaṭo nirayo. Seyyathā pi bhikkhu vīsati aṭaṭā nirayā, evam eko ahaho nirayo. Seyyathā pi bhikkhu vīsati ahahā nirayā, evam eko kumudo nirayo. Seyyathā pi bhikkhu vīsati kumudā nirayā, evam eko sogandhiko nirayo. Seyyathā pi bhikkhu vīsati sogandhikā nirayā, evam eko uppalako nirayo. Seyyathā pi bhikkhu vīsati uppalakā nirayā, evam eko puṇḍarīko nirayo. Seyyathā pi bhikkhu vīsati puṇḍarīkā nirayā, evam eko padumo nirayo. Padume pana bhikkhu niraye Kokāliko bhikkhu upa-

panno Sāriputta-Moggallānesu cittaṃ āghātetvā ti.

> 비구여, 예를 들어 스무 압부다[264] 지옥은 한 니랍부다 지옥[에 해당한다.] 비구여, 예를 들어 스무 니랍부다 지옥은 한 아바바 지옥[에 해당한다.] 비구여, 예를 들어 스무 아바바 지옥은 한 아따따 지옥[에 해당한다.] 비구여, 예를 들어 스무 아따따 지옥은 한 아하하 지옥[에 해당한다.] 비구여, 예를 들어 스무 아하하 지옥은 한 홍련 지옥[에 해당한다.] 비구여, 예를 들어 스무 홍련 지옥은 한 호향연화 지옥[에 해당한다.] 비구여, 예를 들어 스무 호향연화 지옥은 한 청련 지옥[에 해당한다.] 비구여, 예를 들어 스무 청련 지옥은 한 백련 지옥[에 해당한다.] 비구여, 예를 들어 스무 백련 지옥은 이런 한 연화 지옥[에 해당한다.] 비구여, 그런데 꼬까리까 비구가 연화 지옥에 태어났다. 사리뿟따와 목갈라나에 대해서 마음에 원한을 품었기 때문이다.[265]

Yaṃ vā pana kiñci Bhagavā āha:ayaṃ appameyyo asaṅkhyeyo ti. Sabbaṃ taṃ avisajjanīyaṃ.

Idaṃ avissajjaniyaṃ.

세존께서 '이것은 잴 수 없고 셀 수 없다.'라고 말씀하신 것은 무엇이든 '대답되지 않아야 하는 것'에 해당한다.

이 [경구는] '대답되지 않아야 하는 것'에 해당한다.

264) 주석서(258쪽)에 따르면, 압부다는 따로 있는 하나의 지옥 이름이 아닌 아비지옥(avīci)에서 압부다로 헤아릴 만큼의 고통이 있는 곳을 '압부다 지옥'이라 부른다.

265) Saṃyutta Nikāya, 1권, 152쪽; Aṅguttara Nikāya, 5권, 173쪽; 이 책 392쪽.

12-1) 대답되어야 하는 것과 대답되지 않아야 하는 것의 둘 다에 해당하는 것

Tattha katamaṃ vissajjaniyañ ca avissajjaniyañ ca?

그와 관련하여 대답되어야 하는 것과 대답되지 않아야 하는 것의 [둘 다에 해당하는 것이란] 어떤 것인가?

Yadā so Upako ājīvako Bhagavantaṃ āha: kuhiṃ, āvuso Gotama, gamissasī ti. Bhagavā āha: Bārāṇasiṃ gamissāmi, ahaṃ taṃ amatadundubhiṃ dhammacakkaṃ pavattetuṃ loke appaṭivattiyan ti. Upako ājīvako āha: jino ti kho āvuso bho Gotama paṭijānāsī ti? Bhagavā āha:
Jinā ve mādisā honti ye pattā āsavakkhayaṃ
jitā me pāpakā dhammā tasmāhaṃ Upakā jino ti.

> 그때 고행 수행자 우빠까가 세존께 말했다. "벗이여, 고타마여, 어디로 가는가?" 세존께서 말씀하셨다. "불사의 북소리를 [울리기 위하여,] 세간에서 되돌릴 수 없는 법의 바퀴를 굴리기 위하여 나는 바라나시로 간다." 고행 수행자 우빠까가 말했다. "그대 벗이여, 고타마여, 그대는 승리자라고 선언하는가?" 세존께서 말씀하셨다.
> "번뇌의 그침에 도달한 그러한 이, 그들은 승리자이다. 악한 법들은 나에 의해 정복되었다. 우빠까여, 그러므로 나는 승리자이다.[266)]"

Kathaṃ jino kena jino ti vissajjaniyaṃ. Katamo jino ti avissajjaniyaṃ. Katamo āsavakkhayo rāgakkhayo dosakkhayo mo-

266) Vinaya, 1권, 8쪽 참조; Majjhima Nikāya, 1권, 171쪽 참조.

hakkhayo iti vissajjaniyaṃ, kittako āsavakkhayo ti avissajjaniyaṃ. [p.178]

Idaṃ visajjanīyañ ca avisajjanīyañ ca.

'어떻게 승리자이고 왜 승리자인가?'는 '대답되어야 하는 것'에 해당한다. '누가 제일 승리자인가?'는 '대답되지 않아야 하는 것'에 해당한다. '무엇이 번뇌의 그침, 탐냄의 그침, 성냄의 그침, 어리석음의 그침인가?'는 '대답되어야 하는 것'에 해당한다. '어느 정도로 번뇌를 그친 자인가?'는 '대답되지 않아야 하는 것'에 해당한다. [178쪽]

따라서 이 [경구는] 대답되어야 하는 것과 대답되지 않아야 하는 것의 [둘 다에] 해당한다.

Atthi tathāgato ti vissajjaniyaṃ. Atthi rūpan ti vissajjaniyaṃ. Rūpaṃ Tathāgato ti avisajjaniyaṃ. Rūpavā Tathāgatoti avissajjaniyaṃ. Rūpavā Tathāgato ti avissajjaniyaṃ. Tathāgate rūpan ti avissajjaniyaṃ.

'여래는 있는가?'는 '대답되어야 하는 것'에 해당한다.[267] '물질현상은 있는가?'는 '대답되어야 하는 것'에 해당한다. '여래는 물질현상인가?'는[268] '대답되지 않아야 하는 것'에 해당한다.

267) 주석서(259쪽)에 따르면, 사람들은 '이러이러한 이름과 성을 가진 자'로 오온에 집착하여 그 사람을 이해하기 때문에 이러한 질문은 '대답되어야 하는 것'에 해당한다.

‘여래는 물질현상을 지니고 있는가?’는 ‘대답되지 않아야 하는 것’에 해당한다. ‘물질현상에 여래가 있는가?’는 ‘대답되지 않아야 하는 것’에 해당한다. ‘여래에 물질현상이 있는가?’는 ‘대답되지 않아야 하는 것’에 해당한다.

Evaṃ atthi vedanā / pe / saññā … saṃkhārā. Atthi viññāṇan ti vissajjaniyaṃ. Viññāṇaṃ Tathāgato ti avissajjaniyaṃ. Viññāṇavā Tathāgato ti avissajjaniyaṃ. Viññāṇe Tathāgato ti avissajjaniyaṃ. Tathāgate viññāṇan ti avissajjaniyaṃ.

이와 같이 ‘느낌은 있는가?’ …[중략]… ‘지각은’ … ‘지음은’ …. 이와 같이 ‘의식은 있는가?’는 ‘대답되어야 하는 것’에 해당한다. ‘여래는 의식인가?’는 ‘대답되지 않아야 하는 것’에 해당한다. ‘여래는 의식을 지니고 있는가?’는 ‘대답되지 않아야 하는 것’에 해당한다. ‘의식에 여래가 있는가?’는 ‘대답되지 않아야 하는 것’에 해당한다. ‘여래에 의식이 있는가?’는 ‘대답되지 않아야 하는 것’에 해당한다.

Aññatra rūpena Tathāgato ti avissajjaniyaṃ. Aññatra vedanāya / pe / saññāya … saṃkhārehi … viññāṇena tathāgato ti avissajjaniyaṃ.

268) Saṃyutta Nikāya, 4권, 383쪽.

'물질현상을 제외하고 여래가 있는가?'는 '대답되지 않아야 하는 것'에 해당한다. 느낌을 제외하고 …[중략]… 지각을 … 지음을 … '의식을 제외하고 여래가 있는가?'는 '대답되지 않아야 하는 것'에 해당한다.

Ayaṃ so Tathāgato arūpako / … / avedanako … asaññako … asaṅkhārako … aviññāṇako ti avissajjaniyaṃ.

Idaṃ vissajjaniyañ ca avissajjaniyañ ca.

'그러한 여래는 물질현상을 지니지 않은 것인가?' … 느낌을 … 지각을 … 지음을 … '의식을 지니지 않은 것인가?'는 '대답되지 않아야 하는 것'에 해당한다.

따라서 [경구는] 대답되어야 하는 것과 대답되지 않아야 하는 것의 [둘 다에] 해당한다.

Passati Bhagavā dibbena cakkhunā visuddhena atikkantamānusakena satte cavamāne upapajjamāne. Evaṃ sabbaṃ / pe / yathākammūpage satte pajānātī ti vissajjaniyaṃ. Katame sattā, katamo Tathāgato ti avissajjaniyaṃ.

Idaṃ vissajjaniyañ ca avissajjaniyañ ca.

'세존께서는 인간을 초월한 청정한 천안으로 중생들을 보신다. 죽어가는, 태어나는, 모든 [열등한, 훌륭한, 좋은 외모의, 흉한 외모의, 행복한, 불행한] 중생들이 업에 따라 가는 것을 잘 아신다.'라는 것은 '대답되어야 하는 것'에 해당한다.[269] '중생이란 무엇인가? 여래란 무엇인가?'라는 것은 '대답되지 않아야 하는 것'에 해당한다.

따라서 이 [경구는] 대답되어야 하는 것과 대답되지 않아야 하는 것의 [둘 다에] 해당한다.

Atthi Tathāgato ti vissajjaniyaṃ. Atthi Tathāgato parammaraṇā ti avissajjaniyaṃ.

Idaṃ vissajjaniyañ ca avissajjaniyañ ca.

'여래는 있는가?'라는 것은 '대답되어야 하는 것'에 해당한다. '사후에 여래는 있는가?'라는 것은 '대답되지 않아야 하는 것'에 해당한다.

따라서 이 [경구는] 대답되어야 하는 것과 대답되지 않아야 하는 것의 [둘 다에] 해당한다.

13) 업

Tattha katamaṃ kammaṃ?

그 [열여덟 가지 가르침의 유형] 중에서 '업'이란 어떤 것인가?

Maraṇeanādhipannassa jahato mānusaṃ bhavaṃ

269) 이 책 383쪽 참조.

kiṃ hi tassa sakaṃ hoti kiñ ca ādāya gacchati
kiñ c'assa anugaṃ hoti chāyā va anapāyini?
Ubho puññañ ca pāpañ ca yaṃ macco kurute idha
taṃ hi tassa sakaṃ hoti tañ ca ādāya gacchati
tañ c'assa anugaṃ hoti chāyā va anapāyinī ti.

Idaṃ kammaṃ.

> [죽음의 신] 마라에게 잡혀 인간 존재를 버린 자에게
> 무엇이 자신의 것인가? 그는 무엇을 갖고 가는가?
> 떠나지 않는 그림자처럼 그를 따르는 것은 무엇인가?
> 복덕과 악함, 둘 다 인간이 여기에서 만든 것이다.
> 그것이야말로 자신의 것이다. 그것을 갖고 간다.
> 떠나지 않는 그림자처럼 그를 따르는 것은 바로 그것이다.[270]

이 [경구는] '업'에 해당한다.

Puna ca paraṃ bhikkhave bālaṃ pīṭhasamārūḷhaṃ vā [p.179] *mañcasamārūḷhaṃ vā chamāya vā semānaṃ yān'issa pubbe pāpakāni kammāni katāni kāyena duccaritāni vācāya duccaritāni manasā duccaritāni, tāni'ssa tamhi samaye olambanti ajjholambanti abhippalambanti. Seyyathā pi bhikkhave mahataṃ pabbatakūṭānaṃ chāyā sāyanhasamayaṃ pathaviyaṃ olambanti ajjholambanti abhippalambanti.*

> 비구들이여, 또한 어리석은 자가 의자에 올라있거나 [179쪽] 침대에 올라있거나 바닥에 누워있을 때, 이전에 몸으로 한 나쁜 행동, 언어로 한

270) 이 책 634-635쪽 참조.

나쁜 행동, 정신으로 한 나쁜 행동이 만든 악한 업이 그 때 그에게 드리우고 뒤덮고 에워싼다.
비구들이여, 마치 높은 산꼭대기의 그림자가 저녁 시간에 땅에 드리우고 뒤덮고 에워싸는 것과 같다.

Evaṃ eva kho bhikkhave bālaṃ pīṭhasamārūḷhaṃ vā mañcasamārūḷhaṃ vā chamāyaṃ vā semānaṃ yāni'ssa pubbe pāpakāni kammāni katāni kāyena duccaritāni vācāya duccaritāni manasā duccaritāni, tāni'ssa tamhi samaye olambanti ajjholambanti abhippalambanti.

비구들이여, 이와 같이 어리석은 자가 의자에 올라있거나 침대에 올라있거나 바닥에 누워있을 때, 이전에 몸으로 한 나쁜 행동, 언어로 한 나쁜 행동, 정신으로 한 나쁜 행동이 만든 악한 업이 그 때 그에게 드리우고 뒤덮고 에워싼다.

Tatra bhikkhave bālassa evaṃ hoti: akataṃ vata me kalyāṇaṃ, akataṃ kusalaṃ, akataṃ bhīruttāṇaṃ, kataṃ pāpaṃ kataṃ luddaṃ kataṃ kibbisaṃ, yāvatā bho akatakalyāṇānaṃ akatakusalānaṃ akatabhīruttāṇānaṃ katapāpānaṃ kataluddānaṃ katakibbisānaṃ gati, taṃ gatiṃ pecca gacchāmī ti. So socati kilamati paridevati urattāḷiṃ kandati sammohaṃ āpajjatī ti.

비구들이여, 거기에서 어리석은 자는 이렇게 떠올린다. "정말로 내가 행하지 않은 착함, 행하지 않은 옳음, 두려움으로부터의 은신처를 만들지 않은 것, 행한 악함, 행한 사나움, 행한 못된 것들이 있다. 그대여, 착함을 행하지 않은 자, 옳음을 행하지 않은 자, 두려움으로부터의 도피처를 만들지 않은 자, 악함을 행한 자, 사나움을 행한 자, 못된 짓을 행한 자가 가는 곳이 있다면, 나는 죽은 후 그 갈 곳에 갈 것이다."
그는 슬퍼한다. 괴로워한다. 절망한다, 가슴을 치며 통곡한다. 미혹에 빠진다.[271)]

Puna caparaṃ bhikkhave paṇḍitaṃ pīṭhasamārūḷhaṃ vā mañcasamārūḷhaṃ vā chamāyaṃ vā semānaṃ yāni'ssa pubbe kalyāṇāni kammāni katāni kāyena sucaritāni vācāya sucaritāni manasā sucaritāni, tāni'ssa tamhi samaye olambanti ajjholambanti abhilambanti. Seyyathā pi bhikkhave mahataṃ pabbatakūṭānaṃ chāyā sāyanhasamayaṃ pathaviyaṃ olambanti ajjholambanti abhippalambanti.

비구들이여, 또한 현명한 자가 의자에 올라있거나 침대에 올라있거나 바닥에 누워있을 때, 이전에 몸으로 한 좋은 행동, 언어로 한 좋은 행동, 정신으로 한 좋은 행동이 만든 착한 업들이 그 때 그에게 드리우고 뒤덮고 에워싼다.
비구들이여, 마치 높은 산꼭대기들의 그림자가 저녁 시간에 땅에 드리우고 뒤덮고 에워싸는 것과 같다.

Evam eva kho bhikkhave paṇḍitaṃ pīṭhasamārūḷhaṃ vā mañcasamārūḷhaṃ vā chamāyaṃ vā semānaṃ yāni'ssa pubbe kalyāṇāni kammāni katāni kāyena sucaritāni vācāya sucaritāni manasā sucaritāni, tāni'ssa tamhi samaye olambanti ajjholambanti abhippalambanti.

비구들이여, 이와 같이 현명한 자가 의자에 올라있거나 침대에 올라있거나 바닥에 누워있을 때, 이전에 몸으로 한 좋은 행동, 언어로 한 좋은

271) Majjhima Nikāya, 3권, 164-165쪽.

행동, 정신으로 한 좋은 행동이 만든 착한 업이 그 때 그에게 드리우고 뒤덮고 에워싼다.

Tatra bhikkhave paṇḍitassa evaṃ hoti: akataṃ vata me pāpaṃ akataṃ luddaṃ akataṃ kibbisaṃ, kataṃ kalyāṇaṃ kataṃ kusalaṃ kataṃ bhīruttāṇaṃ, yāvatā bho [p.180] *akatapāpānaṃ akataluddānaṃ akatakibbisānaṃ katakalyāṇānaṃ katakusalānaṃ katabhīruttāṇānaṃ gati, taṃ gatiṃ pecca gacchāmī ti. So na socati na kilamati na paridevati na urattāḷiṃ kandati na sammohaṃ āpajjati,*

비구들이여, 거기에서 현명한 자는 이렇게 떠올린다. "정말로, 내가 행하지 않은 악함, 행하지 않은 사나움, 행하지 않은 못된 짓, 행한 착함, 행한 옳음, 두려움으로부터의 은신처를 만든 것이 있다. 그대여, [180쪽] 악함을 행하지 않은 자, 사나움을 행하지 않은 자, 못된 짓을 행하지 않은 자, 착함을 행한 자, 옳음을 행한 자, 두려움으로부터의 도피처를 만든 자가 가는 곳이 있다면, 나는 죽은 후 그 갈 곳에 갈 것이다." 그는 슬퍼하지 않는다. 괴로워하지 않는다. 절망하지 않는다. 가슴을 치며 통곡하지 않는다. 미혹에 빠지지 않는다.[272]

'kataṃ me puññaṃ akataṃ pāpaṃ, yā bhavissati gati akatapāpassa akataluddassa akatakibbisassa katapuññassa katakusalassa katabhīruttāṇassa, taṃ peccabhave gatiṃ paccanubhavissāmī ti vippaṭisāro na jāyati. Avippaṭisārino kho bhikkhave itthiyā vā purisassa vā gihino vā pabbajitassa vā bhaddakaṃ maraṇaṃ bhaddikā kālakiriyā ti vadāmī ti.

---

272) Majjhima Nikāya 3권, 171쪽.

"나는 복덕을 행했고 악함을 행하지 않았다. 악함을 행하지 않은 자, 사나움을 행하지 않은 자, 못된 짓을 행하지 않은 자, 복덕을 행한 자, 옳음을 행한 자, 두려움으로부터의 도피처를 만든 자가 갈 곳이 있을 것이다. [나는] 죽은 후 그 갈 곳을 경험할 것이다."라며 후회가 일어나지 않는다.
비구들이여, '여자거나 남자거나 재가자거나 출가자거나 후회가 없는 자에게는 상서로운 임종이 있다.'라고 나는 말한다.

Idaṃ kammaṃ.

이 [경구는] '업'에 해당한다.

Tīṇ'imāni bhikkhave duccaritāni. Katamāni tīṇi?
Kāyaduccaritaṃ vacīduccaritaṃ manoduccaritaṃ.
Imāni kho bhikkhave tīṇi duccaritāni.

비구들이여, 이 세 가지는 나쁜 행동이다. 무엇이 세 가지인가?
몸으로 한 나쁜 행동, 언어로 하는 나쁜 행동, 정신으로 하는 나쁜 행동이다.
비구들이여, 이것이 세 가지 나쁜 행동이다.

Tīṇ'imāni bhikkhave sucaritāni. Katamāni tīṇi?
Kāyasucaritaṃ vacīsucaritaṃ manosucaritaṃ.
Imāni kho bhikkhave tīṇi sucaritāni.
Idaṃ kammaṃ.

비구들이여, 이 세 가지는 좋은 행동이다. 무엇이 세 가지인가?
몸으로 하는 좋은 행동, 언어로 하는 좋은 행동, 정신으로 하는 좋은 행동이다.
비구들이여, 이것이 세 가지 좋은 행동이다.

이 [경구는] '업'에 해당한다.

14) 과보

Tattha katamo vipāko?

그 [열여덟 가지 가르침의 유형] 중에서 '과보'란 어떤 것인가?

Lābhā vo bhikkhave suladdhaṃ vo bhikkhave, khaṇo vo paṭiladdho brahmacariyavāsāya. Diṭṭhā mayā bhikkhave cha phassāyatanikā nāma nirayā.

> 비구들이여, 그대들의 재산,[273] 그대들이 획득한 것, 그대들이 지닌 기회는 고귀한 삶을 살기 위해 얻은 것이다.[274] 비구들이여, 나에게 보여진 여섯 접촉의 영역(六觸入處)을 지옥이라고 이름한다.

Tattha yaṃ kiñci cakkhunā rūpaṃ passati aniṭṭharūpaṃyeva passati no iṭṭharūpaṃ, akantarūpaṃ yeva passati no kantarūpaṃ, amanāparūpaṃ yeva passati no manāparūpaṃ, Yaṃ kiñci sotena / pe / ghānena … jivhāya … kāyena … yaṃ kiñci manasā dhammaṃ vijānāti aniṭṭhadhammaṃ yeva vijānāti no iṭṭhadhammaṃ, akantadhammaṃ yeva vijānāti no kantadhammaṃ, amanāpadhammaṃ yeva vijānāti no manāpadhammaṃ.

> 거기에서는 눈으로 보는 모든 물질현상에 대해 내키는 물질현상은 없고

273) 주석서(260쪽)에 의하면, 재산이란 인간존재를 얻고 믿음을 지니게 된 것을 말한다.

274) Saṃyutta Nikāya, 4권, 126쪽.

내키지 않는 물질현상만을 본다. 호감가는 물질현상은 없고 호감가지 않는 물질현상만을 본다. 마음에 드는 물질현상은 없고 마음에 들지 않는 물질현상만을 본다.
귀로 …[중략]… 코로 … 혀로 … 몸으로 … 정신으로 의식하는 모든 법에 대해 내키는 법은 없고 내키지 않는 법만을 의식한다. 호감가는 법은 없고 호감가지 않는 법만을 의식한다. 마음에 드는 법은 없고 마음에 들지 않는 법만을 의식한다.

Lābhā vo bhikkhave suladdhaṃ vo bhikkhave khaṇo vo [p.181] *paṭiladdho brahmacariyavāsāya. Diṭṭhā mayā bhikkhave cha phassāyatanikā nāma saggā.*

비구들이여, 그대들의 재산, 그대들이 획득한 것, [181쪽] 그대들이 지닌 기회는 고귀한 삶을 살기 위해 얻은 것이다. 비구들이여, 나에게 보여진 여섯 접촉의 영역을 천상이라고 이름한다.

Tattha yaṃ kiñci cakkhunā rūpaṃ passati iṭṭharūpaṃ yeva passati, no aniṭṭharūpaṃ. Kantarūpaṃ yeva passati no akantarūpaṃ. Manāparūpaṃ yeva passati no amanāparūpaṃ. Yaṃ kiñci sotena saddaṃ suṇati / pe / ghānena … jivhāya … kāyena … manasā dhammaṃ vijānāti iṭṭhadhammaṃ yeva vijānāti no aniṭṭhadhammaṃ, kantadhammaṃ yeva vijānāti no akantadhammaṃ, manāpadhammaṃ yeva vijānāti no amanāpadhammaṃ.

거기에서는 눈으로 보는 모든 물질현상에 대해 내키지 않는 물질현상은 없고 내키는 물질현상만을 본다. 호감가지 않는 물질현상은 없고 호감가는 물질현상만을 본다. 마음에 들지 않는 물질현상은 없고 마음에 드는 물질현상만을 본다. 귀로 듣는 모든 소리에 대해 …[중략]… 코로 …

혀로 … 몸으로 … 정신으로 의식하는 모든 법에 대해 내키지 않는 법은 없고 내키는 법만을 의식한다. 호감가지 않는 법은 없고 호감가는 법만을 의식한다. 마음에 들지 않는 법은 없고 마음에 드는 법만을 의식한다.

Lābhā vo bhikkhave suladdhaṃ vo bhikkhave, khaṇo vo bhikkhave paṭiladdho brahmacariyavāsāyā ti. Ayaṃ vipāko.

비구들이여, 그대들의 재산, 그대들이 획득한 것, 그대들이 지닌 기회는 고귀한 삶을 살기 위해 얻은 것이다.

이 [경구는] '과보'에 해당한다.

Saṭṭhivassasahassāni paripuṇṇāni sabbaso
niraye paccamānānaṃ kadā anto bhavissati?
N'atthi anto kuto anto na anto paṭidissati
tadā hi pakataṃ pāpaṃ mama tuyhañ ca mārisā ti.

Ayaṃ vipāko.

육만 년이 다 되도록 지옥에서 괴로워하는 모든 자들에게
언제 끝이 있겠는가?
끝이 없다. 어떻게 끝이 있겠는가?
존자여, 너와 내가 행한 악함이 있을 때 끝은 보이지 않는다.[275)]

이 [경구는] '과보'에 해당한다.

275) Jātaka, 3권, 47쪽.

14-1) 업과 과보의 둘 다에 해당하는 것

Tattha katamaṃ kammañ ca vipāko ca?

그와 관련하여 업과 과보의 [둘 다에 해당하는 것이란] 어떤 것인가?

Adhammacārī hi naro pamatto
yahiṃ yahiṃ gacchati duggatiyo
so naṃ adhammo carito hanati
sayaṃ gahito yathā kaṇhasappo.
Na hi dhammo adhammo ca ubho samavipākino
adhammo nirayaṃ neti dhammo pāpeti suggatin ti.

Idaṃ kammañ ca vipāko ca.

> 그릇된 법을 따르는 게으른 사람은
> 어디든 나쁜 곳으로 간다.
> 자신이 잡은 검은 독사처럼
> 그가 따르는 그릇된 법이 그를 죽인다.
> [바른] 법과 그릇된 법은 둘 다 같은 과보를 지닌 것이 아니다.
> 그릇된 법은 지옥으로 이끈다. [바른] 법은 좋은 곳에 이르게 한다.[276)]

이 [경구는] 업과 과보의 [둘 다에] 해당한다.

Mā bhikkhave puññānaṃ bhāyittha, sukhass'etaṃ bhikkhave ad-

---

276) Theragāthā, 게송 304.

hivacanaṃ iṭṭhassa kantassa piyassa manāpassa, [p.182] *yad idaṃ puññāni.*

비구들이여, 복덕을 두려워하지 말라. 비구들이여, 복덕이라는 것, 이것은 즐거운 것, 내키는 것, 호감가는 것, 사랑스러운 것, 마음에 드는 것의 이름이다. [182쪽]

Abhijānāmi kho panāhaṃ bhikkhave dīgharattaṃ katānaṃ puññānaṃ dīgharattaṃ iṭṭhaṃ kantaṃ piyaṃ manāpaṃ vipākaṃ paccanubhūtaṃ. Satta vassāni mettacittaṃ bhāvetvā satta saṃvaṭṭavivaṭṭakappe na imaṃ lokaṃ punarāgamāsiṃ.

비구들이여, 나는 오랫동안 행한 복덕으로 내키고 호감가며 사랑스럽고 마음에 드는 과보를 오랫동안 경험했다는 것을 잘 안다. 일곱 해 동안 자애의 마음을 닦고서, [그 결과로] 일곱 번의 무너지는 겁과 성립하는 겁(壞成劫) 동안 이 세간에 다시 오지 않았다.

Saṃvaṭṭamāne sudāhaṃ bhikkhave kappe Ābhassarūpago homi, vivaṭṭamāne kappe suññaṃ brahmavimānaṃ upapajjāmi. Tatra sudāhaṃ bhikkhave Brahmā homi Mahābrahmā abhibhū anabhibhūto aññadatthudaso vasavattī.

비구들이여, 무너지는 겁(壞劫) 동안 나는 빛이 흐르는 곳(極光天)에 있었다. 성립하는 겁(成劫) 동안 텅 빈 브라흐마의[277] 궁전에 태어났다. 비구들이여, 거기에서 나는 브라흐마로서, 승리자이며 정복되지 않고 무엇이든 보며 최고의 힘이 있는 위대한 브라흐마였다.

277) Majjhima Nikāya, 49경; Dīgha Nikāya, 1권, 221쪽.

Chattiṃsakkhattuṃ kho panāhaṃ bhikkhave Sakko ahosiṃ devānam indo. Anekasatakkhattuṃ rājā ahosiṃ cakkavattī dhammiko dhammarājā cāturanto vijitāvī janapadatthāvariyappatto sattaratanasamannāgato, ko pana vādo padesarajjassa.

비구들이여, 그리고 나는 서른 여섯 번 천신들의 왕인 삭까가 되었다. 수백 번을 왕으로서, 법을 지닌 자, 법의 왕, 사방의 경계를 정복한 승리자, 나라의 안정을 성취하고 일곱가지 보물을[278] 가진 전륜왕[279]이었다.[280] 하물며 지역의 왕에 대해 무슨 말이 [더 필요] 하겠는가?

Tassa mayhaṃ bhikkhave etad ahosi: kissa nu kho me idaṃ kammassa phalaṃ, kissa kammassa vipāko, yenāhaṃ etarahi evaṃmahiddhiko evaṃmahānubhāvo ti?

비구들이여, 그러한 나에게 이것이 떠올랐다.: "이것은 나의 어떤 업의 결과인가? 어떤 업의 과보인가? 무엇으로 인해 지금 내가 이와 같은 큰 신통을 지닌 자, 이와 같은 큰 위신을 지닌 자가 되었는가?"

Tassa mayhaṃ bhikkhave etad ahosi: tiṇṇaṃ kho me idaṃ kammānaṃ phalaṃ, tiṇṇaṃ kammānaṃ vipāko, yenāhaṃ etarahi evaṃmahiddhiko evaṃmahānubhāvo ti, seyyathidaṃ, dānassa damassa saṃyamassā ti.

비구들이여, 그러한 나에게 이것이 떠올랐다.: "이것은 나의 세 가지 업

278) 일곱가지 보물(Sattaratana)이란 바퀴(cakka), 코끼리(hatthi), 말(assa), 보석(maṇi), 여자(itthi), 거사(gahapati), 장군(pariṇāyaka)이다. Aṅguttara Nikāya, 4권, 89쪽.
279) Majjhima Nikāya, 129경.
280) Aṅguttara Nikāya, 4권, 88-91쪽 참조.

> 의 결과이고 세 가지 업의 과보이다. 나는 이것으로 인해 지금 이와 같은 큰 신통을 가진 자, 이와 같은 큰 위신을 가진 자가 되었다. 즉 그것은 보시, 수련, 절제이다."[281]

Tattha yañ ca dānaṃ yo ca damo yo ca saṃyamo, idaṃ kammaṃ, yo tappaccayā vipāko paccanubhūto, ayaṃ vipāko. Tathā Cūḷakammavibhaṅgo vattabbo, yaṃ Subhassa māṇavassa Todeyyaputtassa desitaṃ.

거기에서 보시라는 것, 수련이라는 것, 절제라는 것, 이것은 '업'에 해당한다. 그것을 조건으로 과보를 경험하는 것, 이것은 '과보'에 해당한다. 이런 식으로 또데야의 아들 젊은 수바에게 설해진 '업에 대한 작은 분석의 경'이[282] 설명되어야 한다.

Tattha ye dhammā appāyuka-dīghāyukatāya saṃvattanti bahvābādha-appābādhatāya appesakkha-mahesakkhatāya dubbaṇṇasuvaṇṇatāya nīcakulika-uccakulika-tāya appabhoga-mahābhogatāya duppañña-paññavantatāya [p.183] ca saṃvattanti, idaṃ kammaṃ.

거기에서 짧은 수명을 지니거나 긴 수명을 지닌 상태로 이끌고, 흉한 모습이나 잘생긴 모습으로, 낮은 집안이나 높은 집안으

281) Itivuttaka, 14-15쪽.
282) Majjhima Nikāya, 3권, 202-207쪽; Dīgha Nikāya, 1권, 204쪽 참조.

로, 재산이 적거나 재산이 많은 상태로, 반야가 부족하거나 반야를 갖춘 상태로 [183쪽] 이끄는 법은 '업'에 해당한다.

Yā tattha appāyuka-dīghāyukatā / pe / duppaññapaññavantatā, ayaṃ vipāko.

Idaṃ kammañ ca vipāko ca.

거기에서 짧은 수명이나 긴 수명의 상태 …[중략]… 반야가 부족하거나 반야를 갖춘 상태라는 것, 이것은 '과보'에 해당한다.

따라서 이 [경은] 업과 과보의 [둘 다에] 해당한다.

15) 옳음

Tattha katamaṃ kusalaṃ?

그 [열여덟 가지 가르침의 유형] 중에서 '옳음'이란 어떤 것인가?

Vācānurakkhī manasā susaṃvuto
kāyena ca akusalaṃ na kayirā:
ete tayo kammapathe visodhaye
ārādhaye maggam isippaveditan ti.

Idaṃ kusalaṃ.

> 언어를 지키는 자, 정신에 의해 잘 제어된 자는
> 몸으로 옳지 않음을 행하지 않는다.
> 그들은 이 세 가지 업의 통로를 정화한다.
> 선인들이 알아낸 길을 얻는다.[283)]

이 [경구는] '옳음'에 해당한다.

Yassa kāyena vācāya manasā n'atthi dukkaṭaṃ
saṃvutaṃ tīhi ṭhānehi, tam ahaṃ brūmi brāhmaṇan ti.

Idaṃ kusalaṃ.

> 몸으로, 언어로, 정신으로,
> 세 가지 경우로써 지켜진 자에게 괴로움은 없다.
> 나는 그를 바라문이라고 부른다.[284]

이 [경구는] '옳음'에 해당한다.

Tīṇ'imāni bhikkhave kusalamūlāni. Katamāni tīṇi?
Alobho kusalamūlaṃ, adoso kusalamūlaṃ, amoho kusalamūlaṃ.
Imāni kho bhikkhave tīṇi kusalamūlāni.

Idaṃ kusalaṃ.

> 비구들이여, 이 세 가지는 옳음의 뿌리이다. 무엇이 세 가지인가?
> 탐욕 없음이라는 옳음의 뿌리, 성냄 없음이라는 옳음의 뿌리, 어리석음 없음이라는 옳음의 뿌리이다.
> 비구들이여, 이것이 세 가지 옳음의 뿌리이다.[285]

이 [경구는] '옳음'에 해당한다.

283) Dhammapada, 게송 281.
284) Dhammapada, 게송 391.
285) Aṅguttara Nikāya, 1권, 203쪽.

Vijjā bhikkhave pubbaṅgamā kusalānaṃ dhammānaṃ samāpattiyā anvadeva hiriñ ottappañ cā ti.

Idaṃ kusalaṃ.

> 비구들이여, 옳은 법의 성취를 위해 밝은 앎은 앞서가는 것이고 부끄러움과 창피함은 뒤따라 가는 것이다.[286]

이 [경구는] '옳음'에 해당한다.

16) 옳지 않음

Tattha katamaṃ akusalaṃ?

그 [열여덟 가지 가르침의 유형] 중에서 '옳지 않음'이란 어떤 것인가?

Yassa accantadussīlyaṃ māluvā sālam iv'otthataṃ
karoti so that'attānaṃ yathā naṃ icchatī diso ti.

Idaṃ akusalaṃ.

> 계를 심하게 어기는 자는, 넝쿨이 사라수를 뒤덮듯이,
> 적이 그에게 바라는 대로 그대로 자신에게 행한다.[287]

이 [경구는] '옳지 않음'에 해당한다.

286) Itivuttaka, 34쪽.
287) Dhammapada, 게송 162.

Attanā hi katam pāpaṃ attajaṃ attasambhavaṃ
abhimatthati dummedhaṃ vajiraṃ v'amahamayaṃ maṇin ti.

Idaṃ akusalaṃ. [p.184]

> 스스로 행한 악함은 자신에 의해 생긴 것이다,
> 즉 자신에게서 생겨난 것이다.
> [돌에서 생긴] 금강석이 돌로 만들어진 보석을 부수는 것처럼,
> [악함은] 어리석은 자를 부순다.[288]

이 [경구는] '옳지 않음'에 해당한다. [184쪽]

Dasa kammapathe niseviya
akusalā kusalehi vivajjitā
garahā ca bhavanti devate
bālamatī nirayesu paccare ti.

Idaṃ akusalaṃ.

> 열 가지 업의 통로를 실행하고
> 옳음을 포기함으로써
> 옳지 않음과 비난이 있게 된다.
> 천신이여, 어리석음을 지닌 자들은 지옥에서 괴로워한다.

이 [경구는] '옳지 않음'에 해당한다.

288) Dhammapada, 게송 161.

Tīṇimāni bhikkhave akusalamūlāni. Katamāni tīṇi?
Lobho akusalamūlaṃ, doso akusalamūlaṃ, moho akusalamūlaṃ.
Imāni kho bhikkhave tīṇi akusalamūlānī ti.

Idaṃ akusalaṃ.

> 비구들이여, 이 세 가지는 옳지 않음의 뿌리이다. 무엇이 세 가지인가? 탐욕이라는 옳지 않음의 뿌리, 성냄이라는 옳지 않음의 뿌리, 어리석음이라는 옳지 않음의 뿌리이다.
> 비구들이여, 이것이 세 가지 옳지 않음의 뿌리이다.289)

이 [경구는] '옳지 않음'에 해당한다.

16-1) 옳음과 옳지 않음의 둘 다에 해당하는 것

Tattha katamaṃ kusalañ ca akusalañ ca?

그와 관련하여 옳음과 옳지 않음의 [둘 다에 해당하는 것이란] 어떤 것인가?

Yādisaṃ vapate bījaṃ tādisaṃ harate phalaṃ
kalyāṇakārī kalyāṇaṃ pāpakārī ca pāpakan ti.

Tattha yaṃ āha: kalyāṇakārī kalyāṇan ti, idaṃ kusalaṃ, yaṃ āha: pāpakārī ca pāpakan ti, idaṃ akusalaṃ.

Idaṃ kusalañ ca akusalañ ca.

289) Aṅguttara Nikāya, 1권, 201쪽.

> 어떤 씨를 뿌린다 하더라도 그와 같은 열매를 거둔다.
> 착함을 행한 자는 착한 [열매를.] 악함을 행한 자는 악한 [열매를.][290]

[위의 게송에서] '착함을 행한 자는 착한 열매를'은 '옳음'에 해당한다. '그리고 악함을 행한 자는 악한 열매를'은 '옳지 않음'에 해당한다.

따라서 이 [경구는] 옳음과 옳지 않음의 [둘 다에] 해당한다.

> *Subhena kammena vajanti suggatiṃ*
> *apāyabhūmiṃ asubhena kammunā*
> *khayā ca kammassa vimuttacetaso*
> *nibbanti te joti-r-iv'indhanakkhayā.*

Tattha yaṃ āha: subhena kammena vajanti suggatin ti idaṃ kusalaṃ, yaṃ āha: apāyabhūmiṃ asubhena kammunā ti, idaṃ akusalaṃ.

Idaṃ kusalañ ca akusalañ ca.

> 아름다운 업에 의해 좋은 곳에 간다.
> 추한 업에 의해 나쁜 곳에 [간다.]
> 해탈의 마음을 지닌 자는 업이 그침으로써 열반에 든다.
> 마치 연료가 떨어져서 불이 꺼지는 것처럼.

[위의 게송에서] '아름다운 업에 의해 좋은 곳에 간다.'는 '옳

290) Saṃyutta Nikāya, 1권, 227쪽; Jātaka 2권, 202쪽; 3권, 158쪽.

음'에 해당한다. '추한 업에 의해 나쁜 곳에 [간다]'는 '옳지 않음'에 해당한다.

따라서 이 [경구는] 옳음과 옳지 않음의 [둘 다에] 해당한다.

17) 받아들여진 것

Tattha katamaṃ anuññātaṃ?

그 [열여덟 가지 가르침의 유형] 중에서 '받아들여진 것'이란 어떤 것인가?

Yathāpi bhamaro pupphaṃ vaṇṇagandhaṃ aheṭhayaṃ
paleti rasam ādāya, evaṃ gāme munī care ti.

Idaṃ anuññātaṃ. [p.185]

> 벌이 꽃과 [꽃의] 모양과 향기를 해치지 않고
> 꿀을 얻고서 날아가듯이, 그와 같이 성인은 마을에서 유행한다.[291)]

이 [경구는] '받아들여진 것'에 해당한다. [185쪽]

Tīṇ'imāni bhikkhave bhikkhūnaṃ karaṇīyāni. Katamāni tīṇi?

> 비구들이여, 이 세 가지는 비구들이 해야 하는 것이다. 무엇이 세 가지인가?

291) Dhammapada, 게송 49.

Idha bhikkhave bhikkhu pātimokkhasaṃvarasaṃvuto viharati ācāragocarasampanno anumattesu vajjesu bhayadassāvī samādāya sikkhati sikkhāpadesu kāyakammavacīkammena samannāgato kusalena parisuddhājīvo.

> 비구들이여, 여기 비구는 계본에 의한 제어로 방어하며 산다. 행동의 활동영역(gocara, 行境)을 갖추고, 아주 작은 잘못에서 두려움을 보며, 수련의 규범을 받아 지니고 수련한다. 몸으로 하는 옳은 업과 언어로 하는 옳은 업을 갖춘 자는 청정한 삶을 사는 자 이다.

Āraddhavīriyo kho pana hoti thāmavā daḷhaparakkamo anikkhittadhuro akusalānaṃ dhammānaṃ pahānāya kusalānaṃ dhammānaṃ bhāvanāya sacchikiriyāya.

> 나아가 옳지 않은 법을 버리기 위해, 옳은 법을 닦아서 실현하기 위해, 노력을 시작하고[292] 굳건하며 열심히 노력하고 해야 할 것을 내려놓지 않는 자가 된다.

Paññavā kho pana hoti udayatthagāminiyā paññāya samannāgato ariyāya nibbedhikāya sammādukkhakkhayagāminiyā.
Imāni kho bhikkhave bhikkhūnaṃ tīṇi karaṇīyānī ti.

Idaṃ anuññātaṃ.

> 나아가 반야를 지닌 자가 된다. 그는 생성과 소멸에 [대한 반야,][293] 거룩한 꿰뚫음을 통해 괴로움의 바른 그침으로 가는 반야를 갖춘다.
> 비구들이여, 이것이 비구들이 해야 하는 세 가지이다.

292) 주석서(263)에 따르면, 몸에 속하는 노력과 마음에 속하는 노력을 시작한다.
293) 주석서(263)에 따르면, 오온의 생성과 소멸을 파악한 반야를 가리킨다.

이 [경구는] '받아들여진 것'에 해당한다.

Dasa ime bhikkhave dhammā pabbajitena abhiṇhaṃ paccavekkhitabbā. Katame dasa?

비구들이여, 이 열 가지 법은 출가자에 의해 계속해서 관찰되어야 한다. 무엇이 열 가지 인가?

Vevaṇṇiyam ajjhūpagato ti pabbajitena abhiṇhaṃ paccavekkhitabbaṃ / pe / Ime kho bhikkhave dasa dhammā pabbajitena abhiṇhaṃ paccavekkhitabbā ti.

'나는 계급 없는 상태에 들어왔다.'라는 것은 출가자에 의해 계속 관찰되어야 한다. ['나의 생활은 다른 이에 의존한다."라는 것은 출가자에 의해 계속 관찰되어야 한다. '나는 다르게 행동해야 한다.'… '나는 스스로를 계 때문에 비난하지 않았는가?'… '지혜로운 도반이 나에 대해 알고나서 계 때문에 비난하지 않았는가?'… '나는 사랑스럽고 마음에 드는 모든 것으로부터 떨어져 있고 분리되어 있다.'… '나는 업의 소유자, 업의 상속자, 업을 태어남의 원인으로 하는 자, 업을 친척으로 삼는 자, 업을 의지처로 하는 자다. 나는 내가 행할 착하거나 악한 업의 상속자가 될 것이다.'… '나의 밤과 낮은 어떻게 지나가는가?'… '나는 빈 집에서 즐거워하였는가?'… '인간의 법 중에서 최상이며 가장 고귀한 앎과 봄의 탁월함을 나는 얻었는가? 나의 마지막 그 때에 도반이 나에게 물었을 때 나는 부끄럽지 않을 것인가?'…]
비구들이여, 이 열 가지 법은 출가자에 의해 계속 관찰되어야 한다.[294]

294) Aṅguttara Nikāya, 5권, 87-88쪽.

Idaṃ anuññātaṃ.

이 [경구는] '받아들여진 것'에 해당한다.

Tīṇ'imāni bhikkhave karaṇīyāni. Katamāni tīṇi?
Kāyasucaritaṃ vacīsucaritaṃ manosucaritanti.
Imāni kho bhikkhave tīṇi karaṇīyānī ti.

Idaṃ anuññātaṃ.

> 비구들이여, 이 세 가지는 해야 하는 것이다. 무엇이 세 가지인가?
> 몸으로 하는 좋은 행동, 언어로 하는 좋은 행동, 정신으로 하는 좋은 행동이다.
> 비구들이여, 이것이 해야 하는 세 가지이다.

이 [경구는] '받아들여진 것'에 해당한다.

18) 받아들여지지 않은 것

Tattha katamaṃ paṭikkhittaṃ?

그 [열여덟 가지 가르침의 유형] 중에서 '받아들여지지 않은 것'이란 어떤 것인가?

N'atthi puttasamaṃ pemaṃ n'atthi goṇasamaṃ dhanaṃ
n'atthi sūriyasamā ābhā samuddaparamā sarā ti.

> 아들 만큼 애착가는 것은 없다. 소 만한 재산은 없다.
> 태양 같은 빛은 없다. 흐르는 것 중의 최고는 바다 이다.

Bhagavā āha:

N'atthi attasamaṃ pemaṃ n'atthi dhaññasamaṃ dhanaṃ
n'atthi paññāsamā ābhā vuṭṭhiveparamā sarā ti.

세존께서 말씀하셨다.

> 자신 만큼 애착가는 것은 없다. 곡식 만한 재산은 없다.
> 반야 같은 빛은 없다. 흐르는 것 중의 최고는 비 이다.[295]

Ettha yaṃ purimakaṃ idaṃ paṭikkhittaṃ. [p.186]

여기에서 첫번째 [게송은] '받아들여지지 않은 것'에 해당한다. [186쪽]

Tīṇ'imāni bhikkhave akaraṇīyāni. Katamāni tīṇi?
Kāyaduccaritaṃ vacīduccaritaṃ manoduccaritanti.
Imāni kho bhikkhave tīṇi akaraṇīyānī ti.

Idaṃ paṭikkhittaṃ.

> 비구들이여, 이 세 가지는 해서는 안 되는 것이다. 무엇이 세 가지인가?
> 몸으로 하는 나쁜 행동, 언어로 하는 나쁜 행동, 정신으로 하는 나쁜 행동이다.
> 비구들이여, 이것이 해서는 안 되는 세 가지이다.

이 [경구는] '받아들여지지 않은 것'에 해당한다.

295) Saṃyutta Nikāya, 1권, 6쪽.

18-1) 받아들여진 것과 받아들여지지 않은 것의 둘 다에 해당하는 것

Tattha katamaṃ anuññātañ ca paṭikkhittañ ca?

그와 관련하여 받아들여진 것과 받아들여지지 않은 것의 [둘 다에 해당하는 것이란] 어떤 것인가?

Kiṃ sūdha bhītā janatā anekā
maggo c'anekāyatano pavutto
pucchāmi taṃ Gotama bhūripañña
kismiṃ ṭhito paralokaṃ na bhāyeti?

> 많은 사람들이 왜 두려워합니까?
> 길은 다양한 영역으로 설파되었습니다.
> 드넓은 반야를 가진 고따마여, 나는 이것을 묻습니다.
> 어디를 딛고 있는 자는 다음 세간을 두려워하지 않습니까?

Vācaṃ manañca paṇidhāya sammā
kāyena pāpāni akubbamāno
bahvannapānaṃ gharam āvasanto
saddho mudu saṃvibhāgī vadaññū:
etesu dhammesu ṭhito catūsu
dhammesu ṭhito paralokaṃ na bhāye ti.

> 언어와 정신을 올바로 세우고,
> 몸으로 악함을 행하지 않는 자,
> 먹을 것과 마실 것이 많은 집에서 사는 자,
> 믿음이 있고 부드럽고 관대하며 친절한 자,

이 네 가지 법을 딛고 있는 자,
법을 딛고 있는 자는 다음 세간을 두려워하지 않는다.[296]

Tattha yaṃ āha: vācaṃ manañ ca paṇidhāya sammā ti, idaṃ anuññātaṃ. Kāyena pāpāni akubbamāno ti, idaṃ paṭikkhittaṃ, bahvannapānaṃ gharamāvasanto, saddho mudu saṃvibhāgī vadaññū, etesu dhammesu ṭhito catūsu, dhammesu ṭhito paralokaṃ na bhāye ti idaṃ anuññātaṃ.

Idaṃ anuññātañ ca paṭikkhittañ ca.

위 [게송에서] '언어와 정신을 올바로 세우고.'라고 말한 것은 '받아들여진 것'에 해당한다. '몸으로 악함을 행하지 않는 자'라고 말한 것은 '받아들여지지 않은 것'에 해당한다. '먹을 것과 마실 것이 많은 집에서 사는 자, 믿음이 있고 부드럽고 관대하며 친절한 자, 이 네 가지 법을 딛고 있는 자, 법을 딛고 있는 자는 다음 세간을 두려워하지 않는다.'는 '받아들여진 것'에 해당한다.

따라서 이 [경구는] 받아들여진 것과 받아들여지지 않은 것의 [둘 다에] 해당한다.

Sabbapāpass' akaraṇaṃ kusalass' ūpasampadā
sacittapariyodāpanaṃ etaṃ buddhāna sāsanan ti.

모든 악함을 행하지 않는 것, 옳음을 구족하는 것,
자신의 마음을 깨끗이 하는 것, 이것이 붓다의 가르침이다.[297]

296) Saṃyutta Nikāya, 1권, 42-43쪽.

Tattha yaṃ āha: sabbapāpass' akaraṇanti, idaṃ paṭikkhittaṃ, yaṃ āha: kusalass' ūpasampadā ti, idaṃ anuññātaṃ.

Idaṃ anuññātañ ca paṭikkhittañ ca.

위 [게송에서] '모든 악함을 행하지 않는 것'이라고 말한 것은 '받아들여지지 않은 것'에 해당한다. '옳음을 구족하는 것'이라고 말한 것은 '받아들여진 것'에 해당한다.

따라서 이 [경구는] 받아들여진 것과 받아들여지지 않은 것의 [둘 다에] 해당한다.

Kāyasamācāram pāhaṃ devānam inda duvidhena vadāmi sevitabbam pi asevitabbam pi. Vacīsamācāram pāhaṃ [p.187] *devānam inda duvidhena vadāmi sevitabbam pi asevitabbam pi. Manosamācāram pāhaṃ devānam inda duvidhena vadāmi / pe / Pariyesanam pāhaṃ devānam inda duvidhena vadāmi sevitabbam pi asevitabbam pi.*

> 천신의 왕이여, 나는 몸으로 하는 행동을 두 종류로 말한다. 즉 실천되어야 하는 것과 실천되지 않아야 하는 것이다. [187쪽] 천신의 왕이여, 나는 언어로 하는 행동을 두 종류로 말한다. 즉 실천되어야 하는 것과 실천되지 않아야 하는 것이다. 천신의 왕이여, 나는 정신으로 하는 행동을 두 종류로 말한다. …[중략]… 천신의 왕이여, 나는 추구를 두 종류로 말한다. 즉 실천되어야 하는 것과 실천되지 않아야 하는 것이다.

Kāyasamācāram pāhaṃ devānam inda duvidhena vadāmi sevita-

297) 이 책 179, 310, 623쪽 참조.

bbam pi asevitabbam pī ti. Iti kho panetaṃ vuttaṃ, kiñ c'etaṃ paṭicca vuttaṃ?
Yathā rūpañ ca kho kāyasamācāraṃ sevato akusalā dhammā abhivaḍḍhanti, kusalā dhammā parihāyanti, evarūpo kāyasamācāro na sevitabbo. Tattha yaṃ jaññā kāyasamācāraṃ 'idaṃ kho me kāyasamācāraṃ sevato akusalā dhammā parihāyanti, kusalā dhammā abhivaḍḍhan' ti, evarūpo kāyasamācāro sevitabbo.
Kāyasamācāram pāhaṃ devānam inda duvidhena vadāmi sevitabbam pi asevitabbam pī ti. Iti yan taṃ vuttaṃ, idam etaṃ paṭicca vuttaṃ.

"나는 몸으로 하는 행동을 '실천되어야 하는 것과 실천되지 않아야 하는 것'의 두 종류로 말한다."라고 설하였다. 무엇을 조건으로 그렇게 말했는가?
몸으로 하는 행동을 실천하는 자에게 옳지 않은 법은 늘어나고 옳은 법이 줄어든다면 그러한 몸으로 하는 행동은 실천되지 않아야 한다. 그와 같이 몸으로 하는 행동에 대해 '이렇게 몸으로 하는 행동을 실천할 때 나에게 옳지 않은 법은 줄어들고 옳은 법이 늘어난다.'라고 알 수 있는 그러한 몸으로 하는 행동은 실천되어야 한다.
"내가 몸으로 하는 행동을 '실천되어야 하는 것과 실천되지 않아야 하는 것'의 두 종류로 말한다."라고 설한 것은 그것을 조건으로 말한 것이다.

Evaṃ vacīsamācāraṃ / pe /

나는 언어로 하는 행동을 …[중략]…

Pariyesanam pāhaṃ devānam inda duvidhena vadāmi sevita-

bbam pi asevitabbam pī ti . Iti kho pan'etaṃ vuttaṃ, kiñ c'etaṃ paṭicca vuttaṃ?
Yathā rūpañ ca kho pariyesanaṃ sevato akusalā dhammā abhivaḍḍhanti, kusalā dhammā parihāyanti, evarūpā pariyesanā na sevitabbā. Tattha yaṃ jaññā pariyesanaṃ 'imaṃ kho me pariyesanaṃ sevato akusalā dhammā parihāyanti, kusalā dhammā abhivaḍḍhantī' ti, evarūpā pariyesanā sevitabbā.
Pariyesanam pāhaṃ devānam inda duvidhena vadāmi sevitabbam pi asevitabbam pī ti. Iti yan taṃ vuttaṃ, idam etaṃ paṭicca vuttaṃ.

> "나는 추구를 '실천되어야 하는 것과 실천되지 않아야 하는 것'의 두 종류로 말한다."라고 설하였다. 무엇을 조건으로 그렇게 말했는가?
> 추구를 실천하는 자에게 옳지 않은 법들이 늘어나고 옳은 법들이 줄어든다면 그러한 추구는 실천되지 않아야 한다. 그와 같이 추구에 대해 '추구를 실천할 때 옳지 않은 법들은 줄어들고 옳은 법들은 늘어난다.' 라고 알 수 있는 그러한 추구는 실천되어야 한다.
> "내가 추구를 '실천되어야 하는 것과 실천되지 않아야 하는 것'의 두 종류로 말한다."라고 설한 것은 그것을 조건으로 말한 것이다.[298]

Tattha yaṃ āha: sevitabbam pī ti, idaṃ anuññātaṃ. Yaṃ āha: na sevitabbam pī ti, idaṃ paṭikkhittaṃ. Idaṃ anuññātañ ca paṭikkhittañ ca. [p.188]

위 [경문에서] '실천되어야 하는 것'이라고 말한 것은 '받아들여진 것'에 해당한다. '실천되지 않아야 하는 것'이라고 말한 것

298) Majjhima Nikāya, 3권, 45-6쪽.

은 '받아들여지지 않은 것'에 해당한다.

따라서 이 [경구는] 받아들여진 것과 받아들여지지 않은 것의 [둘 다에] 해당한다. [188쪽]

19) 찬탄

Tattha katamo thavo?

그 [열여덟 가지 가르침의 유형에 추가되는] 찬탄이란 어떤 것인가?

Maggān'aṭṭhaṅgiko seṭṭho saccānaṃ caturo padā
virāgo seṭṭho dhammānaṃ dvipadānañca cakkhumā ti.

Ayaṃ thavo.

> 길 중에서는 여덟 요소를 가진 것이 최상이고,
> 진리 중에서는 네 가지 구문이 최상이다.
> 법 중에서는 탐냄의 여읨이 최상이고,
> 두 발을 가진 것 중에서는 눈을 지닌 이가 최상이다.[299]

이 [경구는] 찬탄에 해당한다.

Tīṇ'imāni bhikkhave aggāni. Katamāni tīṇi?
Yāvatā bhikkhave sattā apadā vā dvipadā vā catuppadā vā bahuppadā vā rūpino vā arūpino vā saññino vā asaññino vā

299) Dhammapada, 273쪽.

nevasaññīnāsaññino vā, Tathāgato tesaṃ aggam akkhāyati seṭṭham akkhāyati pavaram akkhāyati, yad idaṃ arahaṃ sammāsambuddho.

비구들이여, 이 세 가지는 최고이다. 무엇이 세 가지인가?
비구들이여, 발 없는, 두 개의 발을 가진, 네 개의 발을 가진, 많은 발을 가진, 물질현상을 지닌,[300] 물질현상을 지니지 않은, 지각이 있는, 지각이 없는, 지각이 없는 것도 없지 않는 것도 아닌 중생들 가운데 여래는 그들 중 최고로 알려져 있다. 최상으로 알려져 있다. 제일로 알려져 있다. 즉 아라한이며 올바로 완전히 깨달은 분이다.

Yāvatā bhikkhave dhammānaṃ paṇṇatti saṅkhatānaṃ vā asaṅkhatānaṃ vā, virāgo tesaṃ dhammānaṃ aggam akkhāyati seṭṭham akkhāyati pavaram akkhāyati, yad idaṃ madanimmadano / pe / nirodho nibbānaṃ.

비구들이여, 지어진 법(有爲法)에 대한 묘사 또는 지어지지 않은 법(無爲法)에 대한 묘사에 관련하여 그 중 탐냄의 여읨(離貪)이 그 법 중에서 최고로 알려져 있다. 최상으로 알려져 있다. 제일로 알려져 있다. 즉 교만을 파괴하고 …[중략]… 소멸이며, 열반이다.

Yāvatā bhikkhave saṅghānaṃ paṇṇatti gaṇānaṃ paṇṇatti mahājanasannipātānaṃ paṇṇatti, Tathāgatasāvakasaṅgho tesaṃ aggam akkhāyati seṭṭham akkhāyati pavaram akkhāyati, yad idaṃ cattāri purisayugāni aṭṭha purisapuggalā / pe / puññakkhettaṃ lokassā ti.

---

300) 주석서(265쪽)에 따르면, 물질현상을 지닌 중생들이란 감각적 욕망의 세간(kāmaloka)의 중생과 물질현상의 세간(rūpaloka)의 중생을 말한다.

비구들이여, 집단에 대한 묘사, 대중에 대한 묘사, 많은 사람들의 모임에 대한 묘사에 관련하여 여래의 제자 상가는 그것들 중 최고로 알려져 있다. 최상으로 알려져 있다. 제일로 알려져 있다. 즉 네 쌍의 사람들이며 여덟 부류의 사람들인, …[중략]… 세간의 위없는 복밭이다.[301)]

Sabbalokuttaro Satthā dhammo ca kusalapakkhato
gaṇo ca narasīhassa taṃ tīṇi vississare.

모든 세간을 넘어선 스승, 옳음에 속하는 법,
사자와 같은 인간의 무리, 이 세 가지는 특별하다.

Samaṇapadumasañcayo gaṇo
dhammavaro ca vidūna sakkato
naravaradamako ca cakkhumā
tāni tīṇi lokassa uttarī.

붉은 연꽃이 모인 것 같은 사문의 무리,
지혜로운 이에 의해 존중받는 가장 뛰어난 법,
인간을 제일 잘 이끄는 분이며 눈을 지닌 분,
이 세 가지는 세간을 넘어 있다.

Satthā ca appaṭisamo dhammo ca sabbo nirupadāho
ariyo ca gaṇavaro tāni khalu vississare tīṇi.

비할 데 없는 스승, 불타지 않는[302)] 모든 법,
거룩하고 가장 뛰어난 무리, 이 세 가지는 정말로 특별하다.

301) Itivuttaka, 87-88쪽; 이 책 223쪽.
302) 주석서(266쪽)에 따르면, 탐냄과 고뇌 등에 의해 불타지 않는 것을 말한다.

Saccanāmo jino khemo sabbābhibhū saccadhammo
n'atth'añño tassa uttari ariyasaṅgho niccaṃ viññūna pūjito.
[p.189] *Tāni tīṇi lokassa uttarī*

승리자, 평온한 분, 모든 것의 정복자라는 참된 이름을 지닌 분,
진리의 법,
언제나 공양 받고 지혜로운 이들로 이루어진 거룩한 상가,
그 위에 다른 것은 없다. [189쪽] 이 세 가지는 세간을 넘어 있다.

ekāyanaṃ jātikhayantadassī
maggaṃ pajānāti hitānukampī.

Etena maggena tariṃsu pubbe
tarissanti ye cāpi taranti oghaṃ
taṃ tādisaṃ devamanussaseṭṭhaṃ
sattā namassanti visuddhipekkhā ti.

태어남의 그침의 끝을 보는 이,303)
[중생들의] 이익에 동정심을 지닌 이는304) 하나의 길을305) 잘 안다.
그 하나의 길을 따라 예전에도 거센 물을 건넜고,
[지금도] 건너고, [앞으로도] 건널 것이다."306)
천신과 인간 중에 최상인 그와 같은 이를
청정을 원하는 중생들은 공경한다.

303) 주석서(267쪽)에 따르면, 태어남의 그침의 끝은 열반을 가리킨다.
304) 주석서(267쪽)에 따르면, 세존은 각각의 이익 따라 태어난 중생들을 동정하신다.
305) 주석서(267쪽)에 따르면, 닦음에는 여러 방향이 있지만 결국은 열반으로 가므로 하나의 길이다.
306) Saṃyutta Nikāya, 5권, 108쪽.

Ayaṃ thavoti.

이 [경구는] 찬탄에 해당한다.

Tattha lokiyaṃ suttaṃ dvīhi suttehi niddisitabbaṃ: saṃkilesabhāgiyena ca vāsanābhāgiyena ca. Lokuttaraṃ pi suttaṃ tīhi suttehi niddisitabbaṃ: dassanabhāgiyena ca bhāvanābhāgiyena ca asekhabhāgiyena ca.

여기에서 세간에 속한 것에 해당하는 경은 두 부류의 경으로 설명되어야 한다. 즉 오염에 관련된 경과 훈습에 관련된 경이다. 세간을 넘어선 것에 해당하는 경은 세 부류의 경으로 설명되어야 한다. 즉 봄에 관련된 경, 닦음에 관련된 경, 배울 것이 없는 이에 관련된 경이다.

Lokiyañ ca lokuttarañ ca yasmiṃ sutte yaṃ yaṃ padaṃ dissati saṃkilesabhāgiyaṃ vā vāsanābhāgiyaṃ vā, tena tena lokiyan ti niddisitabbaṃ, dassanabhāgiyaṃ vā bhāvanābhāgiyaṃ vā asekhabhāgiyaṃ vā yaṃ yaṃ padaṃ dissati tena tena lokuttaran ti niddisitabbaṃ.

세간에 속한 것과 세간을 넘어선 것의 [둘 다에] 해당하는 경에 오염과 관련되거나 훈습과 관련된 구문들이 나타나면, 그 각각은 세간에 속한 것에 해당하는 [경이라고] 설명되어야 한다. 또한 봄에 관련되거나 닦음에 관련되거나 배울 것이 없는 이에 관련된 구문들이 나타나면, 그 각각은 세간을 넘어선 것에 해당하는 [경이라고] 설명되어야 한다.

Vāsanābhāgiyaṃ suttaṃ saṃkilesabhāgiyassa suttassa nighātāya, dassanabhāgiyaṃ suttaṃ vāsanābhāgiyassa suttassa nighātāya, bhāvanābhāgiyaṃ suttaṃ dassanabhāgiyassa suttassa paṭinissaggāya, asekhabhāgiyaṃ suttaṃ bhāvanābhāgiyassa suttassa paṭinissaggāya, asekhabhāgiyaṃ suttaṃ diṭṭhadhammasukhavihāratthaṃ.

훈습에 관련된 경은 오염에 관련된 경[에서 말하는 것을] 버리기 위해 있다. 봄에 관련된 경은 훈습에 관련된 경[에서 말하는 것을] 버리기 위해 있다. 닦음에 관련된 경은 봄에 관련된 경[에서 말하는 것을] 포기하기 위해 있다. 배울 것이 없는 이에 관련된 경은 닦음에 관련된 경[에서 말하는 것을] 포기하기 위해 있다. 배울 것이 없는 이에 관련된 경은 현재의 법에서 즐거운 삶을 위한 것이다.

Lokuttaraṃ suttaṃ sattādhiṭṭhānaṃ chabbīsatiyā puggalehi niddisitabbaṃ. Te tīhi suttehi samanvesitabbā: dassanabhāgiyena bhāvanābhāgiyena asekhabhāgiyena cā ti.

중생이라는 관점에서의 세간을 넘어선 것에 해당하는 경은 [아래의] 스물여섯 부류의 사람으로써 설명되어야 한다. 그 [스물여섯 부류의 사람들은] 세 가지 경을 통해 찾아야 한다. 즉 봄에 관련된 경, 닦음에 관련된 경, 배울 것이 없는 이에 관련된 경이다.

Tattha dassanabhāgiyaṃ suttaṃ pañcahi puggalehi niddisitabbaṃ: ekabījinā kolaṃkolena sattakkhattuparamena saddhānusārinā dhammānusārinā cā ti.

Dassanabhāgiyaṃ suttaṃ imehi pañcahi puggalehi niddisitabbaṃ.

그 중에서 봄에 관련된 경은 다섯 부류의 사람으로써 설명되어야 한다.[307] 즉 하나의 씨앗을 가진 자,[308] 언제나 좋은 가문에서 [태어나는] 자, 최대로 일곱 번 [태어나는] 자, 믿음을 따르는 자, 법을 따르는 자이다.[309]

봄에 관련된 경은 이러한 다섯 부류의 사람으로 설명되어야 한다.

Bhāvanābhāgiyaṃ suttaṃ dvādasahi puggalehi niddisitabbaṃ: sakadāgāmiphalasacchikiriyāya paṭipannena, sakadāgāminā, anāgāmiphalasacchikiriyāya paṭipannena, anāgāminā, [p.190] antarā parinibbāyinā, upahaccaparinibbāyinā, asaṃkhāraparinibbāyinā,

307) Aṅguttara Nikāya, 1 권, 233쪽; Saṃyutta Nikāya, 3권, 225쪽; Majjhima Nikāya, 1권, 479쪽.

308) 주석서(269쪽)에 따르면, 그는 한 번은 인간의 존재로 태어나서 괴로움을 끝낸다.

309) Aṅguttara Nikāya, 1권, 233쪽.

sasaṃkhāraparinibbāyinā, uddhaṃsotena akaniṭṭhagāminā, saddhāvimuttena, diṭṭhippattena, kāyasakkhinā cā ti.

Bhāvanābhāgiyaṃ suttaṃ imehi dvādasahi puggalehi niddisitabbaṃ.

닦음에 관련된 경은 열두 부류의 사람으로써 설명되어야 한다.[310] 즉 한 번 돌아옴의 결실(一來果)을 실현하기 위해 실천하는 자, 한 번 돌아오는 자(一來), 돌아오지 않음의 결실(不來果)을 실현하기 위해 실천하는 자, 돌아오지 않는 자(不來), [190쪽] 도중에 완전한 열반에 드는 자(中般涅槃),[311] 다시 태어나서 완전한 열반에 드는 자(生般涅槃),[312] 지음 없이 열반에 드는 자(無行涅槃),[313] 지음을 통해 열반에 드는 자(有行涅槃),[314] 위쪽으로 가는 흐름을 통해 색구경천(上流色究竟天)까지 가는 자,[315] 믿음으로 해탈한 자(信解脫), 견해에 도달한 자(見成就), 몸으로 체험한 자(身內證)이다.[316]

310) Puggalapaññatti, 17쪽.

311) 주석서(270쪽)에 따르면, 무번천 등에서 생애의 중간에 도달하지 않고 완전한 열반에 드는 이를 말한다.

312) 주석서(270쪽) 에 따르면, 생애의 중간을 지나서 아라한의 지위에 도달한 이를 말한다.

313) 주석서(270쪽) 에 따르면, 무번천 등에 태어나서 지어지지 않은 것(無爲)에 의해 준비 없이 아라한의 지위를 얻은 이를 말한다.

314) 주석서(270쪽) 에 따르면, 지어진 것(有爲)에 의해 준비하여 아라한의 지위를 얻은 이를 말한다.

315) Aṅguttara Nikāya, 1 권, 233쪽; 주석서(270쪽)에 따르면, 위 쪽으로 보다 높은 브라흐마의 세간에 태어나는 흐름에 든 이로서 색구경천까지 가는 이를 말한다.

316) Aṅguttara Nikāya, 5권, 120쪽; Majjhima Nikāya, 1권, 478쪽.

닦음에 관련된 경은 이러한 열두 부류의 사람으로 설명되어야 한다.

asekhabhāgiyaṃ suttaṃ navahi puggalehi niddisitabbaṃ: saddhāvimuttena, paññāvimuttena, suññatavimuttena, animittavimuttena, appaṇihitavimuttena, ubhatobhāgavimuttena samasīsinā paccekabuddha-sammāsambuddhehi cā ti.

asekhabhāgiyaṃ suttaṃ imehi navahi puggalehi niddisitabbaṃ. Evaṃ lokuttaraṃ suttaṃ sattādhiṭṭhānaṃ imehi chabbīsatiyā puggalehi niddisitabbaṃ.

배울 것이 없는 이에 관련된 경은 아홉 부류의 사람으로써 설명되어야 한다. 즉 믿음으로 해탈한 자,[317] 반야에 의해 해탈한 자,[318] 공성의 해탈자, 이미지를 취하지 않음의 해탈자, 바람 없음의 해탈자,[319] 양쪽 길로 해탈한 자,[320] 두 결과를 동시에 얻은 자,[321] 홀로 깨달은 자, 올바로 완전히 깨달은 자이다.

배울 것이 없는 이에 관련된 경은 이러한 아홉 부류의 사람으로 설명되어야 한다.

317) Puggalapaññatti, 14-5쪽; Majjhima Nikāya, 1권, 478쪽.

318) Aṅguttara Nikāya, 4권, 452-453쪽; Saṃyutta Nikāya, 1권, 191쪽; 2권, 121-127쪽; Majjhima Nikāya, 1권, 477-478쪽; Dīgha Nikāya, 2권, 70쪽. 14쪽.

319) 이 책 342쪽 참조; Paṭisambhidāmagga 2권, 48쪽.

320) Majjhima Nikāya, 1권, 477쪽.

321) Paṭisambhidāmagga, 1권, 101쪽에 의하면 아라한의 결실과 죽음을 동시에 얻는 이를 말한다.

이와 같이 중생이라는 관점에서의 세간을 넘어선 것에 관련된 경은 이러한 스물여섯 부류의 사람으로 설명되어야 한다.

Lokiyaṃ suttaṃ sattādhiṭṭhānaṃ ekūnavīsatiyā puggalehi niddisitabbaṃ. Te caritehi niddiṭṭhā samanvesitabbā, keci rāgacaritā, keci dosacaritā, keci mohacaritā, keci rāgacaritā ca dosacaritā ca, keci rāgacaritā ca mohacaritā ca, keci dosacaritā ca mohacaritā ca, keci rāgacaritā ca dosacaritā ca mohacaritā ca.

중생이라는 관점에서의 세간에 속한 것에 해당하는 경은 열아홉 부류의 사람으로써 설명되어야 한다. 그 [열아홉 부류의 사람들은 아래와 같은] 행동에 따라 찾아야 한다.

어떤 자는 탐냄에 따라 행동한다. 어떤 자는 성냄에 따라 행동한다. 어떤 자는 어리석음에 따라 행동한다. 어떤 자는 탐냄과 성냄에 따라 행동한다. 어떤 자는 탐냄과 어리석음에 따라 행동한다. 어떤 자는 성냄과 어리석음에 따라 행동한다. 어떤 자는 탐냄과 성냄과 어리석음에 따라 행동한다.

Rāgamukhe ṭhito rāgacarito, rāgamukhe ṭhito dosacarito, rāgamukhe ṭhito mohacarito, rāgamukhe ṭhito rāgacarito ca dosacarito ca mohacarito ca,

탐냄이 주로 지속되면서322) 탐냄에 따라 행동하는 자가 있다.

322) 주석서(272쪽)에 따르면, '주로 지속됨'이란 '사로잡힘(pariyuṭṭhāna)'을 말한다.

탐냄이 주로 지속되면서 성냄에 따라 행동하는 자가 있다. 탐냄이 주로 지속되면서 어리석음에 따라 행동하는 자가 있다. 탐냄이 주로 지속되면서 탐냄에 따라 행동하고 성냄에 따라 행동하며 어리석음에 따라 행동하는 자가 있다.

dosamukhe ṭhito dosacarito, dosamukhe ṭhito mohacarito, dosamukhe ṭhito rāgacarito, dosamukhe ṭhito rāgacarito ca dosacarito ca mohacarito ca,

성냄이 주로 지속되면서 성냄에 따라 행동하는 자가 있다. 성냄이 주로 지속되면서 어리석음에 따라 행동하는 자가 있다. 성냄이 주로 지속되면서 탐냄에 따라 행동하는 자가 있다. 성냄이 주로 지속되면서 탐냄에 따라 행동하고 성냄에 따라 행동하며 어리석음에 따라 행동하는 자가 있다.

mohamukhe ṭhito mohacarito, mohamukhe ṭhito rāgacarito mohamukhe ṭhito dosacarito, mohamukhe ṭhito rāgacarito ca dosacarito ca mohacarito cā ti.

Lokiyaṃ suttaṃ sattādhiṭṭhānaṃ imehi ekūnavīsatiyā puggalehi niddisitabbaṃ.

어리석음이 주로 지속되면서 어리석음에 따라 행동하는 자가 있다. 어리석음이 주로 지속되면서 탐냄에 따라 행동하는 자가 있다. 어리석음이 주로 지속되면서 성냄에 따라 행동하는 자가 있다. 어리석음이 주로 지속되면서 탐냄에 따라 행동하고 성냄에 따라 행동하며 어리석음에 따라 행동하는 자가 있다.

중생이라는 관점에서의 세간에 속한 것에 관련된 경은 이러한 열아홉 부류의 사람으로 설명되어야 한다.

Vāsanābhāgiyaṃ suttaṃ sīlavantehi niddisitabbaṃ. Te [p.191] sīlavanto pañca puggalā: pakatisīlaṃ samādānasīlaṃ cittappasādo samatho vipassanā cā ti.

Vāsanābhāgiyaṃ suttaṃ imehi pañcahi puggalehi niddisitabbaṃ.

훈습에 관련된 경은 계를 지닌 자로써 설명되어야 한다. [191쪽] 그 계를 지닌 자들은 다섯 부류의 사람이다. 즉 실제적인 계를 지닌 자,[323] 수계받은 계를 지닌 자, 마음의 신심을 지닌 자,[324] 사마타를 지닌 자, 위빠사나를 지닌 자 이다.

훈습에 관련된 경은 이러한 다섯 부류의 사람으로 설명되어야 한다.

Imehi pañcahi dhammehi lokuttaraṃ suttaṃ dhammādhiṭṭhānaṃ tīhi suttehi niddisitabbaṃ: dassanabhāgiyena bhāvanābhāgiyena

323) 주석서(272쪽)에 따르면, 제어하는 계를 획득한 자를 말한다.
324) 주석서(272쪽)에 따르면, 업과 결실에 대한 믿음과 붓다, 상가, 법에 대한 믿음을 지닌 자를 말한다.

asekhabhāgiyena ca.

법이라는 관점에서의 이 다섯 가지 법을 지닌 세간을 넘어선 것에 해당하는 경은 세 가지 경으로써 설명되어야 한다. 즉 봄에 관련된 경, 닦음에 관련된 경, 배울 것이 없는 이에 관련된 경이다.

Lokiyañ ca lokuttarañ ca sattādhiṭṭhānañ ca dhammādhiṭṭhānañ ca ubhayena niddisitabbaṃ,

세간에 속한 것과 세간을 넘어선 것의 [둘 다에 해당하는 경], 중생이라는 관점과 법이라는 관점의 [둘 다에 해당하는 경은] 둘 다에 의해 설명되어야 한다.

중생이라는 관점과 법이라는 관점에서의 세간에 속한 것과 세간을 넘어선 것의 [둘 다에 해당하는 경은] 둘 다에 의해 설명되어야 한다.

Ñāṇaṃ paññāya niddisitabbaṃ: paññindriyena paññābalena adhipaññāsikkhāya dhammavicayasambojjhaṅgena sammādiṭṭhiyā tīraṇāya santīraṇāya dhamme-ñāṇena anvaye-ñāṇena khaye-ñāṇena anuppāde-ñāṇena anaññātaññassāmītindriyena aññindriyena aññātāvindriyena cakkhunā vijjāya buddhiyā bhūriyā medhāya, yaṃ yaṃ vā pana labbhati, tena tena paññādhivacanena niddisitabbaṃ.

'앎'은 반야에 의해 설명되어야 한다. 즉 반야의 기능(慧根), 반야의 힘(慧力), 고양된 반야(贈上慧)의 수련, 법의 분간이라는 깨달음의 요소(擇法覺支), 바른 견해(正見), 판단, 고려, 법에 대한 앎(法智), [일치함에 대한] 추론적 앎(類智)[325], 그침에 대한 앎(盡智), 생겨남이 없음에 대한 앎(無生智), 완전한 앎을 이루고자 하는 기능(未智當智根), 완전한 앎에 이르는 기능(已智根), 완전한 앎을 갖춘 기능(具智根), 눈(眼), 밝은 앎(明), 깨달음, 똑똑함, 총명으로써[326] [설명되어야 한다.] 각각 적용된 그 반야의 표현으로써 [앎은] 설명되어야 한다.

Ñeyyaṃ atītānāgatapaccuppannehi ajjhattikabāhirehi hīnappaṇītehi dūrasantikehi saṃkhatāsaṅkhatehi kusalākusalābyākatehi saṅkhepato vā chahi ārammaṇehi niddisitabbaṃ.

'알아야 할 것'은 과거든 미래든 현재든, 안에 속하는 것이든 밖에 속하는 것이든, 하찮은 것이든 훌륭한 것이든, 먼 것이든 가까운 것이든, 지어진 것이든 지어지지 않은 것이든, 옳음이든 옳지 않음이든 옳음도 옳지 않음도 아닌 것이든, 간략히 여섯 가지 대상으로 설명되어야 한다.

325) 이 책 128쪽 각주 174 참조.
326) 이 책 218쪽 참조.

Ñāṇañ ca ñeyyañ ca tadubhayena niddisitabbaṃ, paññā pi ārammaṇabhūtā ñeyyaṃ, yaṃ kiñci ārammaṇabhūtaṃ ajjhattikaṃ vā bāhiraṃ vā, sabbaṃ taṃ saṅkhatena asaṃkhatena ca niddisitabbaṃ.

앎과 알아야 할 것의 [둘 다에 해당하는 경은] 그 둘 다에 의해 설명되어야 한다. 대상으로서의 반야도 알아야 할 것에 해당한다. 안에 속하는 것이든 밖에 속하는 것이든 대상은 무엇이나 모두 지어진 것(有爲)과 지어지지 않은 것(無爲)으로 간략히 설명되어야 한다.

Dassanabhāvanā sakavacanaṃ paravacanaṃ visajjanīyaṃ avisajjanīyaṃ kammaṃ vipāko ti sabbattha tadubhayaṃ sutte yathā niddiṭṭhaṃ, tathā upadhārayitvā labbhamānato niddisitabbaṃ, yaṃ vā pana kiñci Bhagavā aññataravacanaṃ bhāsati, sabban taṃ yathā niddiṭṭhaṃ dhārayitabbaṃ.

봄과 닦음, 자신의 말과 다른 자의 말, 대답되어야 하는 것과 대답되지 않아야 하는 것, 업과 과보라는 이 각 유형에서 둘 다[에 해당하는 경에 대해] 설명한 대로 지니고서 알게 된 것에 따라 설명해야 한다. 세존께서 둘 중 하나의 표현으로 말씀하신 것은 어느 것이나[327] 모두 그것을 설명한 대로 지녀야 한다.

327) 주석서(273쪽)에 따르면, 이러한 경들은 한 경에 두 가지가 관련되어 있다. 세존께서는 어떤 것이든 그 중에서 둘 중 하나의 말로 하나를 설명하신다.

Duvidho hetu yañca kammaṃ ye ca kilesā.

Samudayo kilesā. [p.192]

Tattha kilesā saṃkilesabhāgiyena suttena niddisitabbā. Samudayo saṃkilesabhāgiyena ca vāsanābhāgiyena ca suttena niddisitabbo.

두 가지 원인이 있다. 즉 업과 오염이다.

[그 중에서] 오염은 일어남이다. [192쪽]

그 중에서 '오염'은 오염에 관련된 경에 의해 설명되어야 한다. 일어남은 오염에 관련된 경과 훈습에 관련된 경에 의해 설명되어야 한다.

Tattha kusalaṃ catūhi suttehi niddisitabbaṃ: vāsanābhāgiyena dassanabhāgiyena bhāvanābhāgiyena asekhabhāgiyena ca. Akusalaṃ saṃkilesabhāgiyena suttena niddisitabbaṃ. Kusalañ ca akusalañ ca tadubhayena niddisitabbaṃ.

그와 관련하여 '옳음'은 네 가지 경에 의해 설명되어야 한다. 즉 훈습에 관련된 경, 봄에 관련된 경, 닦음에 관련된 경, 배울 것이 없는 이에 관련된 경이다. '옳지 않음'은 오염에 관련된 경에 의해 설명되어야 한다. 옳음과 옳지 않음의 [둘 다에 해당하는 것]은 그 둘 다에 의해 설명되어야 한다.

Anuññātaṃ Bhagavato anuññātāya niddisitabbaṃ. Taṃ pañcavidhaṃ: saṃvaro pahānaṃ, bhāvanā sacchikiriyā kappiyānulomo ti. Yaṃ dissati tāsu tāsu bhūmīsu, taṃ kappiyānulomena niddisitabbaṃ.

Bhagavatā paṭikkhittaṃ paṭikkhittakāraṇena niddisitabbaṃ. Anuññātañ ca paṭikkhittañ ca tadubhayena niddisitabbaṃ.

'받아들여진 것'은 세존에 의해서 '받아들여진 것'으로 설명되어야 한다. 그것은 다섯 가지이다. 즉 보호, 버림, 닦음, 실현, 규정된 것을 따름이다. 각각의 경지에서 나타나는 것은 규정된 것과 그것을 따름이라는 것에 의해 설명되어야 한다. 세존에 의해 '받아들여지지 않은 것'은 받아들여지지 않은 근거에 따라 설명되어야 한다. 받아들여진 것과 받아들여지지 않은 것의 [둘 다에 해당하는 것은] 그 둘 다에 의해 설명되어야 한다.

Thavo pasaṃsāya niddisitabbo. So pañcavidhena veditabbo: Bhagavato dhammassa ariyasaṅghassa ariyadhammānaṃ sikkhāya lokiyaguṇasampattiyā ti. Evaṃ thavo pañcavidhena niddisitabbo.

찬탄은 칭찬으로 설명되어야 한다. 그것은 다섯 가지에 관한 것으로 이해되어야 한다. 즉 붓다, 법, 거룩한 상가, 거룩한 법들의 수련, 세간의 덕성을 성취한 이에 관한 것이다. 이와 같이 찬탄은 다섯 가지로 설명되어야 한다.

Indriyabhūmi navahi padehi niddisitabbā, kilesabhūmi navahi padehi niddisitabbā.

Evam etāni aṭṭhārasa padāni honti nava padāni kusalāni nava padāni akusalānī ti,

기능의 경지는 아홉 가지 구문에 의해 설명되어야 한다. 오염의 경지도 아홉 가지 구문에 의해 설명되어야 한다.

이와 같이 그러한 열여덟 가지 구문이 있다. 즉 옳음의 아홉 가지 구문, 옳지 않음의 아홉 가지 구문이다.

Tathā hi vuttaṃ:

Aṭṭhārasa mūlapadā kuhiṃ daṭṭhabbā? Sāsanappaṭṭhāne ti.

따라서 [이 장의 시작 부분에서 이렇게] 언급되었다.

"뿌리가 되는 열여덟 가지 구문을 어디에서 볼 수 있는가? 가르침의 유형에서 [볼 수 있다.]"[328)]

Tenāha āyasmā Mahākaccāno:

Navahi ca padehi kusalā, navahi ca yujjanti akusalappakkhā ete khalu mūlapadā, bhavanti aṭṭhārasa padānī ti.

그래서 마하깟짜나 존자는 말씀하셨다.

"아홉 구문과 옳음의 [측면이 연결되고,] 아홉 [구문과] 옳지

328) 이 책 483쪽 참조.

않음의 측면이 연결된다. 이것이 뿌리가 되는 구문으로서 열여덟 가지 구문이다."[329]

Niyuttaṃ sāsanappaṭṭhānaṃ.

가르침의 유형이 끝남.

Ettāvatā samattā Nettiyā āyasmatā Mahākaccānena bhāsitā Bhagavatā anumoditā mūlasaṅgītiyaṃ saṅgītā ti.

이렇게 [경전이해의 길인] 네띠(Netti)가 종결되었다. 마하깟짜나 존자가 말씀하시고 세존께서 인가하시고 근본 결집에서 합송되었다.

Nettippakaraṇaṃ niṭṭhitaṃ.

경전이해의 길, 네띠빠까라나가 끝남.

329) 이 책 13쪽 참조.

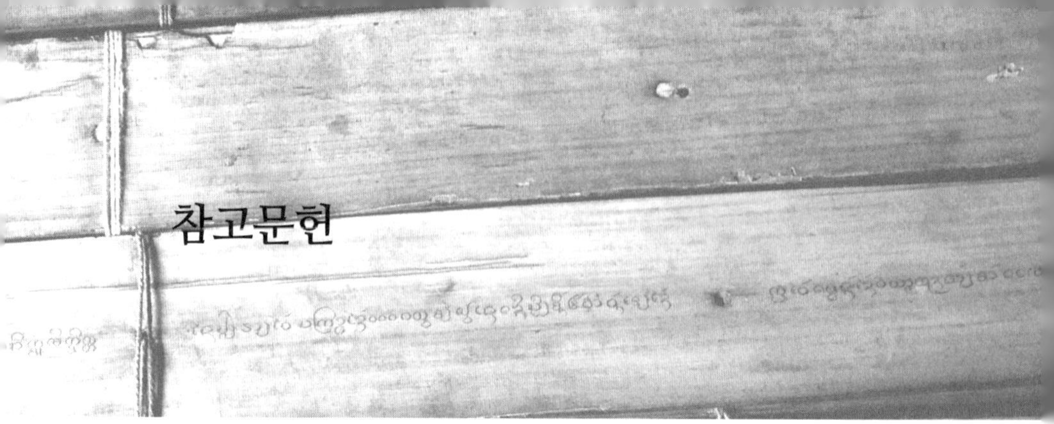

참고문헌

Pāli Nikāya

이 책에서 참고로 한 빠알리 문헌은 빠알리경전협회(Pali Text Society)에서 출간한 니까야 시리즈이며 각주에 표기된 권수와 쪽수 또한 빠알리경전협회본의 권수와 쪽수를 뜻한다.

번역서

대림스님 옮김, 『앙굿따라니까야』 전6권, 울산: 초기불전연구원, 2006.

임승택 옮김, 『초기불교 수행론의 집성 빠띠삼비다막가 역주』, 서울: 가산불교문화연구원, 2001.

전재성 역주, 『법구경-담마파다』, 서울: 한국빠알리성전협회, 2008.

전재성 옮김, 『디가니까야 전집』, 서울: 한국빠알리성전협회, 2011.

전재성 옮김, 『앙굿따라니까야』 전11권, 서울: 한국빠알리성전협회, 2008.

전재성 옮김, 『우다나-감흥어린 시구』, 서울: 한국빠알리성전협회, 2009.

전재성 옮김, 『이띠붓따까-여시어경』, 서울: 한국빠알리성전협회, 2009.

전재성 옮김, 『맛지마니까야』 전5권, 서울: 한국빠알리성전협회, 2003.

전재성 옮김, 『숫타니파타』, 서울: 한국빠알리성전협회, 2005(개정본).

전재성 옮김, 『쌍윳따니까야』 전11권, 서울: 한국빠알리성전협회, 1999.
Bhikkhu Ñāṇāmoli, 『The Guide』, London: Pali Text Society, 1977.
Bhikkhu Bodhi, 『The Connected Discourses of the Buddha』, MA USA: Wisdom Publications 2002.
Jayawickrama, 『Suttanipāta-Text and Translation』, Srilanka: Post-graduate Institute of Pali & Buddhist Studies, University of Kelaniya, 2001.
John D. Ireland, 『The Udāna-Inspired Utterances of the Buddha & Itivuttaka-The Buddha's Sayings』, Kandy: Buddhist Publication Society, 2007.
Narada Thera, 『The Dhammapada-Pali text & translation with stories in brief & notes』, Srilanka: Buddhist Cultural Centre, 2000.

사전

전재성, 빠알리 한글 사전, 2005
G. P. Malalasekera, Dictionary of Pāli Proper Names, London: Pali Text Society, 1974.
Margaret Cone, A Dictionary of Pāli (Part I), Oxford: Pali Text Society, 2001; (Part II), Bristol: Pali Text Society, 2010.
Rhys Davids & W. Stede, Pali English Dictionary, London: Pali Text Society, 1986.

CD

Nettippakaraṇa aṭṭhakathā, Chaṭṭha Saṅgāyana(미얀마 6차 결집) CD 4.0

주요번역어 및 색인

• 한글순

[ㄱ]

갈고리 aṅkusa 11, 25, 323, 409, 469, 481

갈애 taṇhā 12, 13, 23, 57, 61, 97, 98, 99, 101, 102, 103, 114, 122, 139, 150, 151, 152, 153, 154, 155, 156, 157, 159, 163, 165, 171, 172, 173, 174, 175, 176, 177, 178, 192, 193, 216, 217, 221, 222, 228, 229, 230, 233, 241, 250, 254, 256, 263, 265, 267, 268, 281, 294, 307, 312, 326, 327, 328, 329, 330, 331, 333, 360, 361, 411, 412, 416, 420, 425, 478, 486, 514, 528, 582, 583, 585, 600, 606, 639

갈애에 따라 행동하는 자 taṇhā-carita 38, 40, 412, 413, 416, 422, 423, 431, 432, 433, 434, 478

갈애에 의한 오염 taṇhā-saṃkilesa 361, 363, 484, 485, 583

갈애의 정화 taṇhā-vodāna 484, 585

감각적 욕망慾 kāma 32, 33, 34, 35, 77, 79, 91, 118, 151, 153, 154, 155, 174, 179, 180, 187, 189, 197, 210, 240, 241, 242, 266, 267, 269, 271, 367, 412, 413, 414, 415, 423, 435, 436, 486, 535, 542, 562, 569, 570,

571, 600, 631
감각적 욕망에 대한 갈애 kāma-taṇhā 103, 153, 281, 361, 583
감각적 욕망에 대한 의욕 kāma-chanda 66, 68
감각적 욕망에 대한 집착慾取 kāma-upādāna 318, 432, 435, 436, 441, 446
감각적 욕망에 대한 탐냄慾貪 kāma-rāga 118, 199, 200, 537
감각적 욕망에 의한 묶임 kāma-yoga 318, 432, 436, 441, 443, 446
감각적 욕망으로 인한 번뇌 kāma-āsava 318, 433, 438, 443, 447
감각적 욕망의 거센 물 kāma-ogha 318, 433, 438, 439, 441, 443, 447
감각적 욕망의 계 kāma-dhātu 249, 367
감각적 욕망의 생각 kāma-vitakka 81, 82, 475
감각적 욕망의 지각 kāma-saññā 475, 539
감촉의 계觸界 phoṭṭhabba-dhātu 215, 366
강한 기능 tikkhindriya 378, 379, 424
거꾸로 봄顚倒 vipallāsa 13, 24, 113, 136, 244, 318, 319, 320, 325, 326, 327, 426, 427, 428, 431, 435, 436, 441, 442, 443, 444, 445, 446, 467, 468, 470
거센 물暴流 ogha 35, 136, 248, 429, 430, 433, 438, 439, 447, 467, 470, 530, 539, 542, 620, 678
거슬림有對 paṭigha 267, 283, 334, 335
걱정거리患 ādīnava 17, 31, 32, 33, 35, 38, 44, 50, 51, 174, 197, 329, 360, 379, 473
게으름 pamāda 54, 56, 60, 146, 167, 170, 171, 174, 273, 324, 382, 384, 479
견해 diṭṭhi 37, 156, 163, 217, 254, 256, 293, 325, 326, 327, 333, 349, 362, 414, 421, 436, 584, 631, 682

견해로 인한 번뇌 diṭṭhi-āsava 320, 433, 438, 442, 444, 447
견해에 대한 집착 diṭṭhi-upādāna 173, 193, 319, 436, 442, 444, 446
견해에 따라 행동하는 사람 diṭṭhicarita 40, 41, 412, 413, 416, 422, 423, 431, 432, 433, 434, 444, 445, 463, 478
견해에 의한 묶임 diṭṭhi-yoga 319, 436, 442, 444, 446
견해에 의한 오염 diṭṭhi-saṃkilesa 361, 362, 363, 484, 485, 584
견해의 거센 물 diṭṭhi-ogha 320, 428, 439, 444, 448
견해의 실패 diṭṭhi-vipatti 475
견해의 정화 diṭṭhi-vodāna 484, 585
결박 saṃyojana 66, 67, 68, 167, 199, 200, 312, 328, 411, 412, 479, 539, 550, 555, 581, 582, 587, 593, 594, 639
결실, 결과果 phala 17, 32, 35, 36, 37, 44, 50, 51, 64, 68, 87, 88, 157, 178, 193, 195, 196, 197, 201, 204, 303, 304, 305, 311, 313, 314, 356, 357, 358, 360, 363, 372, 395, 491, 495, 519, 526, 636, 657, 664
결심, 확신 adhimutti 119, 215, 216, 368, 369
경지, 단계 bhūmi 13, 18, 19, 43, 66, 104, 112, 184, 195, 197, 201, 225, 234, 235, 346, 347, 380, 388, 398, 425, 469, 481, 587, 588, 664, 691, 692
계界 dhātu 20, 67, 102, 193, 213, 215, 227, 239, 251, 252, 255, 257, 264, 266, 268, 269, 270, 271, 284, 288, 314, 352, 366, 367, 368, 380, 400
계의 다발戒蘊 sīla-khandha 250, 306, 311, 342, 343, 346, 347, 363, 400, 418, 477, 485, 637
계의 실패 sīla-vipatti 475
계의 얻음 sīla-sampatti 477
고귀한 삶, 청정한 삶梵行 brahmacariya 32, 49, 183, 193, 196, 197, 258, 534, 545, 568, 573, 598, 622, 630, 652, 653, 654

고귀한 생활 brahmacāri 42, 146, 196, 208
고성제苦聖諦 dukkha-ariyasacca 46, 138, 607, 621
고집성제苦集聖諦 dukkha-samudaya-ariyasacca 138, 607, 621
고멸성제苦滅聖諦 dukkha-nirodha-ariyasacca 607, 621
고멸도성제苦滅道聖諦 dukkha-nirodha-gāminī-paṭipadā-ariyasacca 47, 607, 621
고양된 계增上戒 adhisīla 341, 380, 473, 477
고양된 마음增上心 adhicitta 340, 379
고양된 반야增上慧 adhipaññā 218, 314, 342, 379, 477, 688
고요santi 152, 222, 331, 334, 338, 421, 538, 546, 553, 605, 606, 637
고유영역, 영역對境 visaya 98, 199, 282, 327, 365, 374, 588, 615, 617, 638, 639
고유한 속성을 지닌 것 sabhāva 287, 288, 301, 303, 304, 307, 308
고집, 수렴 abhinivesa 118, 241, 320, 362, 368, 432, 437, 438, 442, 444, 447, 584
고찰 vīmaṃsā 42, 73, 175, 203, 287, 288
고찰에 의한 삼매考察三昧 vīmaṃsā-samādhi 458, 459, 461, 463, 466, 603
공간의 한계가 없는 영역空無邊處 ākāsānañcāyatana 108, 109, 162, 334
공덕 ānisaṃsa 36, 143, 175, 184, 197
공성으로서의 해탈의 문 suññatā-vimokkhamukha 342, 464
공통공유이 아님 asādhāraṇa 19, 198, 199, 200, 301, 304
공통, 공유 sādhāraṇa 19, 198, 199, 200, 202, 203, 204, 301, 304, 471, 486
과보 vipāka 144, 157, 158, 337, 338, 353, 370, 371, 374, 516, 519, 520, 523, 524, 577, 578, 579, 580, 586, 589, 652, 654, 655, 656, 657, 658,

659, 689
괴로운 곳 apāya, appaya 143, 185, 188, 189, 190, 191, 364, 382, 383, 384, 405, 615, 617
괴로운 느낌 dukkha-vedanā 138, 263, 475
괴로운 방법 dukkha-paṭipadā 39, 201, 296, 423, 424, 463, 469, 471, 473
괴로움苦 dukkha 35, 36, 44, 54, 58, 65, 78, 90, 99, 103, 124, 130, 138, 139, 144, 173, 174, 175, 176, 177, 178, 192, 193, 194, 210, 211, 228, 229, 231, 233, 234, 240, 241, 243, 250, 253, 261, 262, 273, 279, 280, 290, 291, 308, 318, 326, 328, 329, 341, 347, 348, 359, 367, 371, 381, 393, 403, 414, 416, 418, 420, 431, 435, 442, 445, 475, 488, 490, 494, 496, 528, 529, 549, 551, 563, 564, 572, 573, 574, 587, 591, 594, 601, 608, 610, 611, 615, 617, 636, 660, 666
괴로움으로 인한 괴로움苦苦 dukkha-dukkhatā 58, 59, 475
괴로움의 기능苦根 dukkha-indriya 138, 263, 333
괴로움의 다발苦蘊 dukkha-khandha 149, 176, 250, 563, 564, 565, 587, 594, 595, 597
괴로움의 소멸苦滅 dukkha-nirodha 46, 184, 194, 231, 233, 234, 236, 237, 238, 281, 282, 290, 291, 329, 403, 416, 418, 420
괴로움의 소멸로 가는 방법苦滅道 dukkha-nirodha-gāminī-paṭpadā 46, 234, 236, 237, 238, 281, 282, 290, 291, 403, 416, 418, 420
괴로움의 일어남苦集 dukkha-samudaya 46, 65, 66, 99, 154, 173, 174, 176, 177, 178, 184, 192, 193, 194, 229, 234, 235, 237, 239, 280, 281, 291, 403, 418
괴로움의 지각苦想 dukkha-saññā 12, 115, 117, 477
괴롭지도 즐겁지도 않은 느낌非苦非樂受 adukkhamasukha-vedanā 138, 255, 342, 475

교설, 드러냄, 가르침 desanā 4, 10, 17, 18, 31, 44, 50, 104, 105, 106, 107, 108, 109, 111, 142, 160, 161, 164, 170, 197, 199, 227, 236, 244, 246, 324, 329, 378, 472, 640,
교훈 āṇatti 17, 32, 37, 45, 50, 51, 329
구족, 갖춤 upasampadā 179, 183, 310, 331, 623, 671, 672
귀를 통한 의식의 계耳識界 sotaviññāṇa-dhātu 215, 366
귀의 계耳界 sota-dhātu 215, 366
규범과 금기에 대한 취착戒禁取 sīlabbataparāmāsa 66, 67, 319
그릇된 견해邪見 micchā-diṭṭhi 158, 179, 180, 182, 187, 188, 189, 206, 208, 209, 324, 383
그릇됨邪 micchā 179, 180, 182, 183, 186, 207, 294
그릇됨에 의해 확정됨 micchatta-niyata 198, 364, 371
그침, 중단止滅 khaya 90, 222, 233, 243, 244, 259, 260, 347, 348, 355, 357, 370, 534, 537, 538, 574, 575, 580, 582, 583, 600, 622, 642, 643, 664, 666, 678
그침에 대한 앎盡智 khaye-ñāṇa 68, 69, 218, 235, 385, 479, 548, 688
근거, 인연 nidāna 18, 141, 147, 148, 149, 150, 151, 152, 240, 241, 243, 541, 542
근거, 주제, 바탕, 대상 vatthu 34, 53, 100, 101, 116, 148, 149, 150, 151, 152, 198, 325, 326, 361, 362, 417, 420, 427, 485, 583, 584
근접요인足處 padaṭṭhāna 10, 18, 19, 113, 114, 115, 116, 117, 118, 119, 120, 121, 122, 123, 124, 125, 126, 127, 128, 129, 169, 170, 172, 192, 194, 195, 201, 202, 203, 204, 205, 267, 309, 310, 311, 312, 313, 388, 407
기능根 indriya 13, 20, 24, 39, 40, 54, 64, 70, 71, 75, 81, 82, 83, 84, 85, 90, 114, 119, 122, 123, 133, 134, 137, 138, 146, 170, 185, 192, 203,

217, 218, 219, 228, 235, 243, 249, 250, 251, 252, 255, 257, 263, 264, 265, 268, 270, 271, 292, 314, 315, 316, 333, 334, 357, 377, 378, 379, 380, 382, 389, 396, 399, 400, 424, 459, 460, 461, 466, 468, 544, 553, 592, 618, 620, 688, 692

기반, 관점 adhiṭṭhāna 10, 21, 53, 279, 280, 281, 282, 283, 289, 291, 292, 293, 298, 402, 405, 450, 453, 454, 458, 460, 465, 466, 468, 589, 597, 598, 600, 602, 603, 680, 687

기쁨으로부터 전환 nandiyāvatta 11, 23, 412, 425

기억과 의향 sāra-saṅkappo 72, 73

길道 magga 36, 44, 65, 74, 75, 90, 99, 125, 152, 176, 178, 180, 183, 184, 185, 191, 193, 194, 197, 231, 232, 234, 235, 237, 238, 242, 246, 282, 292, 328, 332, 339, 356, 358, 359, 360, 363, 372, 373, 395, 398, 416, 418, 420, 424, 492, 505, 514, 517, 544, 558, 610, 611, 659, 670, 675, 678

깨달음을 구성하는 법菩提分法 bodhipakkhiya-dhamma 135, 317, 421

깨달음의 요소覺支 bojjhaṅga 134, 218, 292, 314, 317, 688

꿰뚫음 paṭivedha 113, 115, 174, 184, 194, 234, 241, 242, 244, 290, 304, 305, 387, 403, 607

끄달림染着 saṅga 240, 241, 242, 416, 420, 523, 552, 606, 620

[ㄴ]

나쁜 곳惡處 duggati 36, 143, 149, 185, 188, 189, 190, 191, 192, 369, 383, 386, 387, 388, 391, 393, 398, 405, 407, 489, 492, 493, 514, 516, 521, 526, 615, 617, 655

나쁜 행동 duccarita 179, 353, 362, 474, 499, 585, 634, 651

나쁜 행동에 의한 오염 duccarita-saṃkilesa 361, 362, 484, 584

나쁜 행동의 정화 duccarita-vodāna 585
나쁨, 악함 pāpaka 80, 81, 145, 206, 207, 208, 235, 244, 356, 357, 457, 494, 495, 498, 499, 501, 502, 510, 550, 642, 648, 664
나옴 vuṭṭhāna 60, 62, 374, 377
나타낸 것만으로도 아는 사람 ugghaṭitaññu 38, 44, 471, 472, 473, 474
나태惛沈 thīna 191, 324, 328, 386, 388, 393, 398, 404, 407
남김 없음 anavasesa, asesa, niravasesa 64, 65, 66, 68, 76, 234, 277, 281, 345, 373, 382, 398, 575
남김 있음 avasesa 374
내키지 않음 aniṭṭha 122, 144, 220, 328, 353, 653, 654
내킴 iṭṭha 122, 353, 569, 571, 616, 652, 653, 654, 656
냄새의 계香界 gandha-dhātu 215, 366
네 가지 바른 정근四正勤 cattāro sammā-padhānā 83, 134, 316, 450, 465, 467, 470
네 가지 신통의 기반四神足 cattāro iddhippādā 134, 316
노력 viriya 56, 72, 80, 120, 166, 169, 218, 335, 336, 369, 370, 377, 388, 489, 539, 603, 621, 666
노력에 의한 삼매精進三昧 viriya-samādhi 72, 458, 459, 460, 462, 466
노력의 기능精進根 viriya-indriya 40, 71, 82, 83, 133, 170, 235, 243, 257, 270, 315, 592
눈을 통한 의식眼識 cakkhu-viññāṇa 232, 306
눈을 통한 의식의 계眼識界 cakkhuviññāṇa-dhātu 215, 366, 367
눈의 계眼界 cakkhu-dhātu 215, 366, 367
느낌에 종속된 의식의 뿌리내림 vedanā-upagā viññāṇaṭṭhiti 434, 439, 442, 443, 448
느낌의 다발受蘊 vedanā-khandha 255, 263

[ㄷ]

다루기 쉬움 kammaniya 332, 333
다발蘊 khandha 20, 123, 131, 172, 173, 250, 252, 255, 256, 263, 265, 268, 269, 271, 340, 343, 400, 477
다섯 가지 덮개 pañca-nīvaraṇā 354, 355
다섯 다발五蘊 pañca-khandhā 131, 171, 173, 174, 177, 183, 192, 228, 268
다섯 종류의 감각적 욕망五種慾 pañca-kāmaguṇā 118, 312
다양성 vemattatā 21, 279, 280, 282, 283, 289, 291, 292, 293, 294, 295, 296, 297, 298, 299, 374, 402, 404, 405
닦음修習 bhāvanā 43, 66, 71, 73, 80, 85, 86, 90, 133, 134, 135, 159, 175, 178, 183, 192, 201, 202, 206, 208, 231, 232, 233, 234, 235, 237, 238, 239, 242, 243, 310, 315, 316, 317, 344, 345, 380, 388, 398, 451, 454, 467, 468, 470, 485, 543, 589, 618, 619, 620, 622, 666, 679, 680, 681, 682, 687, 689, 690, 691
단절 uccheda 221, 419, 420
단절을 주장하는 자斷滅論者 uccheda-vāda 418
단절의 견해斷見 uccheda-diṭṭhi 168, 362, 479
대상所緣 ārammaṇa 69, 101, 193, 307, 331, 485, 688, 689
더디게 얻는 뛰어난 앎 dandha-ābhiññā 39, 40, 201, 296, 422, 423, 424, 463, 469, 471, 473
더딤 dandha 357, 423, 424
덮개蓋 nīvaraṇa 55, 56, 167, 183, 376, 411, 479
돌아오지 않는 이不來 anāgāmin 199, 200, 682
돌아오지 않음의 결실不來果 anāgāmiphala 193, 314, 682
동요 iñjanā 333

동요 없음 āneñja 332, 333, 373
동일성 ekattatā 279, 280 281 282 283, 289, 291, 292, 293, 294, 295, 296, 298, 299, 402, 403, 404, 405
동일한 속성 samānabhāva 297
동정심 anukampā 514, 528, 541, 678
두려움에서 비롯된 잘못된 길로 감 bhaya-agatigamana 320, 434, 440, 442, 444, 449
두루한 앎遍知 pariññā 85, 86, 87, 90, 136, 174, 177, 192, 231, 232, 233, 235, 239, 241, 304, 305, 318, 319, 320, 329, 393, 445, 448
들뜸掉擧 uddhacca 67, 68
따라가며 봄隨觀 anupassanā 119, 133, 201, 211, 248, 251, 315, 316, 318, 319, 320, 464, 530
땅의 계地界 paṭhavī-dhātu 284, 285, 288, 289
떠남離 nissaraṇa 17, 32, 34, 35, 38, 45, 50, 51, 175, 245, 246, 329, 379, 472, 473, 573
뛰어난 앎超凡智 abhiññā 39, 40, 86, 104, 201, 239, 296, 333, 335, 414, 422, 423, 424, 463, 469, 471, 473, 622

[ㅁ]

마음心 citta 74, 75, 79, 80, 105, 106, 111, 116, 124, 132, 164, 165, 166, 167, 168, 183, 191, 208, 217, 240, 257, 258, 288, 297, 310, 319, 325, 326, 327, 328, 332, 333, 335, 336, 343, 344, 386, 387, 388, 389, 391, 392, 393, 394, 395, 396, 398, 399, 401, 402, 404, 406, 407, 458, 459, 464, 492, 493, 496, 510, 514, 516, 517, 518, 519, 522, 527, 538, 543, 544, 549, 553, 603, 621, 623, 641, 656, 671, 686
마음에 속한 것心所 cetasika 180, 181, 257, 258, 344

마음에 의한 삼매心三昧citta-samādhi 73, 458, 459, 460, 462, 466
마음의 해탈心解脫cetovimutti 41, 104, 167, 178, 311, 313, 314, 331, 480, 622
만족 santuṭṭhi 243, 480
말 vacana 60, 62, 91, 101, 102, 142, 529, 589, 599, 600, 623, 624, 625, 629, 630, 631, 635, 689
말하는 취지, 바람 adhipāya 141, 143, 146, 168
맛味assāda 31, 32, 33, 34, 38, 44, 50, 51, 115, 121, 174, 233, 329, 359, 379, 473, 479, 499
맛의 계味界rasa-dhātu 215, 366
망상 papañca 155, 156, 159, 160, 163, 222, 223
매달림 ajjhosāna 57, 101, 114, 122, 217, 361, 583
매임 gantha 136, 220, 318, 319, 320, 427, 429, 432, 437, 438, 441, 442, 443, 444, 445, 447, 467, 470, 540, 555
멈춤 nivatti 165, 420
몸, 더미身kāya 61, 63, 78, 124, 132, 133, 149, 157, 159, 186, 187, 188, 189, 190, 232, 239, 242, 285, 287, 288, 296, 312, 315, 316, 328, 335, 336, 343, 344, 404, 432, 437, 438, 441, 442, 443, 444, 446, 464, 477, 492, 493, 510, 517, 518, 521, 524, 529, 531, 547, 548, 554, 555, 556, 567, 570, 571, 584, 586, 598, 603, 632, 639, 647, 649, 653, 654, 659, 660, 666, 668, 669, 670, 672, 673, 682
몸으로 하는 나쁜 행동 kāya-duccarita 179, 362, 474, 584, 586, 669
몸으로 하는 좋은 행동 kāya-sucarita 475, 586, 651, 668
몸을 통한 의식의 계身識界kāyaviññāṇa-dhātu 215, 366
몸의 계身界kāya-dhātu 215, 366
묘사 paññatti 46, 47, 48, 161, 227, 228, 229, 231, 232, 233, 234, 235,

236, 237, 238, 239, 240, 241, 242, 243, 244, 246, 247, 284, 398, 676, 677
무명無明 avijjā 54, 55, 59, 67, 68, 113, 121, 138, 139, 165, 171, 172, 173, 175, 177, 178, 192, 193, 240, 250, 252, 256, 261, 269, 273, 274, 289, 290, 291, 302, 303, 305, 326, 327, 328, 329, 399, 404, 411, 412, 421, 425, 436, 457, 458, 465, 478, 536, 574, 639
무명에 대한 탐냄의 여읨 avijjā-virāga 41, 167, 178, 311, 313, 314, 332, 480
무명에 의한 묶임 avijjā-yoga 291, 320, 432, 436, 442, 444, 446
무명으로 인한 번뇌 avijjā-āsava 320, 433, 438, 442, 445
무명의 거센 물 avijjā-ogha 291, 320, 433, 438, 439, 442, 445, 448,
무상無常 anicca 36, 78, 211, 232, 319, 324, 326, 340, 431, 435, 442, 444, 445, 574, 608, 609, 610, 612, 613, 636
무상의 지각無常想 anicca-saññā 115, 117, 477
무아無我 anatta 78, 211, 320, 326, 340, 431, 435, 442, 444, 446
무아의 지각無我想 anatta-saññā 118, 477
물의 계水界 āpodhātu 284, 285, 286, 289
물질자양분物質食 kabaḷīkāra āhāra 228, 230, 431, 435, 441, 443, 445
물질적인 삼매 sāmisa samādhi 294
물질현상色 rūpa 61, 62, 63, 65, 69, 70, 76, 109, 114, 119, 123, 137, 159, 160, 192, 232, 233, 243, 244, 259, 267, 268, 277, 280, 283, 284, 306, 307, 318, 325, 326, 327, 334, 335, 368, 416, 417, 418, 419, 551, 556, 566, 569, 570, 608, 609, 612, 613, 643, 644, 645, 652, 653, 676
물질현상에 대한 탐냄 rūparāga 68, 102, 119, 122
물질현상에 종속된 의식의 뿌리내림 rūpa-upagā viññāṇaṭṭhiti 434, 439, 441, 443, 448

물질현상을 지니지 않은 것無色 arūpa 172, 676
물질현상을 지니지 않은 계無色界 arūpa-dhātu 249
물질현상을 지니지 않은 것에 대한 탐냄 arūparāga 67, 68
물질현상의 계色界 rūpa-dhātu 137, 215, 249, 318, 366, 367
물질현상의 다발色蘊 rūpa-khandha 131, 137, 172, 131
물질현상의 더미色身 rūpa-kāya 122, 123, 172, 268, 296, 297
미혹 sammohana 121, 172, 254, 291, 649, 650
믿음信 saddha 42, 71, 83, 119, 120, 167, 219, 369, 370, 382, 384, 422, 479, 480, 499, 592, 616, 670, 671, 681, 682, 683

[ㅂ]

바람없음의 해탈의 문 appaṇihita vimokkhamukha 341, 342, 445, 446, 447, 448, 449, 463, 464, 465, 466, 477
바람의 계風界 vāyodhātu 284, 286, 287, 289, 367
바른 의향正思惟 sammāsaṅkappa 191, 207, 210, 282, 332, 343, 344, 386, 387, 388, 389, 390, 391, 393, 395, 396, 398, 399, 401, 402, 406, 407, 417, 432, 437, 438, 442, 444, 447
바른 정근正精進 sammappadhāna 40, 83, 120, 133, 134, 316, 450, 453, 457, 460, 461, 462, 463, 465, 467, 470
밖外 bahiddha 350, 412, 413, 529, 618
밖에 속하는 영역外入處 bāhira āyatana 261, 312
밖에 속함外 bāhira 101, 148, 150, 151, 288, 289, 304, 688, 689
반야慧 paññā 36, 40, 42, 44, 64, 65, 69, 70, 71, 75, 83, 120, 182, 218, 219, 224, 233, 235, 236, 237, 238, 244, 257, 270, 275, 276, 288, 289, 292, 314, 344, 354, 355, 369, 370, 396, 473, 518, 539, 540, 545, 547, 548, 575, 592, 605, 610, 611, 614, 659, 666, 669, 670, 688, 689

반야에 의한 해탈慧解脫 pāññāvimutti 41, 167, 178, 311, 313, 314, 332, 480, 556, 557, 558, 622, 683
반야의 기반 paññā-adhiṭṭhāna 458, 460, 462, 465
반야의 다발慧蘊 paññā-khandha 218, 250, 252, 256, 269, 306, 311, 314, 342, 343, 363, 400, 418, 477, 485, 637
반야의 얻음 paññā-sampatti 477
반전 parivattana 10, 20, 206, 212, 395
발생 nibbatti, pabhava 119, 121, 123, 125, 176, 229, 241, 244, 304, 305, 331, 359, 372, 373, 390, 408, 586, 636
밝은 앎明 vijjā 115, 218, 219, 235, 236, 237, 238, 250, 252, 256, 269, 270, 291, 399, 480, 514, 545, 553, 556, 661, 688
방법道 paṭipadā 38, 41, 195, 196, 295, 343, 358, 363, 364, 365, 366, 416, 419, 424, 449, 452, 455, 459, 460, 461, 462, 467, 470
방식 naya 10, 11, 23, 24, 25, 26, 41, 121, 323, 409, 411, 412, 425, 467, 469, 481
방향별로 갈래지음 disalocana 11, 24, 25, 323, 409, 425, 469, 481
배울 것이 남은 이有學 sekha 76, 77, 79, 80, 84, 85, 89, 199, 200, 251, 252, 253, 293, 313, 543
배울 것이 없는 이無學 asekha 76, 92, 200, 249, 250, 251, 253, 293, 314, 484, 548, 549, 550, 551, 552, 553, 554, 555, 556, 558, 565, 567, 568, 571, 572, 575, 576, 588, 679, 680, 681, 683, 687
번뇌 āsava 136, 22, 234, 251, 252, 253, 255, 257, 264, 266, 270, 305, 318, 319, 320, 347, 356, 358, 359, 360, 363, 385, 400, 427, 429, 433, 438, 441, 442, 443, 444, 445, 447, 467, 470, 522, 524, 529, 548, 555, 592, 622, 642, 643
번뇌를 지닌 접촉有漏觸 sāsavaphassa 114, 117

법에 대한 앎法智 dhamme-ñāṇa 218, 314, 480
법을 분간이라는 깨달음의 요소擇法覺支 dhammavicaya-sambojjhaṅga 218, 292, 314, 688
법의 계法界 dhamma-dhātu 215, 251, 252, 253, 255, 257, 264, 266, 270, 366, 400
법의 지각法想 dhamma-saññā 118
법이 아닌 것非法 adhamma 210, 211, 490, 494
벗어나게 하는 것 niyyānika 125, 135, 210, 246, 317, 348
벗어남 niyyāna 449
베품, 포기 cāga 55, 131, 160, 203, 225, 226, 239, 259, 260, 281, 368, 458, 460, 461, 465, 511
변화로 인한 괴로움壞苦 vipariṇāma-dukkhatā 58, 59, 475
봄見 dassana 42, 66, 78, 79, 85, 86, 119, 127, 159, 184, 198, 201, 234, 241, 244, 290, 335, 337, 388, 398, 403, 589, 614, 615, 617, 619, 620, 621, 623, 667, 679, 680, 681, 687, 689, 690
부끄러움 hirī 165, 478, 480, 661
부지런함 appamāda 146, 167, 243, 479, 509, 511
분노 kodha 100, 479, 480, 492, 535, 536
분석, 분간 vicaya 51, 92, 104, 111, 197, 292, 330, 332, 385
분석적 이해 paṭisambhidā 86, 220, 239
불의 계火界 tejodhātu 284, 286, 289, 367
불쾌함 domanassa 58, 124, 132, 133, 138, 139, 175, 216, 249, 263, 307, 315, 331, 333, 366, 506, 507, 563, 564, 587, 594, 595
빠르게 얻는 뛰어난 앎 khippābhiññā 39, 40, 104, 201, 296, 423, 424, 463, 469, 471, 473
비물질적인 삼매 nirāmisa samādhi 294, 337, 338

[ㅅ]

사념처四念處 cattāro satipaṭṭhānā 84, 133, 136, 316, 354, 355
사로잡힘纏縛 pariyuṭṭhāna 62, 154, 155, 156, 158, 159, 220, 291, 303, 304, 305, 313, 437, 587
사마타 samatha 12, 13, 23, 41, 116, 165, 174, 175, 176, 178, 193, 201, 203, 256, 265, 266, 311, 336, 338, 339, 340, 343, 345, 363, 379, 393, 395, 398, 406, 413, 415, 416, 418, 425, 471, 472, 480, 485, 528, 585, 592, 686
사마타가 선도하는 위빠사나 samatha-pubbaṅgamā vipassanā 40, 41
삼매의 다발定蘊 samādhi-khandha 265, 306, 311, 342, 343, 363, 400, 418, 477, 485, 637
삼매의 얻음 samādhi-samapatti 477
상술, 설명 niddesa 26, 27, 46, 47, 48, 161, 164, 168, 323
상승 samāropana 10, 22, 309, 310, 313, 315, 317, 321, 407, 408
생각尋 vitakka 71, 73, 107, 162, 294, 476, 541
생각과 숙고가 있는 삼매 savitakka-savicāra-samādhi 294, 375, 476
생각도 없고 숙고도 없는 삼매 avitakka-avicāra-samādhi 294, 375, 476
생각은 없고 숙고만 있는 삼매 avitakka-vicāramatta-samādhi 294, 375, 476
생겨남이 없음에 대한 앎 anuppāde-ñāṇa 68, 69, 480, 688
생명, 삶 jīva 37, 123, 349, 350, 356, 357, 358, 363, 496, 537, 538, 545, 599, 600, 630, 666
생명의 연료가 남아 있는 열반계有餘涅槃界 sa-upādisesa-nibbānadhātu 159, 168, 269, 480
생명의 연료가 남아 있지 않은 열반계無餘涅槃界 anupādisesa-nibbāna-dhātu 59, 65, 159, 168, 348, 408, 480

서법敍法, 모습 ākāra 20, 26, 45, 46, 47, 48, 161, 227, 284, 285, 286, 287, 288, 339
선정禪定 jhāna 39, 84, 107, 108, 120, 162, 163, 164, 332, 334, 374, 376, 377, 450, 452, 456, 460, 461, 462, 463, 464, 467, 470, 538
선정수행자 jhāyī 162, 163, 293, 294, 376, 533, 534, 553, 554, 588
설명으로 아는 사람 vipañcitaññu 38, 44, 48, 471, 472, 473, 474
성냄瞋 dosa 61, 79, 90, 94, 104, 139, 180, 181, 182, 225, 242, 244, 259, 260, 319, 341, 355, 369, 370, 433, 434, 439, 440, 442, 443, 448, 462, 468, 474, 478, 475, 487, 541, 542, 591, 643, 660, 663, 685
성냄에 따라 행동하는 사람 dosacarita 104, 341, 444, 462, 684, 685, 686
성냄에 의한 엉킴 dosa-jaṭā 475
성냄에서 비롯된 잘못된 길로 감 dosa-agatigamana 181, 434, 440, 442, 443, 449, 590
성냄의 불 dosa-aggi 341, 475
성냄의 화살 dosa-salla 319, 341, 433, 439, 442, 443, 448, 475
성립하는 겁成劫 vivaṭṭa-kappa 381, 656
성취 samāpatti 199, 204, 292, 293, 334, 374, 375, 377, 661
세 갈래 잎 tipukkhala 11, 23, 469, 481
세간世間 loka 3, 34, 37, 49, 52, 53, 54, 55, 57, 59, 60, 62, 63, 85, 96, 97, 132, 133, 155, 162, 163, 164, 171, 186, 187, 188, 190, 219, 223, 240, 241, 243, 244, 262, 264, 267, 269, 273, 274, 275, 276, 315, 335, 336, 353, 366, 367, 368, 384, 414, 426, 449, 517, 522, 525, 538, 540, 550, 560, 568, 569, 572, 574, 591, 600, 604, 605, 606, 616, 618, 635, 638, 642, 656, 670, 671, 677, 678, 691
세간에 속함 lokiya, lokika 199, 261, 295, 589, 591, 593, 594, 595, 597,

679, 684, 686, 687
세간을 넘어선 것出世間 lokuttara 219, 261, 295, 417, 589, 591, 592, 593, 594, 597, 679, 680, 684, 687
세부 특징 anubyañjana 312
세속을 떠남出欲 nekkhamma 175, 197, 216, 331, 367, 396, 402
세속을 떠남의 생각 nekkhamma-vitakka 477
세속을 떠남의 지각 nekkhamma-saññā 477
소개 nikkhepa 227, 228, 234, 235, 236, 237, 238, 239, 242, 243, 244, 398
소개 pakāsana 26, 45, 46, 48, 53, 161, 197, 413
소리의 계聲界 saddadhātu 215, 366
소멸 nirodha 44, 55, 65, 70, 72, 73, 75, 90, 111, 125, 131, 160, 175, 176, 178, 184, 193, 194, 221, 231, 232, 233, 234, 236, 237, 238, 250, 252, 256, 259, 260, 265, 269, 277, 281, 282, 283, 290, 291, 293, 329, 344, 355, 367, 375, 393, 395, 399, 403, 404, 416, 418, 420, 548, 556, 557, 564, 575, 582, 583, 595, 597, 607, 616, 621, 622, 676
속박, 족쇄, 묶임 bandhana 150, 153, 155, 220, 243, 244, 245, 486, 561, 562
숙고伺 vicāra 72, 73, 107, 295, 375, 477
시작, 동기 ārambha 120, 166, 170, 219, 235, 273, 274, 275, 276, 277, 278, 401, 479
신통의 기반神足 iddhipāda 72, 73, 133, 316, 603
실제의 모습 pakati 227, 686
싫어하여 떠남厭離 nibbidā 36, 85, 117, 127, 131, 160, 233, 240, 258, 289, 532, 556, 557, 610, 611
씨앗 bīja 301, 303, 304, 305, 492, 664, 681

[ㅇ]

아라한阿羅漢 arahant 68, 89, 90, 193, 314, 349, 352, 353, 505, 511, 539, 556, 557, 558, 638, 676

아래쪽에 관련됨下分 orambhāgiya 67

아름다움淨 subha 318, 326, 431, 441, 443, 445

아름다움의 지각淨想 subha-saññā 12, 114, 211

아무 것도 없는 영역無所有處 ākiñcaññāyatana 110, 162

아홉 갈래 경 nava suttantā 5, 52, 111, 486

악의 없음 abyāpāda 167, 294, 367, 396, 402, 480, 619

악의 byāpada 60, 61, 66, 68, 105, 107, 116, 167, 179, 180, 187, 189, 199, 200, 208, 294, 311, 335, 336, 367, 376, 479, 569

악의가 없는 생각 abyāpāda-vitakka 477

악의가 없는 지각 abyāpāda-saññā 477

악의에 의한 몸의 매임 byāpāda-kāya-gandha 319, 432, 437, 438, 442, 443, 447

악의의 생각 byāpāda-vitakka 81, 82, 475

악의의 지각 byāpāda-saññā 475

안內 ajjhatta 238, 239, 529, 618

안내를 받아야 할 사람 neyya 38, 48, 471, 472, 473, 474

안에 속하는 영역內入處 ajjhattika āyatana 61, 130, 261, 312

안에 속함內 ajjhattika 151, 152, 288, 289, 304, 638, 689

알아차림, 분명한 앎了知 pajānana, sampajāna 89, 120, 132, 133, 165, 166, 197, 219, 292, 315, 478,

앎智 ñāṇa 43, 68, 69, 74, 78, 86, 87, 90, 102, 104, 142, 171, 198, 214, 218, 235, 241, 258, 290, 292, 314, 333, 337, 355, 367, 369, 374, 377, 380, 384, 385, 403, 421, 515, 568, 589, 604, 608, 610, 638, 639, 688,

689
앎과 봄智見 ñāṇa-dassana 78, 79, 119, 127, 207, 208, 209, 224, 306, 337, 390, 403, 408, 667
약한 기능 mudindriya 378, 379, 380, 424
어리석음癡 moha 61, 90, 94, 104, 139, 156, 180, 181, 182, 242, 243, 244, 245, 259, 260, 290, 291, 342, 369, 370, 421, 440, 468, 474, 487, 590, 591, 624, 643, 660, 662, 663, 684
어리석음에 의한 엉킴 moha-jaṭā 342, 475
어리석음에서 비롯된 잘못된 길로 감 moha-agatigamana 181, 321, 434, 440, 442, 445, 449
어리석음을 따라 행동하는 사람 mohacarita 342, 684, 685, 686
어리석음의 불 moha-aggi 342, 475
어리석음의 화살 moha-salla 320, 342, 439, 440, 442, 445, 448, 475
어원 neruttā 18, 46, 47, 141, 142, 168
어원분석 nirutti 26, 47, 48, 142, 161, 391
언설, 문장, 속성 byañjana 3, 4, 18, 26, 27, 32, 45, 46, 47, 48, 49, 91, 94, 96, 99, 114, 141, 142, 160, 161, 443, 444, 445, 461, 462, 463
언어로 하는 나쁜 행동 vacī-duccarita 179, 362, 475, 586, 632, 633, 647, 648, 651, 669
언어로 하는 좋은 행동 vacī-sucarita 310, 384, 476, 586, 633, 634, 649, 668
언어의 청정 vacī-soceyya 477
여섯 영역六入 chaḷāyatana, saḷāyatana 61, 62, 119, 121, 130, 139, 250, 261, 268, 307, 312
연결結生 paṭisandhi 74, 304, 305
연민悲 karuṇā 105, 182, 459, 460, 462, 466, 638

열반涅槃 nibbāna 152, 176, 185, 221, 222, 233, 239, 246, 269, 283, 350, 355, 356, 358, 359, 360, 363, 365, 367, 368, 370, 405, 426, 501, 502, 503, 513, 539, 555, 575, 577, 578, 579, 582, 583, 601, 605, 664, 676, 682
영역入處 āyatana 1137, 217, 228, 251, 253, 264, 266, 271, 331, 339, 396, 420, 652, 670
영원론永遠論 sassatavāda 419, 420
영원함의 견해常見 sassata-diṭṭhi 168, 479, 584
오염 kilesa, saṅkilesa 13, 24, 54, 60, 71, 73, 80, 85, 92, 95, 139, 154, 155, 165, 175, 177, 198, 244, 283, 326, 328, 332, 333, 354, 355, 359, 361, 374, 376, 377, 415, 426, 431, 433, 437, 440, 444, 469, 470, 478, 484, 486, 487, 499, 558, 561, 565, 575, 587, 679, 690, 692
올바로 완전히 깨달은 분正等覺者 sammāsambuddha 219, 347, 352, 353, 505, 556, 557, 558, 601, 638, 676, 683
올바름에 의해 확정됨 sammatta-niyata 364, 422
옳은 법善法 kusala dhamma 19, 56, 80, 81, 82, 206, 207, 211, 242, 243, 457, 661, 666, 673, 674
옳은 생각善尋 kusala vitakka 475
옳은 업善業 kusala kamma 477
옳은 지각善想 kusala-saññā 477
옳음善 kusala 11, 12, 24, 25, 75, 82, 87, 88, 165, 179, 183, 203, 310, 330, 331, 373, 394, 425, 469, 476, 589, 623, 648, 650, 659, 660, 661, 663, 665, 671, 672, 677, 688, 690, 692
옳음의 뿌리善根 kusala-mūla 13, 23, 204, 476, 660
옳지 않은 법不善法 akusala dhamma 19, 56, 80, 81, 135, 137, 206, 207, 208, 211, 235, 457, 666, 673, 674

옳지 않은 업不善業 akusala kamma 179, 362, 371, 372, 475, 585
옳지 않은 지각不善想 akusala saññā 475
옳지 않음不善 akusala 11, 12, 24, 25, 80, 81, 87, 165, 203, 330, 394, 425, 469, 474, 586, 659, 661, 662, 663, 665, 688, 690, 692
옳지 않음의 뿌리不善根 akusala-mūla 60, 81, 180, 181, 291, 341, 342, 474, 586, 663
완전한 앎에 이르는 기능已智根 aññindriya 68, 218, 237, 620, 622, 688
완전한 앎을 갖춘 기능具智根 aññātāvindriya 68, 218, 238, 620, 622, 688
완전한 앎을 이루고자 하는 기능未智當智根 anaññātaññassāmītindriya 67, 68, 218, 236, 620, 621, 688
완전한 열반般涅槃 parinibbāna 350, 356, 358, 359, 360, 363, 365, 513, 525, 682
왜곡 viparīta 244, 325, 414, 475, 477
요건 parikkhāra 10, 22, 103, 300, 308, 336, 406
욕심없음 anabhijjhā 167, 208, 311, 480, 619
욕심 abhijjhā 60, 132, 133, 167, 180, 208, 315, 479
욕심에 의한 몸의 매임 abhijjhā-kāyagandha 318, 432, 437, 441, 443, 447
용어, 구문, 경우, 부분, 구역 pada 3, 26, 46, 47, 48, 54, 55, 57, 58, 59, 60, 76, 91, 94, 95, 96, 97, 142, 154, 161, 324, 483, 589, 619, 675, 679, 680, 692, 693
원인, 뿌리因 hetu 22, 59, 75, 172, 187, 189, 192, 300, 301, 302, 303, 304, 307, 350, 355, 360, 365, 367, 369, 374, 377, 380, 390, 403, 426, 440, 492, 493, 515, 517, 518, 533, 586, 632, 633, 634, 690
위빠사나 vipassanā 12, 13, 23, 40, 41, 165, 175, 176, 178, 192, 193,

201, 203, 218, 256, 257, 292, 311, 314, 336, 338, 339, 340, 343, 345, 363, 379, 388, 393, 395, 406, 413, 415, 416, 418, 425, 472, 480, 485, 585, 686
위빠사나가 선도하는 사마타 vipassanā-pubbaṅgama samatha 41
위빠사나가 선도하는 제거 vipassanā-pubbaṅgama pahāna 104
위쪽에 관련됨上分 uddhambhāgiya 67, 198, 200
유연함, 약함 mudu 332, 333, 373, 378, 472, 670, 671
유의어 vevacana 10, 20, 101, 102, 103, 213, 216, 217, 218, 220, 223, 225, 226, 241, 242, 244, 246, 310, 313, 314, 315, 396, 397
유형 paṭṭhāna 483
음절 akkhara 26, 46, 47, 48, 160, 161
의도思 cetanā 144, 180, 181, 254, 297, 362, 426, 530, 531, 532, 585
의미, 이익, 결과 attha 3, 4, 5, 10, 26, 27, 32, 46, 47, 48, 49, 69, 86, 88, 91, 92, 95, 96, 98, 99, 101, 142, 161, 218, 219, 225, 304, 305, 377, 443, 444, 445, 461, 462, 463, 493, 518
의식識 viññāṇa 65, 70, 75, 76, 106, 115, 121, 122, 132, 139, 159, 163, 215, 217, 228, 229, 230, 232, 250, 254, 256, 260, 277, 280, 302, 304, 305, 306, 307, 325, 326, 327, 339, 366, 367, 396, 399, 402, 404, 416, 417, 418, 419, 439, 556, 557, 569, 570, 571, 608, 609, 612, 613, 640, 644, 645, 653, 654
의식의 뿌리내림識住 viññāṇaṭṭhiti 136, 318, 319, 320, 427, 430, 431, 434, 439, 440, 441, 442, 443, 445, 448, 467, 470, 563, 564
의식의 한계가 없는 영역識無邊處 viññāṇañcāyatana 109, 110, 162
의식자양분識食 viññāṇa āhāra 229, 230, 319, 435, 442, 444, 445, 594, 595, 597
의욕 chanda 33, 66, 68, 80, 267, 440, 591, 621

의욕에 의한 삼매欲三昧 chanda-samādhi 71, 458, 459, 460, 461, 466, 603
의욕에서 비롯된 잘못된 길로 감 chanda-agatigamana 181, 318, 434, 440, 441, 443, 449, 487, 590
의지, 의존, 기반 upanissaya 126, 128, 203, 308
의향思惟 saṅkappa 72, 73, 80, 182, 207
'이것이 진리이다'라는 고집에 의한 몸의 매임 idaṃ-sacca-abhinivesa-kāyagandha 432, 438, 442, 447
이끌림 anunaya 267, 283
이미지相, 모습, 표상 nimitta 106, 171, 174, 312, 338, 340, 445, 446, 624, 683
이미지를 취하지 않음의 해탈의 문 animitta-vimokkhamukha 340, 342, 445, 446, 447, 448, 449, 463, 464, 465, 466, 477
이어짐相續 santati 64, 304, 305
인색함 macchariya 283, 479
일어남集 samudaya 44, 46, 65, 66, 90, 99, 138, 139, 154, 173, 174, 176, 177, 178, 184, 192, 193, 194, 229, 231, 232, 233, 234, 235, 237, 239, 241, 280, 290, 291, 328, 393, 395, 398, 404, 416, 418, 420, 563, 564, 587, 594, 595, 607, 621, 622, 690
있는 그대로 알고 봄如實知見 yathābhūtañāṇadassana 127, 403
있지 않음 vibhūta 292, 375, 499

[ㅈ]

자리잡음, 확립 patiṭṭhita 485
자만 māna 67, 68, 156, 283, 320, 330, 331, 433, 439, 440, 442, 444, 448, 457, 458, 465, 534, 592
자만의 화살 māna-salla 320, 433, 439, 440, 442, 444

자아, 자신我atta 37, 152, 239, 240, 261, 289, 320, 325, 326, 327, 416, 417, 418, 419, 431, 435, 442, 444, 446, 611, 636
자아에 대한 주장의 집착我論取attavāda-upādāna 173, 193, 432, 436, 442, 444, 446
자아의 지각atta-saññā 115, 211, 475
자애慈mettā 104, 105, 181, 182, 459, 460, 461, 466, 656
자애의 마음의 해탈慈心解脫mettā cetovimutti 104
자양분食āhāra 75, 135, 228, 229, 230, 318, 319, 320, 381, 427, 428, 431, 434, 435, 441, 442, 443, 444, 445, 467, 470, 594, 595, 597, 633
잘 가신 분善逝sugata 152, 186, 187, 190, 219, 222, 384, 487, 497, 521, 568, 599, 607
잘못된 길agati 137, 181, 220, 318, 319, 320, 321, 430, 431, 434, 440, 441, 442, 443, 444, 449, 467, 470, 487, 590, 591
잠재성향anusaya 62, 64, 81, 156, 176, 177, 183, 303, 304, 313, 380, 437, 438, 587
장애āvaraṇa 79, 374
전달hāra 4, 10, 17, 25, 31, 323
전환āvatta 10, 11, 19, 169, 309, 393, 425
접촉자양분觸食phassa āhāra 229, 230, 319, 431, 435, 442, 443, 445
정근padhāna 72, 582, 603
정신意mano(manas) 24, 42, 62, 77, 78, 84, 91, 157, 232, 217, 215, 217, 162, 311, 335, 296, 402, 475, 477, 488, 496, 500, 519, 523, 540, 542, 543, 567, 571, 637, 648, 653, 659, 660, 670, 672
정신·물질현상名色nāma-rūpa 65, 69, 75, 268, 70, 75, 121, 122, 139, 228, 250, 254, 268, 276, 307, 594, 597
정신기울임作意manasikāra 42, 43, 86, 107, 108, 121, 166, 307, 179,

192, 297, 302, 307, 425, 469, 480
정신으로 하는 나쁜 행동 mano-duccarita 179, 362, 383, 475, 584, 586, 632, 648, 651, 669
정신으로 하는 좋은 행동 mano-sucarita 310, 311, 384, 476, 586, 633, 649, 651, 668
정신을 통한 의식意識 mano-viññāṇa 232
정신을 통한 의식의 계意識界 manoviññāṇa-dhātu 215, 366
정신의 계意界 mano-dhātu 215, 217
정신의 청정 mano-soceyya 477
정신의도자양분意思食 mano-sañcetanā āhāra 229, 230, 320, 431, 435 442, 444
정신이라는 기능意根 mano-indriya 192, 217, 396
정신현상名 nāma 70, 76, 268
정신현상의 더미名身 nāma-kāya 115, 122, 123, 172, 268, 296, 297
정진 vāyama 80, 282, 209, 242, 282, 332, 343, 344, 389, 408, 417, 621
정화 vodāna 60, 62, 164, 174, 362, 374, 376, 377, 415, 470, 476, 479, 484, 585
조건 paccaya 21, 74, 75, 128, 139, 177, 206, 208, 232, 254, 261, 263, 268, 290, 300, 301, 302, 306, 307, 331, 365, 403, 534, 587, 658, 673
존재 bhava 54, 82, 85, 119, 122, 124, 125, 139, 144, 154, 172, 175, 228, 238, 239, 248, 250, 252, 260, 263, 281, 304, 305, 343, 356, 382, 400, 435, 457, 465, 485, 490, 503, 523, 525, 529, 530, 539, 542, 563, 572, 573, 574, 575, 587, 594, 596, 606, 608, 514, 634
존재로 인한 번뇌 bhava-āsava 433, 438, 442, 443, 447
존재에 대한 갈애 bhava-taṇhā 177, 281, 361, 411, 421, 425, 575, 583, 607

존재에 대한 집착有取 bhava-upādāna 319, 432, 435, 436, 442, 443, 446
존재에 의한 묶임 bhava-yoga 319, 432, 436, 439, 442, 443, 446
존재의 거센 물 bhava-ogha 319, 433, 438, 442, 443, 447
존재하지 않음 vibhava 573, 575
존재하지 않음에 대한 갈애 vibhava-taṇhā 281, 361, 583
졸음睡眠 middhā 324, 328, 386, 404, 488
좋은 행동 sucarita 310, 311, 353, 363, 407, 476, 485, 585, 588, 624, 651
중간 기능 majjhindriya 295, 378, 379
중도中道 majjhimā paṭipadā 358, 419
중생 satta 55, 58, 170, 198, 224, 244, 298, 335, 368, 369, 371, 380, 382, 383, 412, 424, 493, 518, 569, 589, 597, 601, 639, 645, 676, 678, 680, 684, 687
중지[일시적] vikkhambana 71, 73
즐거운 느낌 sukha-vedanā 138, 225, 263, 341, 475
즐거운 방법 sukha-paṭipadā 40, 104, 201, 296, 423, 424, 463, 469, 471, 473
즐거움樂 sukha 56, 204, 258, 296, 531, 656, 680
즐거움의 지각 sukha-saññā 114, 115, 211, 475
증득 abhisamaya 90, 403, 480, 536
지각想 saññā 72, 86, 102, 107, 111, 233, 260, 280, 293, 297, 325, 326, 334, 335, 375, 414, 416, 439, 475, 513, 524, 539, 556, 603, 608, 609, 612, 644, 676
지각에 종속된 의식의 뿌리내림 saññā-upagā viññāṇaṭṭhiti 434, 440, 442, 444, 448
지각이 없는 것도 없지 않는 것도 아닌 영역非想非非想處 nevasaññānāsaññāyatana 111, 162

지속적 떠올림, 기억 anussati 119, 219, 220, 223, 224, 225 , 384, 547
지어지지 않은 것無爲 asaṃkhata 66, 88, 193, 193, 222, 480, 688, 689
지어진 것有爲 saṅkhata 66, 97, 115, 117, 156, 246, 480, 688, 689
지음行 saṅkhāra 72, 102, 121, 130, 139, 156, 159, 160, 211, 220, 228, 238, 244, 250, 254, 257, 260, 270, 280, 295, 302, 307, 320, 325, 326, 337, 357, 367, 373, 399, 400, 404, 416, 439, 556, 603, 608, 609, 612, 636, 645, 682
지음에 종속된 의식의 뿌리내림 saṅkhāra-upagā viññāṇaṭṭhiti 434, 440, 442, 445, 448
지음으로 인한 괴로움行苦 saṅkhāra-dukkhatā 58, 59, 475
진리의 기반 sacca-adhiṭṭhāna 458, 461, 465
진실한 이, 고요 santa 56, 152, 221, 331, 334, 337, 546, 553, 605, 606, 637
집착取, 재료 upādāna 101, 122, 123, 136, 139, 172, 173, 175, 177, 192, 240, 249, 263, 307, 318, 319, 320, 427, 428, 432, 442, 446, 467, 574, 587
집착된 다발取蘊 sa-upādānā khandhā 173, 177, 192
집착된 다섯 다발五取蘊 pañca-upādāna-kkhandhā 69, 119, 280, 280
집착의 대상 upadhi 123, 147, 148, 149, 243, 491, 573, 582, 583

[ㅊ]

창피함 ottappa 165, 478, 479, 661
천안天眼 dibbacakkhu 244, 383, 384, 547, 645
청정 parisuddhi 32, 49, 108, 332, 333, 376, 666
[일치함에 대한] 추론적 앎類智 anvaye-ñāṇa 218, 480, 688
추함不淨 asubha 104, 116, 181, 211, 318, 326, 431, 435, 441, 443
추함의 지각不淨想 asubha-saññā 12, 117

취착에 의한 몸의 매임 parāmāsa-kāyagandha 432, 437, 438, 442, 444, 447

[ㅋ]

코를 통한 의식의 계鼻識界 ghānaviññāṇa-dhātu 215, 366
코의 계鼻界 ghāna-dhātu 215, 366

[ㅌ]

타당성, 논리 yutti 10, 17, 93, 99, 103, 111, 197, 386
탐냄貪 rāga 57, 90, 94, 98, 102, 104, 105, 107, 118, 119, 139, 154, 160, 199, 200, 229, 242, 244, 259, 281, 318, 341, 355, 370, 376, 440, 468, 516, 536, 537, 541, 643, 684
탐냄 없음 vītarāga 199
탐냄에 대한 탐냄의 여읨 rāga-virāga 40, 167, 178, 311, 313, 314, 331, 480
탐냄을 따라 행동하는 사람 rāgacarita 104, 340, 443, 461, 684, 685
탐냄의 여읨離貪 virāga 41, 72, 73, 127, 131, 221, 258, 259, 281, 311, 496, 516, 532, 556, 575, 582, 675, 676
탐냄의 불 rāga-aggi 341, 475
탐냄의 화살 rāga-salla 318, 341, 433, 439, 441, 448, 475
탐욕 lobha 60, 114, 116, 157, 180, 182, 187, 335, 341, 369, 382, 474, 495, 499, 660, 663
[업의] 통로 pathā 179, 362, 659, 662
통찰 nibbedha 92, 195, 197, 295, 484, 529, 561, 571, 577, 580, 666

[ㅍ]

평온, 적정 upasama 457, 458, 461, 463, 465, 466, 528, 543, 544, 545, 627, 629

평온의 기반 upasama-adhiṭṭhāna 458, 461, 463, 466

평정 upekkhā 105, 107, 108, 138, 182, 217, 314, 334, 367, 459, 461, 463, 466, 460, 462, 465

[ㅎ]

하강 otaraṇa 10, 21, 248, 249, 257, 270, 399, 400

한 번 돌아오는 이一來 sakadāgāmin 682

한 번 돌아옴의 결실一來果 sakadāgāmiphala 193, 682

함께 기뻐함喜 muditā 105, 182, 459, 460, 462, 466

합당하지 않은 정신기울임 ayoniso-manasikāra 121, 166, 302, 478

합당하지 않음非如理 ayoniso 166, 478

합당한 정신기울임 yoniso-manasikāra 43, 166, 202, 480

합당함如理 yoniso 166, 545

항상함常 nicca 132, 319, 324, 326, 431, 435, 442, 444, 628, 678

항상함의 지각常想 nicca-saññā 115, 211, 475

해명 vivaraṇa 26, 46, 47, 48, 161

해석 uttānikamma 26, 46, 47, 48, 161

해침, 잔인함 vihiṃsā 105, 367

해침없음 avihiṃsā 367, 396, 402

해침의 생각 vihiṃsā-vitakka 81, 82, 475

해침의 지각 vihiṃsā-saññā 475

해침이 없는 생각 avihiṃsā-vitakka 477

해침이 없는 지각 avihiṃsā-saññā 477

해탈 vimutti 41, 127, 149, 178, 210, 224, 248, 249, 251, 253, 259, 345, 374, 377, 390, 408, 480, 522, 524, 530, 532, 540, 556, 664, 682, 683
해탈 vimokkha 340, 421, 449
해탈의 문 vimokkha-mukha 340, 342, 477
해탈의 다발解脫蘊 vimutti-khandha 306, 638
해탈지견解脫知見 vimutti-ñāṇadassana 207, 208, 210, 224, 408, 533
해탈지견의 다발解脫知見蘊 vimuttiñāṇadassana-khandha 306, 638
행복悅樂 pāmojjja 126, 530, 531
행위의 실패 ācāra-vipatti 475
허공, 공간 ākāsa 339, 367
헌신 tapa 459, 460, 462, 466
험난한 곳險難處 vinipāta 188, 189, 383
혀를 통한 의식의 계舌識界 jivhāviññāṇa-dhātu 215, 366
혀의 계舌界 jivhā-dhātu 215, 366
현재의 몸에 대한 견해有身見 sakkāya-diṭṭhi 66, 67, 251, 417, 420, 537
현재의 몸有身 sakkāya 356, 357, 418
현재의 법見法 diṭṭha-dhamma 89, 156, 157, 158, 373, 546, 605, 622, 680
홀가분함輕安 passaddhi 127, 253, 257, 258, 335, 337, 531
홀로 깨달은 이獨覺 paccekabuddha 468, 522, 588, 683
확정 niyata 198, 201, 364, 371, 511, 512, 615, 617
확정되지 않음 aniyata 198, 364
환멸還滅 vivaṭṭa 359, 426
활동범위 vacara 116, 244
활동영역行境 gocara 112, 191, 386, 388, 407, 468
훈습, 익힘 vāsanā 91, 195, 197, 484, 500, 529, 558, 581, 679, 686, 690
훌륭한 사람 sappurisa 126, 203, 615

흐름에 든 이入流 sotāpanna 81, 199, 200, 511, 521, 615, 617
흐름에 듦豫流 sotāpatti 82, 615, 617
흐름에 듦의 결실豫流果 sotāpatti-phala 193
희열 pīti 32, 89, 108, 125, 126, 127, 266, 267, 294, 306, 338, 531, 544
힘力 bala 71, 134, 159, 218, 220, 256, 292, 214, 346, 355, 365, 377, 385, 520, 554, 688

주요번역어 및 색인

● 빠알리순

[a]

akusala 옳지 않음不善 11, 12, 24, 25, 80, 81, 87, 165, 203, 330, 394, 425, 469, 474, 586, 659, 661, 662, 663, 665, 688, 690, 692

akusala-kamma 옳지 않은 업不善業 179, 362, 371, 372, 475, 585

akusala-dhamma 옳지 않은 법不善法 19, 56, 80, 81, 135, 137, 206, 207, 208, 211, 235, 457, 666, 673, 674

akusala-mūla 옳지 않음의 뿌리不善根 60, 81, 180, 181, 291, 341, 342, 474, 586, 663

akusala-saññā 옳지 않은 지각不善想 475

akkhara 음절 26, 46, 47, 48, 160, 161

agati 잘못된 길 137, 181, 220, 318, 319, 320, 321, 430, 431, 434, 440, 441, 442, 443, 444, 449, 467, 470, 487, 590, 591

aṅkusa 갈고리 11, 25, 323, 409, 469, 481

ajjhatta 안內 238, 239, 529, 618

ajjhattika 안에 속함內 151, 152, 288, 289, 304, 638, 689

ajjhattika-āyatana 안에 속하는 영역內入處 61, 130, 261, 312
ajjhosāna 매달림 57, 101, 114, 122, 217, 361, 583
aññātāvindriya 완전한 앎을 갖춘 기능具智根 68, 218, 238, 620, 622, 688
aññindriya 완전한 앎에 이르는 기능已智根 68, 218, 237, 620, 622, 688
atta 자아, 자신我 37, 125, 126, 144, 152, 203, 210, 239, 240, 261, 289, 306, 320, 325, 326, 327, 412, 415, 416, 417, 418, 419, 431, 435, 442, 444, 446, 495, 497, 498, 503, 542, 545, 551, 572, 589, 598, 611, 615, 628, 629, 634, 636, 661, 669
atta-saññā 자아의 지각 115, 211, 475
attavāda-upādāna 자아에 대한 주장의 집착我論取 173, 193, 432, 436, 442, 444, 446
attha 의미, 이익, 결과 3, 4, 5, 10, 26, 27, 32, 46, 47, 48, 49, 69, 86, 88, 91, 92, 95, 96, 98, 99, 101, 142, 161, 218, 219, 225, 304, 305, 377, 443, 444, 445, 461, 462, 463, 493, 518
adukkhamasukha-vedanā 괴롭지도 즐겁지도 않은 느낌非苦非樂受 138, 255, 342, 475
adhamma 법이 아닌 것非法 210, 211, 490, 494
adhicitta 고양된 마음增上心 340, 379
adhiṭṭhāna 기반, 관점 10, 21, 53, 279, 280, 281, 282, 283, 289, 291, 292, 293, 298, 402, 405, 450, 453, 454, 458, 460, 465, 466, 468, 589, 597, 598, 600, 602, 603, 680, 687
adhipaññā 고양된 반야增上慧 218, 314, 342, 379, 477, 688
adhipāya 말하는 취지, 바람 141, 143, 146, 168
adhimutti 결심, 확신 119, 215, 216, 368, 369
adhisīla 고양된 계增上戒 341, 380, 473, 477
anaññātaññassāmītindriya 완전한 앎을 이루고자 하는 기능未智當智根 67,

68, 218, 236, 620, 621, 688
anatta 무아無我 78, 211, 320, 326, 340, 431, 435, 442, 444, 446
anatta-saññā 무아의 지각無我想 118, 477
anabhijjhā 욕심 없음 167, 208, 311, 480, 619
anāgāmin 돌아오지 않는 이不來 199, 200, 682
anāgāmiphala 돌아오지 않음의 결실不來果 193, 314, 682
anicca 무상無常 36, 78, 211, 232, 319, 324, 326, 340, 431, 435, 442, 444, 445, 574, 608, 609, 610, 612, 613, 636
anicca-saññā 무상의지각無常想 115, 117, 477
aniṭṭha 내키지 않음 122, 144, 220, 328, 353, 653, 654
animitta-vimokkhamukha 이미지를 취하지 않음의 해탈의 문 340, 342, 445, 446, 447, 448, 449, 463, 464, 465, 466, 477
aniyata 확정되지않음 198, 364
anukampā 동정심 514, 528, 541, 678
anunaya 이끌림 267, 283
anupassanā 따라가며 봄隨觀 119, 133, 201, 211, 248, 251, 315, 316, 318, 319, 320, 464, 530
anupādisesa-nibbānadhātu 생명의 연료가 남아있지 않은 열반계無餘涅槃界 59, 65, 159, 168, 348, 408, 480
anuppāde-ñāṇa 생겨남이 없음에 대한 앎 68, 69, 480, 688
anubyañjana 세부 특징 312
anusaya 잠재성향 62, 64, 81, 156, 176, 177, 183, 303, 304, 313, 380, 437, 438, 587
anussati 지속적 떠올림, 기억 119, 219, 220, 223, 224, 225, 384, 547
anvaye-ñāṇa [일치함에 대한] 추론적 앎類智 218, 480, 688
apāya, appaya 괴로운 곳 143, 185, 188, 189, 190, 191, 364, 382, 383,

384, 405, 615, 617
appaṇihita-vimokkhamukha 바람없음의 해탈의 문 341, 342, 445, 446, 447, 448, 449, 463, 464, 465, 466, 477
appamāda 부지런함 146, 167, 243, 479, 509, 511
abyāpāda 악의 없음 167, 294, 367, 396, 402, 480, 619
abyāpāda-vitakka 악의가 없는 생각 477
abyāpāda-saññā 악의가 없는 지각 477
abhijjhā 욕심 60, 132, 133, 167, 180, 208, 315, 479
abhijjhā-kāyagandha 욕심에 의한 몸의 매임 318, 432, 437, 441, 443, 447
abhiññā 뛰어난 앎超凡智 39, 40, 86, 104, 201, 239, 296, 333, 335, 414, 422, 423, 424, 463, 469, 471, 473, 622
abhinivesa 고집, 수렴 118, 241, 320, 362, 368, 432, 437, 438, 442, 444, 447, 584
abhisamaya 증득 90, 403, 480, 536
ayoniso 합당하지 않음非如理 166, 478
ayoniso-manasikāra 합당하지 않은 정신기울임 121, 166, 302, 478
arahant 아라한阿羅漢 68, 89, 90, 193, 314, 349, 352, 353, 505, 511, 539, 556, 557, 558, 638, 676
arūpa 물질현상을 지니지 않은 것無色 172, 676
arūpa-dhātu 물질현상을 지니지 않은 계無色界 249
arūparāga 물질현상을 지니지 않은 것에 대한 탐냄 67, 68
avasesa 남김 있음 374
avijjā 무명無明 54, 55, 59, 67, 68, 113, 121, 138, 139, 165, 171, 172, 173, 175, 177, 178, 192, 193, 240, 250, 252, 256, 261, 269, 273, 274, 289, 290, 291, 302, 303, 305, 326, 327, 328, 329, 399, 404, 411, 412, 421,

425, 436, 457, 458, 465, 478, 536, 574, 639
avijjā-āsava 무명으로 인한 번뇌 320, 433, 438, 442, 445
avijjā-ogha 무명의 거센 물 291, 320, 433, 438, 439, 442, 445, 448,
avijjā-virāga 무명에 대한 탐냄의 여읨 41, 167, 178, 311, 313, 314, 332, 480
avijjā-yoga 무명에 의한 묶임 291, 320, 432, 436, 442, 444, 446
avitakka-avicāra-samādhi 생각도 없고 숙고도 없는 삼매 294, 375, 476
avitakka-vicāramatta-samādhi 생각은 없고 숙고만 있는 삼매 294, 375, 476
avihiṃsā 해침없음 367, 396, 402
avihiṃsā-saññā 해침이 없는 지각 477
avihiṃsā-vitakka 해침이 없는 생각 477
asaṃkhata 지어지지 않은 것無爲 66, 88, 193, 193, 222, 480, 688, 689
asādhāraṇa 공통공유이 아님 19, 198, 199, 200, 301, 304
asubha 추함不淨 104, 116, 181, 211, 318, 326, 431, 435, 441, 443
asubha-saññā 추함의 지각不淨想 12, 117
asekha 배울 것이 없는 이無學 76, 92, 200, 249, 250, 251, 253, 293, 314, 484, 548, 549, 550, 551, 552, 553, 554, 555, 556, 558, 565, 567, 568, 571, 572, 575, 576, 588, 679, 680, 681, 683, 687
asesa, anavasesa, niravasesa 남김 없음 64, 65, 66, 68, 76, 234, 277, 281, 345, 373, 382, 398, 575
assāda 맛味 31, 32, 33, 34, 38, 44, 50, 51, 115, 121, 174, 233, 329, 359, 379, 473, 479, 499

[ā]

ākāra 서법敍法, 모습 20, 26, 45, 46, 47, 48, 161, 227, 284, 285, 286, 287, 288, 339

ākāsa 허공, 공간 339, 367
ākāsānañcāyatana 공간의 한계가 없는 영역空無邊處 108, 109, 162, 334
ākiñcaññāyatana 아무것도 없는 영역無所有處 110, 162
ācāra-vipatti 행위의 실패 475
āṇatti 교훈 17, 32, 37, 45, 50, 51, 329
ādīnava 걱정거리患 17, 31, 32, 33, 35, 38, 44, 50, 51, 174, 197, 329, 360, 379, 473
āneñja 동요 없음 332, 333, 373
ānisaṃsa 공덕 36, 143, 175, 184, 197
āpo-dhātu 물의 계水界 284, 285, 286, 289
āyatana 영역入處 1137, 217, 228, 251, 253, 264, 266, 271, 331, 339, 396, 420, 652, 670
ārambha 시작, 동기 120, 166, 170, 219, 235, 273, 274, 275, 276, 277, 278, 401, 479
ārammaṇa 대상所緣 69, 101, 193, 307, 331, 485, 688, 689
āvatta 전환 10, 11, 19, 169, 309, 393, 425
āvaraṇa 장애 79, 374
āsava 번뇌 136, 22, 234, 251, 252, 253, 255, 257, 264, 266, 270, 305, 318, 319, 320, 347, 356, 358, 359, 360, 363, 385, 400, 427, 429, 433, 438, 441, 442, 443, 444, 445, 447, 467, 470, 522, 524, 529, 548, 555, 592, 622, 642, 643
āhāra 자양분食 75, 135, 228, 229, 230, 318, 319, 320, 381, 427, 428, 431, 434, 435, 441, 442, 443, 444, 445, 467, 470, 594, 595, 597, 633

[i]

iñjanā 동요 333

iṭṭha 내김 122, 353, 569, 571, 616, 652, 653, 654, 656
idaṃ-sacca-abhinivesa-kāyagandha '이것이 진리이다'라는 고집에 의한 몸의 매임 432, 438, 442, 447
iddhipāda 신통의 기반神足 72, 73, 133, 316, 603
indriya 기능根 13, 20, 24, 39, 40, 54, 64, 70, 71, 75, 81, 82, 83, 84, 85, 90, 114, 119, 122, 123, 133, 134, 137, 138, 146, 170, 185, 192, 203, 217, 218, 219, 228, 235, 243, 249, 250, 251, 252, 255, 257, 263, 264, 265, 268, 270, 271, 292, 314, 315, 316, 333, 334, 357, 377, 378, 379, 380, 382, 389, 396, 399, 400, 424, 459, 460, 461, 466, 468, 544, 553, 592, 618, 620, 688, 692

[u]

ugghaṭitaññu 나타낸 것만으로도 아는 사람 38, 44, 471, 472, 473, 474
uccheda 단절 221, 419, 420
uccheda-diṭṭhi 단절의 견해斷見 168, 362, 479
uccheda-vāda 단절을 주장하는 자斷滅論者 418
uttānikamma 해석 26, 46, 47, 48, 161
uddhacca 들뜸掉擧 67, 68
uddhambhāgiya 위쪽에 관련됨上分 67, 198, 200
upadhi 집착의 대상 123, 147, 148, 149, 243, 491, 573, 582, 583
upanissaya 의지, 의존, 기반 126, 128, 203, 308
upasama 평온, 적정 457, 458, 461, 463, 465, 466, 528, 543, 544, 545, 627, 629
upasama-adhiṭṭhāna 평온의 기반 458, 461, 463, 466
upasampadā 구족, 갖춤 179, 183, 310, 331, 623, 671, 672
upādāna 집착取, 재료 101, 122, 123, 136, 139, 172, 173, 175, 177, 192,

240, 249, 263, 307, 318, 319, 320, 427, 428, 432, 442, 446, 467, 574, 587
upekkhā 평정 105, 107, 108, 138, 182, 217, 314, 334, 367, 459, 461, 463, 466, 460, 462, 465

[e]

ekattatā 동일성 279, 280 281 282 283, 289, 291, 292, 293, 294, 295, 296, 298, 299, 402, 403, 404, 405

[o]

ogha 거센 물暴流 35, 136, 248, 429, 430, 433, 438, 439, 447, 467, 470, 530, 539, 542, 620, 678
otaraṇa 하강 10, 21, 248, 249, 257, 270, 399, 400
ottappa 창피함 165, 478, 479, 661
orambhāgiya 아래쪽에 관련됨下分 67

[k]

kabaḷīkāra āhāra 물질자양분物質食 228, 230, 431, 435, 441, 443, 445
kammaniya 다루기 쉬움 332, 333
karuṇā 연민悲 105, 182, 459, 460, 462, 466, 638
kāma 감각적 욕망慾 32, 33, 34, 35, 77, 79, 91, 118, 151, 153, 154, 155, 174, 179, 180, 187, 189, 197, 210, 240, 241, 242, 266, 267, 269, 271, 367, 412, 413, 414, 415, 423, 435, 436, 486, 535, 542, 562, 569, 570, 571, 600, 631
kāma-āsava 감각적 욕망으로 인한 번뇌 318, 433, 438, 443, 447
kāma-upādāna 감각적 욕망에 대한 집착慾取 318, 432, 435, 436, 441, 446

kāma-ogha 감각적 욕망의 거센 물 318, 433, 438, 439, 441, 443, 447
kāma-chanda 감각적 욕망에 대한 의욕 66, 68
kāma-taṇhā 감각적 욕망에 대한 갈애 103, 153, 281, 361, 583
kāma-dhātu 감각적 욕망의 계 249, 367
kāma-yoga 감각적 욕망에 의한 묶임 318, 432, 436, 441, 443, 446
kāma-rāga 감각적 욕망에 대한 탐냄慾貪 118, 199, 200, 537
kāma-vitakka 감각적 욕망의 생각 81, 82, 475
kāma-saññā 감각적 욕망의 지각 475, 539
kāya 몸身, 더미 61, 63, 78, 124, 132, 133, 149, 157, 159, 186, 187, 188, 189, 190, 232, 239, 242, 285, 287, 288, 296, 312, 315, 316, 328, 335, 336, 343, 344, 404, 432, 437, 438, 441, 442, 443, 444, 446, 464, 477, 492, 493, 510, 517, 518, 521, 524, 529, 531, 547, 548, 554, 555, 556, 567, 570, 571, 584, 586, 598, 603, 632, 639, 647, 649, 653, 654, 659, 660, 666, 668, 669, 670, 672, 673, 682
kāya-duccarita 몸으로 하는 나쁜 행동 179, 362, 474, 584, 586, 669
kāya-dhātu 몸의 계身界 215, 366
kāyaviññāṇa-dhātu 몸을 통한 의식의 계身識界 215, 366
kāya-sucarita 몸으로 하는 좋은 행동 475, 586, 651, 668
kilesa, saṅkilesa 오염 13, 24, 54, 60, 71, 73, 80, 85, 92, 95, 139, 154, 155, 165, 175, 177, 198, 244, 283, 326, 328, 332, 333, 354, 355, 359, 361, 374, 376, 377, 415, 426, 431, 433, 437, 440, 444, 469, 470, 478, 484, 486, 487, 499, 558, 561, 565, 575, 587, 679, 690, 692
kusala 옳음善 11, 12, 24, 25, 75, 82, 87, 88, 165, 179, 183, 203, 310, 330, 331, 373, 394, 425, 469, 476, 589, 623, 648, 650, 659, 660, 661, 663, 665, 671, 672, 677, 688, 690, 692
kusala-kamma 옳은 업善業 477

kusala-dhamma 옳은 법善法 19, 56, 80, 81, 82, 206, 207, 211, 242, 243, 457, 661, 666, 673, 674
kusala-mūla 옳음의 뿌리善根 13, 23, 204, 476, 660
kusala-vitakka 옳은 생각善尋 475
kusala-saññā 옳은 지각善想 477
kodha 분노 100, 479, 480, 492, 535, 536
khandha 다발蘊 20, 123, 131, 172, 173, 250, 252, 255, 256, 263, 265, 268, 269, 271, 340, 343, 400, 477
khaya 그침, 중단止滅 90, 222, 233, 243, 244, 259, 260, 347, 348, 355, 357, 370, 534, 537, 538, 574, 575, 580, 582, 583, 600, 622, 642, 643, 664, 666, 678
khaye-ñāṇa 그침에 대한 앎盡智 68, 69, 218, 235, 385, 479, 548, 688
khippābhiññā 빠르게 얻는 뛰어난 앎 39, 40, 104, 201, 296, 423, 424, 463, 469, 471, 473

[g]

gantha 매임 136, 220, 318, 319, 320, 427, 429, 432, 437, 438, 441, 442, 443, 444, 445, 447, 467, 470, 540, 555
gandha-dhātu 냄새의 계香界 215, 366
gocara 활동영역行境 112, 191, 386, 388, 407, 468
ghāna-dhātu 코의 계鼻界 215, 366
ghānaviññāṇa-dhātu 코를 통한 의식의 계鼻識界 215, 366

[c]

cakkhu-dhātu 눈의 계眼界 215, 366, 367
cakkhu-viññāṇa 눈을 통한 의식眼識 232, 306

cakkhuviññāṇa-dhātu 눈을 통한 의식의 계眼識界 215, 366, 367
cattāro iddhippādā 네 가지 신통의 기반四神足 134, 316
cattāro satipaṭṭhānā 사념처四念處 84, 133, 136, 316, 354, 355
cattāro sammā-padhānā 네 가지 바른 정근四正勤 83, 134, 316, 450, 465, 467, 470
citta 마음心 74, 75, 79, 80, 105, 106, 111, 116, 124, 132, 164, 165, 166, 167, 168, 183, 191, 208, 217, 240, 257, 258, 288, 297, 310, 319, 325, 326, 327, 328, 332, 333, 335, 336, 343, 344, 386, 387, 388, 389, 391, 392, 393, 394, 395, 396, 398, 399, 401, 402, 404, 406, 407, 458, 459, 464, 492, 493, 496, 510, 514, 516, 517, 518, 519, 522, 527, 538, 543, 544, 549, 553, 603, 621, 623, 641, 656, 671, 686
citta-samādhi 마음에 의한 삼매心三昧 73, 458, 459, 460, 462, 466
cetanā 의도思 144, 180, 181, 254, 297, 362, 426, 530, 531, 532, 585
cetasika 마음에 속한 것心所 180, 181, 257, 258, 344
cetovimutti 마음의 해탈心解脫 41, 104, 167, 178, 311, 313, 314, 331, 480, 622
chanda 의욕 33, 66, 68, 80, 267, 440, 591, 621
chanda-samādhi 의욕에 의한 삼매欲三昧 71, 458, 459, 460, 461, 466, 603
chanda-agatigamana 의욕에서 비롯된 잘못된 길로 감 181, 318, 434, 440, 441, 443, 449, 487, 590
chaḷāyatana, saḷāyatana 여섯 영역六入 61, 62, 119, 121, 122, 130, 139, 250, 261, 268, 307, 312

[j]

jivhā-dhātu 혀의 계舌界 215, 366

jivhāviññāṇa-dhātu 혀를 통한 의식의 계舌識界 215, 366
jīva 생명, 삶 37, 123, 349, 350, 356, 357, 358, 363, 496, 537, 538, 545, 599, 600, 630, 666
jhāna 선정禪定 39, 84, 107, 108, 120, 162, 163, 164, 332, 334, 374, 376, 377, 450, 452, 456, 460, 461, 462, 463, 464, 467, 470, 538
jhāyī 선정수행자 162, 163, 293, 294, 376, 533, 534, 553, 554, 588

[ñ]

ñāṇa 앎智 43, 68, 69, 74, 78, 86, 87, 90, 102, 104, 142, 171, 198, 214, 218, 235, 241, 258, 290, 292, 314, 333, 337, 355, 367, 369, 374, 377, 380, 384, 385, 403, 421, 515, 568, 589, 604, 608, 610, 638, 639, 688, 689
ñāṇa-dassana 앎과 봄智見 78, 79, 119, 127, 207, 208, 209, 224, 306, 337, 390, 403, 408, 667

[t]

taṇhā 갈애 12, 13, 23, 57, 61, 97, 98, 99, 101, 102, 103, 114, 122, 139, 150, 151, 152, 153, 154, 155, 156, 157, 159, 163, 165, 171, 172, 173, 174, 175, 176, 177, 178, 192, 193, 216, 217, 221, 222, 228, 229, 230, 233, 241, 250, 254, 256, 263, 265, 267, 268, 281, 294, 307, 312, 326, 327, 328, 329, 330, 331, 333, 360, 361, 411, 412, 416, 420, 425, 478, 486, 514, 528, 582, 583, 585, 600, 606, 639
taṇhā-carita 갈애에 따라 행동하는 자 38, 40, 412, 413, 416, 422, 423, 431, 432, 433, 434, 478
taṇhā-vodāna 갈애의 정화 484, 585
taṇhā-saṃkilesa 갈애에 의한 오염 361, 363, 484, 485, 583

tapa 헌신 459, 460, 462, 466
tikkhindriya 강한기능 378, 379, 424
tipukkhala 세 갈래 잎 11, 23, 469, 481
tejo-dhātu 불의 계火界 284, 286, 289, 367
thīna 나태昏沈 191, 324, 328, 386, 388, 393, 398, 404, 407

[d]

dandha 더딤 357, 423, 424
dandha-ābhiññā 더디게 얻는 뛰어난 앎 39, 40, 201, 296, 422, 423, 424, 463, 469, 471, 473
dassana 봄見 42, 66, 78, 79, 85, 86, 119, 127, 159, 184, 198, 201, 234, 241, 244, 290, 335, 337, 388, 398, 403, 589, 614, 615, 617, 619, 620, 621, 623, 667, 679, 680, 681, 687, 689, 690
diṭṭha-dhamma 현재의 법見法 89, 156, 157, 158, 373, 546, 605, 622, 680
diṭṭhi 견해 37, 156, 163, 217, 254, 256, 293, 325, 326, 327, 333, 349, 362, 414, 421, 436, 584, 631, 682
diṭṭhi-āsava 견해로 인한 번뇌 320, 433, 438, 442, 444, 447
diṭṭhi-upādāna 견해에 대한 집착 173, 193, 319, 436, 442, 444, 446
diṭṭhi-ogha 견해의 거센 물 320, 428, 439, 444, 448
diṭṭhicarita 견해에 따라 행동하는 사람 40, 41, 412, 413, 416, 422, 423, 431, 432, 433, 434, 444, 445, 463, 478
diṭṭhi-yoga 견해에 의한 묶임 319, 436, 442, 444, 446
diṭṭhi-vipatti 견해의 실패 475
diṭṭhi-vodāna 견해의 정화 484, 585
diṭṭhi-saṃkilesa 견해에 의한 오염 361, 362, 363, 484, 485, 584
dibbacakkhu 천안天眼 244, 383, 384, 547, 645

disalocana 방향별로 갈래지음 11, 24, 25, 323, 409, 425, 469, 481
dukkha 괴로움苦 35, 36, 44, 54, 58, 65, 78, 90, 99, 103, 124, 130, 138, 139, 144, 173, 174, 175, 176, 177, 178, 192, 193, 194, 210, 211, 228, 229, 231, 233, 234, 240, 241, 243, 250, 253, 261, 262, 273, 279, 280, 290, 291, 308, 318, 326, 328, 329, 341, 347, 348, 359, 367, 371, 381, 393, 403, 414, 416, 418, 420, 431, 435, 442, 445, 475, 488, 490, 494, 496, 528, 529, 549, 551, 563, 564, 572, 573, 574, 587, 591, 594, 601, 608, 610, 611, 615, 617, 636, 660, 666
dukkha-ariyasacca 고성제苦聖諦 46, 138, 607, 621
dukkha-indriya 괴로움의 기능苦根 138, 263, 333
dukkha-khandha 괴로움의 다발苦蘊 149, 176, 250, 563, 564, 565, 587, 594, 595, 597
dukkha-dukkhatā 괴로움으로 인한 괴로움苦苦 58, 59, 475
dukkha-nirodha 괴로움의 소멸苦滅 46, 184, 194, 231, 233, 234, 236, 237, 238, 281, 282, 290, 291, 329, 403, 416, 418, 420
dukkha-nirodha-ariyasacca 고멸성제苦滅聖諦 607, 621
dukkha-nirodha-gāminī-paṭpadā 괴로움의 소멸로 가는 방법苦滅道 46, 234, 236, 237, 238, 281, 282, 290, 291, 403, 416, 418, 420
dukkha-nirodha-gāminī-paṭipadā-ariyasacca 고멸도성제苦滅道聖諦 47, 607, 621
dukkha-paṭipadā 괴로운 방법 39, 201, 296, 423, 424, 463, 469, 471, 473
dukkha-vedanā 괴로운 느낌 138, 263, 475
dukkha-saññā 괴로움의 지각苦想 12, 115, 117, 477
dukkha-samudaya 괴로움의 일어남苦集 46, 65, 66, 99, 154, 173, 174, 176, 177, 178, 184, 192, 193, 194, 229, 234, 235, 237, 239, 280, 281, 291, 403, 418

dukkha-samudaya-ariyasacca 고집성제苦集聖諦 138, 607, 621
duggati 나쁜 곳惡處 36, 143, 149, 185, 188, 189, 190, 191, 192, 369, 383, 386, 387, 388, 391, 393, 398, 405, 407, 489, 492, 493, 514, 516, 521, 526, 615, 617, 655
duccarita 나쁜 행동 179, 353, 362, 474, 499, 585, 634, 651
duccarita-vodāna 나쁜 행동의 정화 585
duccarita-saṃkilesa 나쁜 행동에 의한 오염 361, 362, 484, 584
desanā 교설, 드러냄, 가르침 4, 10, 17, 18, 31, 44, 50, 104, 105, 106, 107, 108, 109, 111, 142, 160, 161, 164, 170, 197, 199, 227, 236, 244, 246, 324, 329, 378, 472, 640
domanassa 불쾌함 58, 124, 132, 133, 138, 139, 175, 216, 249, 263, 307, 315, 331, 333, 366, 506, 507, 563, 564, 587, 594, 595
dosa 성냄瞋 61, 79, 90, 94, 104, 139, 180, 181, 182, 225, 242, 244, 259, 260, 319, 341, 355, 369, 370, 433, 434, 439, 440, 442, 443, 448, 462, 468, 474, 478, 475, 487, 541, 542, 591, 643, 660, 663, 685
dosā-agatigamana 성냄에서 비롯된 잘못된 길로 감 181, 434, 440, 442, 443, 449, 590
dosa-aggi 성냄의 불 341, 475
dosacarita 성냄에 따라 행동하는 사람 104, 341, 444, 462, 684, 685, 686
dosa-salla 성냄의 화살 319, 341, 433, 439, 442, 443, 448, 475
dhamma-dhātu 법의 계法界 215, 251, 252, 253, 255, 257, 264, 266, 270, 366, 400
dhammavicaya-sambojjhaṅga 법을 분간이라는 깨달음의 요소擇法覺支 218, 292, 314, 688
dhamma-saññā 법의 지각法想 118

dhamme-ñāṇa 법에 대한 앎法智 218, 314, 480
dhātu계界 20, 67, 102, 193, 213, 215, 227, 239, 251, 252, 255, 257, 264, 266, 268, 269, 270, 271, 284, 288, 314, 352, 366, 367, 368, 380, 400

[n]

nandiyāvatta 기쁨으로부터 전환 11, 23, 412, 425
naya방식 10, 11, 23, 24, 25, 26, 41, 121, 323, 409, 411, 412, 425, 467, 469, 481
nava suttantā 아홉 갈래 경 5, 52, 111, 486
nāma 정신현상名 70, 76, 268
nāma-kāya 정신현상의 더미名身 115, 122, 123, 172, 268, 296, 297
nāma-rūpa 정신·물질현상名色 65, 69, 75, 268, 70, 75, 121, 122, 139, 228, 250, 254, 268, 276, 307, 594, 597
nikkhepa 소개 227, 228, 234, 235, 236, 237, 238, 239, 242, 243, 244, 398
nicca 항상함常 132, 319, 324, 326, 431, 435, 442, 444, 628, 678
nicca-saññā 항상함의 지각常想 115, 211, 475
nidāna 근거, 인연 18, 141, 147, 148, 149, 150, 151, 152, 240, 241, 243, 541, 542
niddesa 상술, 설명 26, 27, 46, 47, 48, 161, 164, 168, 323
nibbatti, pabhava 발생 119, 121, 123, 125, 176, 229, 241, 244, 304, 305, 331, 359, 372, 373, 390, 408, 586, 636
nibbāna 열반涅槃 152, 176, 185, 221, 222, 233, 239, 246, 269, 283, 350, 355, 356, 358, 359, 360, 363, 365, 367, 368, 370, 405, 426, 501, 502, 503, 513, 539, 555, 575, 577, 578, 579, 582, 583, 601, 605, 664, 676, 682
nibbidā 싫어하여 떠남厭離 36, 85, 117, 127, 131, 160, 233, 240, 258,

289, 532, 556, 557, 610, 611
nibbedha 통찰 92, 195, 197, 295, 484, 529, 561, 571, 577, 580, 666
nimitta 이미지相, 모습, 표상 106, 171, 174, 312, 338, 340, 445, 446, 624, 683
niyata 확정 198, 201, 364, 371, 511, 512, 615, 617
niyyāna 벗어남 449
niyyānika 벗어나게 하는 것 125, 135, 210, 246, 317, 348
nirāmisa samādhi 비물질적인 삼매 294, 337, 338
nirutti 어원분석 26, 47, 48, 142, 161, 391
nirodha 소멸滅 44, 55, 65, 70, 72, 73, 75, 90, 111, 125, 131, 160, 175, 176, 178, 184, 193, 194, 221, 231, 232, 233, 234, 236, 237, 238, 250, 252, 256, 259, 260, 265, 269, 277, 281, 282, 283, 290, 291, 293, 329, 344, 355, 367, 375, 393, 395, 399, 403, 404, 416, 418, 420, 548, 556, 557, 564, 575, 582, 583, 595, 597, 607, 616, 621, 622, 676
nivatti 멈춤 165, 420
nissaraṇa 떠남離 17, 32, 34, 35, 38, 45, 50, 51, 175, 245, 246, 329, 379, 472, 473, 573
nīvaraṇa 덮개蓋 55, 56, 167, 183, 376, 411, 479
nekkhamma 세속을 떠남出欲 175, 197, 216, 331, 367, 396, 402
nekkhamma-vitakka 세속을 떠남의 생각 477
nekkhamma-saññā 세속을 떠남의 지각 477
neyya 안내를 받아야 할 사람 38, 48, 471, 472, 473, 474
neruttā 어원 18, 46, 47, 141, 142, 168
nevasaññānāsaññāyatana 지각이 없는 것도 없지 않는 것도 아닌 영역 非想非非想處 111, 162

[p]

pakati 실제의 모습 227, 686
pakāsana 소개 26, 45, 46, 48, 53, 161, 197, 413
paccaya 조건 21, 74, 75, 128, 139, 177, 206, 208, 232, 254, 261, 263, 268, 290, 300, 301, 302, 306, 307, 331, 365, 403, 534, 587, 658, 673
paccekabuddha 홀로 깨달은 이獨覺 468, 522, 588, 683
pajānana, sampajāna 알아차림, 분명한 앎了知 89, 120, 132, 133, 165, 166, 197, 219, 292, 315, 478
pañca-upādāna-kkhandhā 집착된 다섯 다발五取蘊 69, 119, 280, 280
pañca-kāmaguṇā 다섯 종류의 감각적 욕망五種慾 118, 312
pañca-khandhā 다섯 다발五蘊 131, 171, 173, 174, 177, 183, 192, 228, 268
pañca-nīvaraṇā 다섯 가지 덮개 354, 355
paññatti 묘사 46, 47, 48, 161, 227, 228, 229, 231, 232, 233, 234, 235, 236, 237, 238, 239, 240, 241, 242, 243, 244, 246, 247, 284, 398, 676, 677
paññā 반야慧 36, 40, 42, 44, 64, 65, 69, 70, 71, 75, 83, 120, 182, 218, 219, 224, 233, 235, 236, 237, 238, 244, 257, 270, 275, 276, 288, 289, 292, 314, 344, 354, 355, 369, 370, 396, 473, 518, 539, 540, 545, 547, 548, 575, 592, 605, 610, 611, 614, 659, 666, 669, 670, 688, 689
paññā-adhiṭṭhāna 반야의 기반 458, 460, 462, 465
paññā-khandha 반야의 다발慧蘊 218, 250, 252, 256, 269, 306, 311, 314, 342, 343, 363, 400, 418, 477, 485, 637
paññāvimutti 반야에 의한 해탈慧解脫 41, 167, 178, 311, 313, 314, 332, 480, 556, 557, 558, 622, 683
paññā-sampatti 반야의 얻음 477
paṭigha 거슬림有對 267, 283, 334, 335

paṭipadā 방법道 38, 41, 195, 196, 295, 343, 358, 363, 364, 365, 366, 416, 419, 424, 449, 452, 455, 459, 460, 461, 462, 467, 470
paṭivedha 꿰뚫음 113, 115, 174, 184, 194, 234, 241, 242, 244, 290, 304, 305, 387, 403, 607
paṭisandhi 연결結生 74, 304, 305
paṭisambhidā 분석적 이해 86, 220, 239
paṭṭhāna 유형 483
paṭhavī-dhātu 땅의 계地界 284, 285, 288, 289
patiṭṭhita 자리잡음, 확립 485
pathā [업의] 통로 179, 362, 659, 662
pada 용어, 구문, 경우, 부분, 구역 3, 26, 46, 47, 48, 54, 55, 57, 58, 59, 60, 76, 91, 94, 95, 96, 97, 142, 154, 161, 324, 483, 589, 619, 675, 679, 680, 692, 693
padaṭṭhāna 근접요인足處 10, 18, 19, 113, 114, 115, 116, 117, 118, 119, 120, 121, 122, 123, 124, 125, 126, 127, 128, 129, 169, 170, 172, 192, 194, 195, 201, 202, 203, 204, 205, 267, 309, 310, 311, 312, 313, 388, 407
padhāna 정근 72, 582, 603
papañca 망상 155, 156, 159, 160, 163, 222, 223
pamāda 게으름 54, 56, 60, 146, 167, 170, 171, 174, 273, 324, 382, 384, 479
parāmāsa-kāyagandha 취착에 의한 몸의 매임 432, 437, 438, 442, 444, 447
parikkhāra 요건 10, 22, 103, 300, 308, 336, 406
pariññā 두루한 앎遍知 85, 86, 87, 90, 136, 174, 177, 192, 231, 232, 233, 235, 239, 241, 304, 305, 318, 319, 320, 329, 393, 445, 448

parinibbāna 완전한 열반般涅槃 350, 356, 358, 359, 360, 363, 365, 513, 525, 682
pariyuṭṭhāna 사로잡힘纏縛 62, 154, 155, 156, 158, 159, 220, 291, 303, 304, 305, 313, 437, 587
parivattana 반전 10, 20, 206, 212, 395
parisuddhi 청정 32, 49, 108, 332, 333, 376, 666
passaddhi 홀가분 함輕安 127, 253, 257, 258, 335, 337, 531
pāpaka 나쁨, 악함 80, 81, 145, 206, 207, 208, 235, 244, 356, 357, 457, 494, 495, 498, 499, 501, 502, 510, 550, 642, 648, 664
pāmojjja 행복悅樂 126, 530, 531
pīti 희열 32, 89, 108, 125, 126, 127, 266, 267, 294, 306, 338, 531, 544
phala 결실, 결과果 17, 32, 35, 36, 37, 44, 50, 51, 64, 68, 87, 88, 157, 178, 193, 195, 196, 197, 201, 204, 303, 304, 305, 311, 313, 314, 356, 357, 358, 360, 363, 372, 395, 491, 495, 519, 526, 636, 657, 664
phassa āhāra 접촉자양분觸食 229, 230, 319, 431, 435, 442, 443, 445
phoṭṭhabba-dhātu 감촉의 계觸界 215, 366

[b]

bandhana 속박, 족쇄, 묶임 150, 153, 155, 220, 243, 244, 245, 486, 561, 562
bala 힘力 71, 134, 159, 218, 220, 256, 292, 214, 346, 355, 365, 377, 385, 520, 554, 688
bahiddha 밖外 350, 412, 413, 529, 618
bāhira āyatana 밖에 속하는 영역外入處 261, 312
bāhira 밖에 속함外 101, 148, 150, 151, 288, 289, 304, 688, 689

bīja 씨앗 301, 303, 304, 305, 492, 664, 681
bodhipakkhiya-dhamma 깨달음을 구성하는 법菩提分法 135, 317, 421
bojjhaṅga 깨달음의 요소覺支 134, 218, 292, 314, 317, 688
byañjana 언설, 문장, 속성 3, 4, 18, 26, 27, 32, 45, 46, 47, 48, 49, 91, 94, 96, 99, 114, 141, 142, 160, 161, 443, 444, 445, 461, 462, 463
byāpada 악의 60, 61, 66, 68, 105, 107, 116, 167, 179, 180, 187, 189, 199, 200, 208, 294, 311, 335, 336, 367, 376, 479, 569
byāpāda-kāya-gandha 악의에 의한 몸의 매임 319, 432, 437, 438, 442, 443, 447
byāpāda-saññā 악의의 지각 475
byāpāda-vitakka 악의의 생각 81, 82, 475
brahmacariya 고귀한 삶, 청정한 삶梵行 32, 49, 183, 193, 196, 197, 258, 534, 545, 568, 573, 598, 622, 630, 652, 653, 654
brahmacāri 고귀한 생활 42, 146, 196, 208
bhaya-agatigamana 두려움에서 비롯된 잘못된 길로 감 320, 434, 440, 442, 444, 449
bhava 존재 54, 82, 85, 119, 122, 124, 125, 139, 144, 154, 172, 175, 228, 238, 239, 248, 250, 252, 260, 263, 281, 304, 305, 343, 356, 382, 400, 435, 457, 465, 485, 490, 503, 523, 525, 529, 530, 539, 542, 563, 572, 573, 574, 575, 587, 594, 596, 606, 608, 514, 634
bhava-āsava 존재로 인한 번뇌 433, 438, 442, 443, 447
bhava-upādāna 존재에 대한 집착有取 319, 432, 435, 436, 442, 443, 446
bhava-ogha 존재의 거센 물 319, 433, 438, 442, 443, 447
bhava-taṇhā 존재에 대한 갈애 177, 281, 361, 411, 421, 425, 575, 583, 607
bhava-yoga 존재에 의한 묶임 319, 432, 436, 439, 442, 443, 446
bhāvanā 닦음修習 43, 66, 71, 73, 80, 85, 86, 90, 133, 134, 135, 159, 175,

178, 183, 192, 201, 202, 206, 208, 231, 232, 233, 234, 235, 237, 238, 239, 242, 243, 310, 315, 316, 317, 344, 345, 380, 388, 398, 451, 454, 467, 468, 470, 485, 543, 589, 618, 619, 620, 622, 666, 679, 680, 681, 682, 687, 689, 690, 691

bhūmi 경지, 단계 13, 18, 19, 43, 66, 104, 112, 184, 195, 197, 201, 225, 234, 235, 346, 347, 380, 388, 398, 425, 469, 481, 587, 588, 664, 691, 692

[m]

magga 길道 36, 44, 65, 74, 75, 90, 99, 125, 152, 176, 178, 180, 183, 184, 185, 191, 193, 194, 197, 231, 232, 234, 235, 237, 238, 242, 246, 282, 292, 328, 332, 339, 356, 358, 359, 360, 363, 372, 373, 395, 398, 416, 418, 420, 424, 492, 505, 514, 517, 544, 558, 610, 611, 659, 670, 675, 678

macchariya 인색함 283, 479

majjhindriya 중간기능 295, 378, 379

majjhimā paṭipadā 중도中道 358, 419

manasikāra 정신기울임作意 42, 43, 86, 107, 108, 121, 166, 307, 179, 192, 297, 302, 307, 425, 469, 480

mano(manas) 정신意 24, 42, 62, 77, 78, 84, 91, 157, 232, 217, 215, 217, 162, 311, 335, 296, 402, 475, 477, 488, 496, 500, 519, 523, 540, 542, 543, 567, 571, 637, 648, 653, 659, 660, 670, 672

mano-indriya 정신이라는 기능意根 192, 217, 396

mano-duccarita 정신으로 하는 나쁜 행동 179, 362, 383, 475, 584, 586, 632, 648, 651, 669

mano-dhātu 정신의 계意界 215, 217

mano-viññāṇa 정신을 통한 의식意識 232

manoviññāṇa-dhātu 정신을 통한 의식의 계意識界 215, 366

mano-sañcetanā āhāra 정신의도자양분意思食 229, 230, 320, 431, 435 442, 444
mano-sucarita 정신으로 하는 좋은 행동 310, 311, 384, 476, 586, 633, 649, 651, 668
mano-soceyya 정신의 청정 477
māna 자만 67, 68, 156, 283, 320, 330, 331, 433, 439, 440, 442, 444, 448, 457, 458, 465, 534, 592
māna-salla 자만의 화살 320, 433, 439, 440, 442, 444
micchā 그릇됨邪 179, 180, 182, 183, 186, 207, 294
micchā-diṭṭhi 그릇된 견해邪見 158, 179, 180, 182, 187, 188, 189, 206, 208, 209, 324, 383
micchatta-niyata 그릇됨에 의해 확정됨 198, 364, 371
middhā 졸음睡眠 324, 328, 386, 404, 488
muditā 함께 기뻐함喜 105, 182, 459, 460, 462, 466
mudindriya 약한 기능 378, 379, 380, 424
mudu 유연함, 약함 332, 333, 373, 378, 472, 670, 671
moha 어리석음癡 61, 90, 94, 104, 139, 156, 180, 181, 182, 242, 243, 244, 245, 259, 260, 290, 291, 342, 369, 370, 421, 440, 468, 474, 487, 590, 591, 624, 643, 660, 662, 663, 684
moha-agatigamana 어리석음에서 비롯된 잘못된 길로 감 181, 321, 434, 440, 442, 445, 449
moha-aggi 어리석음의 불 342, 475
mohacarita 어리석음을 따라 행동하는 사람 342, 684, 685, 686
moha-jaṭā 어리석음에 의한 엉킴 342, 475
moha-salla 어리석음의 화살 320, 342, 439, 440, 442, 445, 448, 475
mettā 자애慈 104, 105, 181, 182, 459, 460, 461, 466, 656

mettā cetovimutti 자애의 마음의 해탈慈心解脫 104

[y]

yathābhūtañāṇadassana 있는 그대로 알고 봄如實知見 127, 403
yutti 타당성, 논리 10, 17, 93, 99, 103, 111, 197, 386
yoniso 합당함如理 166, 545
yoniso-manasikāra 합당한 정신기울임 43, 166, 202, 480

[r]

rasa-dhātu 맛의 계味界 215, 366
rāga 탐냄貪 57, 90, 94, 98, 102, 104, 105, 107, 118, 119, 139, 154, 160, 199, 200, 229, 242, 244, 259, 281, 318, 341, 355, 370, 376, 440, 468, 516, 536, 537, 541, 643, 684
rāga-aggi 탐냄의 불 341, 475
rāgacarita 탐냄을 따라 행동하는 사람 104, 340, 443, 461, 684, 685
rāga-virāga 탐냄에 대한 탐냄의 여읨 40, 167, 178, 311, 313, 314, 331, 480
rāga-salla 탐냄의 화살 318, 341, 433, 439, 441, 448, 475
rūpa 물질현상色 61, 62, 63, 65, 69, 70, 76, 109, 114, 119, 123, 137, 159, 160, 192, 232, 233, 243, 244, 259, 267, 268, 277, 280, 283, 284, 306, 307, 318, 325, 326, 327, 334, 335, 368, 416, 417, 418, 419, 551, 556, 566, 569, 570, 608, 609, 612, 613, 643, 644, 645, 652, 653, 676
rūpa-upagā viññāṇaṭṭhiti 물질현상에 종속된 의식의 뿌리내림 434, 439, 441, 443, 448
rūpa-kāya 물질현상의 더미色身 122, 123, 172, 268, 296, 297
rūpa-khandha 물질현상의 다발色蘊 131, 137, 172, 131

rūpa-dhātu 물질현상의 계色界 137, 215, 249, 318, 366, 367
rūparāga 물질현상에 대한 탐냄 68, 102, 119, 122

[l]

loka 세간世間 3, 34, 37, 49, 52, 53, 54, 55, 57, 59, 60, 62, 63, 85, 96, 97, 132, 133, 155, 162, 163, 164, 171, 186, 187, 188, 190, 219, 223, 240, 241, 243, 244, 262, 264, 267, 269, 273, 274, 275, 276, 315, 335, 336, 353, 366, 367, 368, 384, 414, 426, 449, 517, 522, 525, 538, 540, 550, 560, 568, 569, 572, 574, 591, 600, 604, 605, 606, 616, 618, 635, 638, 642, 656, 670, 671, 677, 678, 691
lokiya, lokika 세간에 속함 199, 261, 295, 589, 591, 593, 594, 595, 597, 679, 684, 686, 687
lokuttara 세간을 넘어선 것出世間 219, 261, 295, 417, 589, 591, 592, 593, 594, 597, 679, 680, 684, 687
lobha 탐욕 60, 114, 116, 157, 180, 182, 187, 335, 341, 369, 382, 474, 495, 499, 660, 663

[v]

vacana 말 60, 62, 91, 101, 102, 142, 529, 589, 599, 600, 623, 624, 625, 629, 630, 631, 635, 689
vacara 활동범위 116, 244
vacī-duccarita 언어로 하는 나쁜 행동 179, 362, 475, 586, 632, 633, 647, 648, 651, 669
vacī-sucarita 언어로 하는 좋은 행동 310, 384, 476, 586, 633, 634, 649, 668
vacī-soceyya 언어의 청정 477

vatthu 근거, 주제, 바탕, 대상 34, 53, 100, 101, 116, 148, 149, 150, 151, 152, 198, 325, 326, 361, 362, 417, 420, 427, 485, 583, 584
vāyama 정진 80, 282, 209, 242, 282, 332, 343, 344, 389, 408, 417, 621
vāyo-dhātu 바람의 계風界 284, 286, 287, 289, 367
vāsanā 훈습, 익힘 91, 195, 197, 484, 500, 529, 558, 581, 679, 686, 690
vikkhambana 중지[일시적] 71, 73
vicaya 분석, 분간 51, 92, 104, 111, 197, 292, 330, 332, 385
vicāra 숙고伺 72, 73, 107, 295, 375, 477
vijjā 밝은 앎明 115, 218, 219, 235, 236, 237, 238, 250, 252, 256, 269, 270, 291, 399, 480, 514, 545, 553, 556, 661, 688
viññāṇa 의식識 65, 70, 75, 76, 106, 115, 121, 122, 132, 139, 159, 163, 215, 217, 228, 229, 230, 232, 250, 254, 256, 260, 277, 280, 302, 304, 305, 306, 307, 325, 326, 327, 339, 366, 367, 396, 399, 402, 404, 416, 417, 418, 419, 439, 556, 557, 569, 570, 571, 608, 609, 612, 613, 640, 644, 645, 653, 654
viññāṇa āhāra 의식자양분識食 229, 230, 319, 435, 442, 444, 445, 594, 595, 597
viññāṇañcāyatana 의식의 한계가 없는 영역識無邊處 109, 110, 162
viññāṇaṭṭhiti 의식의 뿌리내림識住 136, 318, 319, 320, 427, 430, 431, 434, 439, 440, 441, 442, 443, 445, 448, 467, 470, 563, 564
vitakka 생각尋 71, 73, 107, 162, 294, 476, 541
vinipāta 험난한 곳險難處 188, 189, 383
vipañcitaññu 설명으로 아는 사람 38, 44, 48, 471, 472, 473, 474
vipariṇāma-dukkhatā 변화로 인한 괴로움壞苦 58, 59, 475
viparīta 왜곡 244, 325, 414, 475, 477
vipallāsa 거꾸로 봄顚倒 13, 24, 113, 136, 244, 318, 319, 320, 325, 326,

327, 426, 427, 428, 431. 435, 436, 441, 442, 443, 444, 445, 446, 467, 468, 470
vipassanā 위빠사나 12, 13, 23, 40, 41, 165, 175, 176, 178, 192, 193, 201, 203, 218, 256, 257, 292, 311, 314, 336, 338, 339, 340, 343, 345, 363, 379, 388, 393, 395, 406, 413, 415, 416, 418, 425, 472, 480, 485, 585, 686
vipassanāpubbaṅgama pahāna 위빠사나가 선도하는 제거 104
vipassanāpubbaṅgama samatha 위빠사나가 선도하는 사마타 41
vipāka 과보 144, 157, 158, 337, 338, 353, 370, 371, 374, 516, 519, 520, 523, 524, 577, 578, 579, 580, 586, 589, 652, 654, 655, 656, 657, 658, 659, 689
vibhava 존재하지 않음 573, 575
vibhava-taṇhā 존재하지 않음에 대한 갈애 281, 361, 583
vibhūta 있지 않음 292, 375, 499
vimutti 해탈 41, 127, 149, 178, 210, 224, 248, 249, 251, 253, 259, 345, 374, 377, 390, 408, 480, 522, 524, 530, 532, 540, 556, 664, 682, 683
vimutti-khandha 해탈의 다발解脫蘊 306, 638
vimutti-ñāṇadassana 해탈지견解脫知見 207, 208, 210, 224, 408, 533
vimuttiñāṇadassana-khandha 해탈지견의 다발解脫知見蘊 306, 638
vimokkha 해탈 340, 421, 449
vimokkha-mukha 해탈의 문 340, 342, 477
virāga 탐냄의 여읨離貪 41, 72, 73, 127, 131, 221, 258, 259, 281, 311, 496, 516, 532, 556, 575, 582, 675, 676
viriya 노력 56, 72, 80, 120, 166, 169, 218, 335, 336, 369, 370, 377, 388, 489, 539, 603, 621, 666
viriya-indriya 노력의 기능精進根 40, 71, 82, 83, 133, 170, 235, 243, 257,

270, 315, 592
viriya-samādhi 노력에 의한 삼매精進三昧 72, 458, 459, 460, 462, 466
vivaṭṭa 환멸還滅 359, 426
vivaṭṭakappa 성립하는 겁成劫 381, 656
vivaraṇa 해명 26, 46, 47, 48, 161
visaya 고유영역, 영역對境 98, 199, 282, 327, 365, 374, 588, 615, 617, 638, 639
vihiṃsā 해침, 잔인함 105, 367
vihiṃsā-vitakka 해침의 생각 81, 82, 475
vihiṃsā-saññā 해침의 지각 475
vītarāga 탐냄 없음 199
vīmaṃsā 고찰 42, 73, 175, 203, 287, 288
vīmaṃsā-samādhi 고찰에 의한 삼매考察三昧 458, 459, 461, 463, 466, 603
vuṭṭhāna 나옴 60, 62, 374, 377
vedanā-upagā viññāṇaṭṭhiti 느낌에 종속된 의식의 뿌리내림 434, 439, 442, 443, 448
vedanā-khandha 느낌의 다발受蘊 255, 263
vemattatā 다양성 21, 279, 280, 282, 283, 289, 291, 292, 293, 294, 295, 296, 297, 298, 299, 374, 402, 404, 405
vevacana 유의어 10, 20, 101, 102, 103, 213, 216, 217, 218, 220, 223, 225, 226, 241, 242, 244, 246, 310, 313, 314, 315, 396, 397
vodāna 정화 60, 62, 164, 174, 362, 374, 376, 377, 415, 470, 476, 479, 484, 585

[s]

sa-upādānā khandhā 집착된 다발取蘊 173, 177, 192

sa-upādisesa-nibbānadhātu 생명의 연료가 남아 있는 열반계有餘涅槃界 159, 168, 269, 480
saṃyojana 결박 66, 67, 68, 167, 199, 200, 312, 328, 411, 412, 479, 539, 550, 555, 581, 582, 587, 593, 594, 639
sakadāgāmin 한 번 돌아오는 이一來 682
sakadāgāmiphala 한 번 돌아옴의 결실一來果 193, 682
sakkāya 현재의 몸有身 356, 357, 418
sakkāya-diṭṭhi 현재의 몸에 대한 견해有身見 66, 67, 251, 417, 420, 537
saṅkappa 의향思惟 72, 73, 80, 182, 207
saṅkhata 지어진 것有爲 66, 97, 115, 117, 156, 246, 480, 688, 689
saṅkhāra 지음行 72, 102, 121, 130, 139, 156, 159, 160, 211, 220, 228, 238, 244, 250, 254, 257, 260, 270, 280, 295, 302, 307, 320, 325, 326, 337, 357, 367, 373, 399, 400, 404, 416, 439, 556, 603, 608, 609, 612, 636, 645, 682
saṅkhāra-upagā viññāṇaṭṭhiti 지음에 종속된 의식의 뿌리내림 434, 440, 442, 445, 448
saṅkhāra-dukkhatā 지음으로 인한 괴로움行苦 58, 59, 475
saṅga 끄달림染着 240, 241, 242, 416, 420, 523, 552, 606, 620
sacca-adhiṭṭhāna 진리의 기반 458, 461, 465
saññā 지각想 72, 86, 102, 107, 111, 233, 260, 280, 293, 297, 325, 326, 334, 335, 375, 414, 416, 439, 475, 513, 524, 539, 556, 603, 608, 609, 612, 644, 676
saññā-upagā viññāṇaṭṭhiti 지각에 종속된 의식의 뿌리 내림 434, 440, 442, 444, 448
satta 중생 55, 58, 170, 198, 224, 244, 298, 335, 368, 369, 371, 380, 382, 383, 412, 424, 493, 518, 569, 589, 597, 601, 639, 645, 676, 678, 680,

684, 687
sadda-dhātu 소리의 계聲界 215, 366
saddha 믿음信 42, 71, 83, 119, 120, 167, 219, 369, 370, 382, 384, 422, 479, 480, 499, 592, 616, 670, 671, 681, 682, 683
santa 진실한이, 고요 56, 152, 221, 331, 334, 337, 546, 553, 605, 606, 637
santati 이어짐相續 64, 304, 305
santi 고요 152, 222, 331, 334, 338, 421, 538, 546, 553, 605, 606, 637
santuṭṭhi 만족 243, 480
sappurisa 훌륭한 사람 126, 203, 615
sabhāva 고유한 속성을 지닌 것 287, 288, 301, 303, 304, 307, 308
samatha 사마타 12, 13, 23, 41, 116, 165, 174, 175, 176, 178, 193, 201, 203, 256, 265, 266, 311, 336, 338, 339, 340, 343, 345, 363, 379, 393, 395, 398, 406, 413, 415, 416, 418, 425, 471, 472, 480, 485, 528, 585, 592, 686
samathapubbaṅgamā vipassanā 사마타가 선도하는 위빠사나 40, 41
samādhi-khandha 삼매의 다발定蘊 265, 306, 311, 342, 343, 363, 400, 418, 477, 485, 637
samādhi-samapatti 삼매의 얻음 477
samānabhāva 동일한 속성 297
samāpatti 성취 199, 204, 292, 293, 334, 374, 375, 377, 661
samāropana 상승 10, 22, 309, 310, 313, 315, 317, 321, 407, 408
samudaya 일어남集 44, 46, 65, 66, 90, 99, 138, 139, 154, 173, 174, 176, 177, 178, 184, 192, 193, 194, 229, 231, 232, 233, 234, 235, 237, 239, 241, 280, 290, 291, 328, 393, 395, 398, 404, 416, 418, 420, 563, 564, 587, 594, 595, 607, 621, 622, 690
sammatta-niyata 올바름에 의해 확정됨 364, 422

sammappadhāna 바른 정근正精進 40, 83, 120, 133, 134, 316, 450, 453, 457, 460, 461, 462, 463, 465, 467, 470
sammāsaṅkappa 바른 의향正思惟 191, 207, 210, 282, 332, 343, 344, 386, 387, 388, 389, 390, 391, 393, 395, 396, 398, 399, 401, 402, 406, 407, 417, 432, 437, 438, 442, 444, 447
sammāsambuddha 올바로 완전히 깨달은 분正等覺者 219, 347, 352, 353, 505, 556, 557, 558, 601, 638, 676, 683
sammohana 미혹 121, 172, 254, 291, 649, 650
savitakka-savicāra-samādhi 생각과 숙고가 있는 삼매 294, 375, 476
sassata-diṭṭhi 영원함의 견해常見 168, 479, 584
sassatavāda 영원론永遠論 419, 420
sādhāraṇa 공통, 공유 19, 198, 199, 200, 202, 203, 204, 301, 304, 471, 486
sāmisa samādhi 물질적인 삼매 294
sāra-saṅkappo 기억과 의향 72, 73
sāsavaphassa 번뇌를 지닌 접촉有漏觸 114, 117
sīla-khandha 계의 다발戒蘊 250, 306, 311, 342, 343, 346, 347, 363, 400, 418, 477, 485, 637
sīlabbataparāmāsa 규범과 금기에 대한 취착戒禁取 66, 67, 319
sīla-vipatti 계의 실패 475
sīla-sampatti 계의 얻음 477
sukha 즐거움樂 56, 204, 258, 296, 531, 656, 680
sukha-paṭipadā 즐거운 방법 40, 104, 201, 296, 423, 424, 463, 469, 471, 473
sukha-vedanā 즐거운 느낌 138, 225, 263, 341, 475
sukha-saññā 즐거움의 지각 114, 115, 211, 475
sugata 잘 가신 분善逝 152, 186, 187, 190, 219, 222, 384, 487, 497, 521,

568, 599, 607
sucarita 좋은 행동 310, 311, 353, 363, 407, 476, 485, 585, 588, 624, 651
suññatā-vimokkhamukha 공성으로서의 해탈의 문 342, 464
subha 아름다움淨 318, 326, 431, 441, 443, 445
subha-saññā 아름다움의 지각淨想 12, 114, 211
sekha 배울 것이 남은 이有學 76, 77, 79, 80, 84, 85, 89, 199, 200, 251, 252, 253, 293, 313, 543
sota-dhātu 귀의 계耳界 215, 366
sotāpatti 흐름에 듦豫流 82, 615, 617
sotāpattiphala 흐름에 듦의 결실豫流果 193
sotāpanna 흐름에 든 이入流 81, 199, 200, 511, 521, 615, 617
sotaviññāṇa-dhātu 귀를 통한 의식의 계耳識界 215, 366

[h]

hāra 전달 4, 10, 17, 25, 31, 323
hirī 부끄러움 165, 478, 480, 661
hetu 원인, 뿌리因 22, 59, 75, 172, 187, 189, 192, 300, 301, 302, 303, 304, 307, 350, 355, 360, 365, 367, 369, 374, 377, 380, 390, 403, 426, 440, 492, 493, 515, 517, 518, 533, 586, 632, 633, 634, 690

엮은이 소개

E. Hardy(1852-1904)

- 철학 박사
- 독일 가톨릭 대학, 하이델베르크 대학교, 베를린 대학교에서 수학
- 독일 프라이부르크대학교 철학, 인도 언어, 문헌학, 비교 종교학 교수로 재직(1858-1898)
- 편저 : Aṅguttara Nikāya 3, 4, 5권, Aṅguttara Nikāya Aṭṭhakathā 등

옮긴이 소개

임승택

- 동국대학교 철학 박사(인도철학)
- 현재 경북대학교 철학과 교수
- 저서 : 고전요가의 이해와 실천(규장각),
  산스크리트어를 배우며 읽어보는 바가바드기타(경서원)
  남방불교 수행체계의 집성 빠띠삼비다막가 역주(가산문고)
  바가바드기타 강독(경서원)
  위빠사나 수행관 연구(경서원) 등 40여 편의 역·저서

서갑선

- 미얀마 국제불교전법대학교(International Theravada Buddhist Missionary University, Myanmar) 디플로마 수료
- 스리랑카 켈라니아대학교(University of Kelaniya, Sri Lanka) 불교학 석사
- 스리랑카 페라데니야대학교(University of Peradeniya, Sri Lanka) 철학 석사
- 현재 스리랑카 페라데니야대학교 빠알리 · 불교학 박사과정 중

이춘옥

- 경북대학교 문학 박사(사회학)
- 스리랑카 켈라니아대학교(University of Kelaniya, Sri Lanka) 디플로마 수료 및 불교학 석사
- 스리랑카 켈라니아대학교(University of Kelaniya, Sri Lanka) 빠알리 · 불교학 박사과정 중
- 현재 경주시니어클럽 관장
- 저서 및 주요논문 : 알기쉬운 사회학(공저, 정림사), 여성과 사회(공저, 문음사)
  원시불교에서의 중(中)에 대한 오해, 의와 법의 관계에 대한 고찰 등

한국연구재단
학술명저번역총서
[동양편] 609

경전 이해의 길, 네띠빠까라나 ⓗ

초판 인쇄 2014년 6월 15일
초판 발행 2014년 6월 30일

엮 음 | E. Hardy
옮 김 | 임승택 · 서갑선 · 이춘옥
펴 낸 이 | 하운근
펴 낸 곳 | 學古房

주 소 | 서울시 은평구 대조동 213-5 우편번호 122-843
전 화 | (02)353-9907 편집부(02)353-9908
팩 스 | (02)386-8308
홈페이지 | http://hakgobang.co.kr/
전자우편 | hakgobang@naver.com, hakgobang@chol.com
등록번호 | 제311-1994-000001호

ISBN 978-89-6071-426-7 94220
978-89-6071-287-4 (세트)

값 : 27,000원

- 이 책은 2010년도 정부재원(교육과학기술부 인문사회연구역량강화사업비)으로 한국연구재단의 지원을 받아 연구되었음(NRF-2010-421-A00046).
  This work was supported by National Research Foundation of Korea Grant funded by the Korean Government(NRF-2010-421-A00046).